新就业形态下中国工会建设

使命担当与策略选择

金世育/著

上海遠東出版社

图书在版编目(CIP)数据

新就业形态下中国工会建设:使命担当与策略选择/金世育著. --上海:上海远东出版社,2025. -- ISBN 978-7-5476-2147-9

Ⅰ. D412.6

中国国家版本馆 CIP 数据核字第 2025BR5024 号

责任编辑 程云琦

封面设计 李　廉

新就业形态下中国工会建设:使命担当与策略选择

金世育 著

出　版 上海远东出版社

(201101　上海市闵行区号景路 159 弄 C 座)

发　行 上海人民出版社发行中心

印　刷 上海新华印刷有限公司

开　本 635×965　1/16

印　张 17.75

字　数 215,000

版　次 2025 年 6 月第 1 版

印　次 2025 年 6 月第 1 次印刷

ISBN 978-7-5476-2147-9/D・60

定　价 60.00 元

序言

“劳动者”，一直是现代化进程的一个核心关切，在讨论中国经济、政治、文化、社会的现代化发展时，是一个绕不过去的主体性议题。在革命战争年代，为了解决分散化、个体化的农民问题，毛泽东同志作出了“组织起来”的重要部署，有效克服了生产效率低下、群众动员方式单一等问题。今天，面对新就业形态下从业者群体激增的现实，工会如何适应就业形态变化，为新就业形态的劳动者提供权益保障，创新“组织起来”的方式方法，不仅是一项满足现实需要的实践问题，更是一个工会组织创新的理论命题。

2021 年新修订的《中华人民共和国工会法》第三条规定：“工会适应企业组织形式、职工队伍结构、劳动关系、就业形态等方面的发展变化，依法维护劳动者参加和组织工会的权利。”无疑，这是对工会应对新技术革命所催生新就业形态或职业类型的制度安排，而更为关键的问题是如何推动这一制度落地。随着数字经济时代的到来，24 小时“不打烊”的互联网平台提供了大量就业机会，创造出外卖送餐员、网约车司机、网络直播艺人等现象级就业形态，引发了广泛的社会热议和深度的政策讨论。新就业形态领域劳工力量不断成长，使得社会中劳动人口构成发生改变，影响着劳动力市场的运行状况以及社会安定。新就业形态劳动者虽然工作、生活在城市中,但是城市融入度不高,劳动权益保障不完善,难以平等享受基本公共服务,还引发区域群租、交通事故频发等社会治理问题,时常成为社交媒体上的热议话题。数字经济驱动的新就业形态,对国家治理体系和治理能力提出了新挑战,亟待构建有效的社会治理模式。金世育博士的专著问世,可谓是从理论上对这一时代发展的学术回应,同时也从实践上为工会治理提供解决方案。

对于本书的解读,可以从以下几个方面展开。

第一,拓展了既有工会研究的新空间。当代工会治理研究必须立足于中国式现代化的时代场景,从理论建构的高度回应劳动者发展与工会发展的融合问题。党的文献一再重申,中国式现代化必须坚持以人民为中心的发展思想,本质是从政治规划高度解决人民日益增长的美好生活需要诸问题。既有研究关于新质生产力日益嵌入经济社会发展的成果汗牛充栋,关于数智化技术应用的新就业形态研究也成果颇丰,也不乏一些针对性的保护新就业形态劳动者权益的政策建议研究,但鲜有从工会治理视角研究"组织新业态劳动者"的成果。在这个意义上,金世育博士的著作"开启了一扇窗",拓展了既有研究中偏重于"问题与对策"的应用式研究,探索工会理论的新建构,既具有经验提炼的难度,也有学科交叉的理论创新难度。

第二,如何从理论建构角度为新业态劳动者定性,继而如何为工会功能定性?金世育博士在著作中提出了回归工会组织主体性的立场,将其作为基层社会治理重要行为体进行研究。从这个角度看,这一学术立场是对新修订的《中华人民共和国工会法》关于新业态劳动者政治接纳的制度思考,也是对工会职能拓展的理论反思。在本书中,她梳理了新就业形态对传统劳动关系的颠覆性影响,聚焦数字经济时代中国工会的转型与创新,以扎实的田野调查和理论思辨,为理解当代中国劳工治理提供了独特视角。本书最突出的价值，在于跳出“国家-社会”范式的静态分析框架，作者将中国工会作为国家劳工治理体系的核心主体，认为在数字经济浪潮与新就业形态崛起背景下开展的增建行动，既是应对劳动关系变革的实践探索，也是国家政权建设逻辑在劳动领域的延伸。在理论贡献上，本书主要体现在对主流范式的质疑和修正，通过反思“国家-社会”框架的“水土不服”，提出双重使命张力下的工会类型学，为解释中国工会的“主动增建”提供了自洽的逻辑链条。因此，作为导师，我对本书的付梓尤感欣慰。

第三，创设了一个“使命-策略”的分析框架。从学术研究的角度，认知、理解、解释一个社会现象都需要严谨的分析逻辑，而揭示其中因果关系的有效方法是建立一个具有理论深度的分析框架。在本书中，金世育博士开宗明义地确立了中国工会“公共利益优先型”的价值归属。这一立场既契合其“准官僚组织”的属性，又解释了其在平台经济中“快速布局”的动机——与其说是“代表劳工利益”，不如说是“防止劳动治理失序”。新就业形态下中国工会增建行动是其使命价值所产生的功能因应。国家在劳工领域基于群体分化形成了“中心-外围”的分层控制策略。劳工分层控制的“中心”，是指以公有制经济为主体包含机关、事业单位在内的体制内劳动者。与之相对，“外围”则是指体制外劳动者。“外围”又分为两个层次：非公有制经济中正规就业劳工群体和非正规经济就业的劳工群体。工会在劳工领域的组织动员能力呈现出由中心到外围依次递减的规律性。基于此，作者在书中针对新就业形态劳动特质，研究了数字经济时代工会增建行动中地方工会的行为，通过快递物流、网约送餐、家政业等典型案例，展现了中国工会在“学习-协商-妥协-捆绑”策略间的动态选择。

第四，研究方法的针对性。本书的田野工作令人印象深刻。

金世育博士以上海为观察窗口,通过深度参与式调研,捕捉到工会增建行动中"制度刚性"与"策略弹性"的微妙平衡。例如,家政业工会与行业协会的同构化,既体现了科层制对新业态的"强制改造",也暴露出"形式建会"与"实质代表"之间的张力。这种微观场景的深描,使抽象的理论命题(如"国家逻辑")具象化为可观察的组织行为,彰显了实证研究的说服力。

第五,可能的理论贡献。这里使用"可能"二字实为无奈,我作为金世育博士的硕士生和博士生导师,必须"低调",但我无法无视本书的理论对话。在书中,金世育博士将"工会建设"这一组织行为作为经验进行组织和安排叙事逻辑,并与"国家政权建设"理论进行多维对话,其结论是将工会建设视为劳动场域中"党引领社会建设"和"国家吸纳社会"的治理机制。作者确信,这一理论回应已经在新业态劳动者的工会实践中得到验证,如通过体制刚性、行业协会嵌入与工会资源输出,中国工会在新就业形态中既实现了"快速增建"的密度目标,又完成了对零散化劳工群体的政治整合。我认为,作者的理论贡献还表现在对关注工业公民权的传统工会理论的超越,是对以西方制度体制为基础的传统工会理论的突破,是对马克思主义工会学说中"全心全意依靠工人阶级"经典命题的当代思考。

必须承认,本书仍有可完善之处。正如作者在书中所说,"新就业形态下中国工会建设是一个纷繁复杂且尚无定论的问题"。新就业形态的"新"具有时效性且变化迅速,2018 年至今人力资源和社会保障部发布的新职业已经破百,必然影响研究结论的长期解释力。随着劳动立法的完善与平台算法的迭代,本书中部分案例(如网约送餐员)的组织模式或将过时,未来研究可引入技术视角,关注数字技术与算法如何重塑工会行动空间。

金世育博士长期耕耘于工会教育讲台,本书不过是她作为一位青年学者从田野到书斋的学术记录。作为师者，我为金世育的每一步成长感到欣慰，期待她在未来研究中能够继续关注劳动治理变迁，为构建中国本土的工会建设理论作出更大贡献。

是为序。

吴新叶

2025年5月于松江寓所

目录

第一章
导　论

第一节　研究问题及其意义

一、问题的提出

在全球化和信息化的双重作用下，现代国家的城市化水平和就业人口数量并不低迷且稳步上扬，但全球的工会组织都在经历着寒冬期①。一般认为，工会式微主要是由于劳动人口结构和工会组织因素造成的②。近年来，世界经济正向数字化转型，大力发展数字经济成为全球共识。互联网对于全球经济的

① [美]贝弗里·J. 西尔弗：《劳工的力量：1870 年以来的工人运动与全球化》，社会科学文献出版社 2016 年版，第 123—157 页；[美]约翰·W. 巴德：《劳动关系：寻求平衡(第 4 版)》，于桂兰等译，中国工人出版社 2018 年版，第 14—18 页。

② Dickens W T, Leonard J, 1985. Accounting for the decline in union membership, 1950 - 1980. Indust. Labor Relat. Rev. 38:323 - 34; Farber H S, 1990. The decline of unionization Press in the United States: What can be learned from recent experience. J. Labor Econ. 8:S75 - 105; Goldfield M, 1987. The decline of Organized Labor in the United States. Chicago: University of Chicago Press. ; Western B, 1997. Between Class and Market: Postwar Unionization in the Capitalist Democracies. Princeton, NJ: Princeton Univ. Press.

重塑,可以与工业革命相提并论,劳动人口结构正被新一轮科技革命和产业变革所改变。一些学者称此为数字资本主义①。在数字资本主义时代,互联网是资本的场域、剥削劳工的场域,也是社会的场域、阶级形成和抵抗的场域②,但资本对劳动的剥削以一种更加隐蔽的形式而展开③,或隐蔽或模糊雇佣关系,以实现对劳工保护的规避。2017 年国际劳工组织全球对话论坛(ILO's Global Dialogue)的主题是"未来,我们想要的工作"④,会议提出数字经济、人工智能、机器人、3D 打印等技术进步将改变产业和劳动力市场结构,进而重新定义工作类型。广大劳工作为积极和充满智慧的群体,不会一味地逆来顺受,在全球劳动分工和劳动力重置过程中,他们已经开始投身到新型劳动团结与劳动组织何以可能之中⑤。英国职工大会(TUC)承认技术变革不可避免,同时也认为这并不意味着工会及其成员可以被动地接受这种变化,工会应当参与并影响新技术利益的公平分享,政府、雇主以及其他决策者需要认真地让工会参与到工业 4.0 的塑造之中⑥。

在数字经济时代,新就业形态的兴起正在引发一场新一轮的工人阶级建构。中国正从"工业经济"向"数字经济"转型,已成为全球第二大数字经济体。与美国的"劳动替代型"数字经济

---

① [美]希勒:《数字资本主义》,杨立平译,江西人民出版社 2001 年版,第 12 页。

② 邱林川:《告别 i 奴:富士康、数字资本主义与网络劳工抵抗》,《社会》2014 年第 4 期,第 119—137 页。

③ Scholz T, 2012. Digital Labour: The Internet as Playground and Factory. New York: Routledge Press, pp. 112 - 124.

④ ILO. Report: The Future of Work We Want: A Global Dialogue. http://www. ilo. org/wcmsp5/groups/public/—dgreports/—cabinet/documents/publication/wcms_570282. pdf, 17 August 2017.

⑤ 姚建华主编:《数字经济中的劳工组织》,商务印书馆 2020 年版,第 1 页。

⑥ TUC: Shaping our digital future, https://www. tuc. org. uk/research-analysis/reports/shaping-our-digital-future, 04 Sep 2017.

不同,我们从快递、外卖等行业的数字化进程中看到中国数字经济偏向"劳动友好型"。数字经济作为世界经济新的增长点,在中国得到快速发展,创造出大量网约送餐、物流快递、专车司机等非正规就业工作。这些因数字经济而萌生的工作被称作新就业形态,其从业者成为当前中国劳工群体的新生力量。在新冠病毒感染疫情期间,新就业形态更是提供了大量的工作机会,成为吸纳就业的"蓄水池"。2020 年两会期间,习近平总书记在全国政协经济界联组会上,谈及"新就业形态"时指出,"新冠肺炎疫情突如其来,'新就业形态'也是脱颖而出。要顺势而为"。[①]

数字经济的衍生与新就业形态的演化,深刻影响着中国劳动人口结构,对国家的社会治理能力和治理体系建设提出了新挑战。党的十八大明确提出构建和谐劳动关系,党的十九大突出强调中国工会在构建和谐劳动关系中的主体责任。党的二十大要求深化工会等群团组织改革和建设,有效发挥桥梁纽带作用。中国工会[②]作为国家劳工治理体制的主体,在新就业形态中开展一系列增建行动,探索吸纳从业者加入工会,为本书提供了研究土壤和空间。

(一)近半个世纪的全球工会式微持续加剧

劳动者的团结权从自由基本权中的自由结社权和社会基本权中的生存权衍生而来,劳动者以工会的形式行使该权利以求共济[③]。在过去百余年的时间里,工会作为劳动者群体的代表者和维护者,通过共同行动、产业民主、影响政策过程等,实现了

① 新华社:《习近平谈"新就业形态":顺势而为、补齐短板》,http://www.gov.cn/xinwen/2020-05/23/content_5514219.htm,2020 年 5 月 23 日访问。

② "中国工会"在本书中作为"中华全国总工会及其领导下的各级工会组织"的简称使用。

③ 黄越钦:《劳动法新论(第五版)》,黄鼎佑增修,翰芦图书出版有限公司 2015 年版,第 106—107 页。

对资本的有效抗争。西方国家的劳工史在很大程度上是工人组建工会与雇主反对工人加入工会的血的记录①。工联主义虽然遭到诸多批判和质疑,但无疑是 20 世纪前叶工会运动的主流。越来越多的工会认识到合作的重要性,以产业、职业为纽带联结,以组织庞大的式样展现在世人面前,世界三大国际工会组织②均产生于那个时期。20 世纪三四十年代劳工运动的高涨,导致劳动者、资本与国家三者之间社会契约的建立,劳动者状况得到稳定持续的改善:提高工资、缩短工时、改善劳动条件、建立和完善了社会保障制度、有效保障劳动者的基本生活。国家吸纳和制度化的工人运动已然成为世界潮流。正如亨廷顿所说:“在 20 世纪劳工组织被普遍认为是工业社会的一个自然特征,所有发达国家都有大规模和组织良好的工人运动,因此落后国家也希望有这样的工人运动,一个全国性的劳动联盟对于国家尊严来说,就同军队、民航和外交部一样不可缺少。”③以美国为例,自 1897 年美国劳工部有统计记录以来,美国工会会员一直在增加,曾在 20 世纪中期达到高峰。1897 年美国工会会员仅 44 万人,到 1901 年和 1920 年分别增加到 105.8 万人和 503.4 万人。在 20 世纪四五十年代,美国工会会员占工人总数的比例最高,超过三分之一的非农业雇员加入工会,占整个劳动力人口的四分之一。从绝对数字看,美国在 1966 年达到 1 790 万人的

---

① Katz H C, Kochan T A, 2004. An Introduction to Collective Bargaining and Industrial Relations (Third Edition). New York: McGraw-Hill /Irwin, p. 106.

② 世界三大国家工会组织是指世界工会联合会(World Federation of Trade Unions, WFTU)、国际自由工会联合会(International Confederation of Free Trade Unions, ICFTU)和世界劳工联合会(World Confederation of Labour, WCL)。

③ [美]塞缪尔·P. 亨廷顿:《变化社会中的政治秩序》,王冠华,刘为等译,上海人民出版社 2008 年版,第 286 页。

最高纪录[①]。

20世纪70年代末全世界范围内工会力量开始衰落，工会会员的人数不断下降，工会组织的影响力日益减弱。在20个世纪最后20年里，各国工会开始出现普遍性的、严峻的危机。工会密度(Union Density)[②]作为衡量工会力量的重要指标不断下降，依据国际劳工组织公布的数据，全球工会密度平均值在1985—1995年的十年间由16%下降为8.5%[③]。20世纪70年代末，由于受到经济增长放缓、经济结构与就业结构方式转型、国际竞争和技术进步等多重因素的影响，美国的工会密度持续下降，无论是在私人部门还是在公共部门，美国的工会密度都比较低。美国工会密度已从1945年的36%下降到1995年的14.9%[④]。与之类似，英国作为工会运动发源地，其工会密度从20世纪70年代的80%下降到90年代的38%[⑤]。1995年法国的工会状况更加惨淡，工会密度仅为9.1%。[⑥]

就业增长尤其是在发展中国家，紧随劳动力增长，而非由经济需求带动[⑦]。近三十年全球适龄劳动力人口增速放缓，同期就业率也有所下降，每年依旧可以保持1%以上的增幅[⑧]，但全

① 陈奕平：《美国工会现状分析》，《工会理论与实践》2002年第3期。

② 工会密度是指工会已有的会员人数与潜在成员整体之比，潜在成员成体通常以一国就业总人数替代。

③ 夏晓梅：《经济全球化对国际工运的影响》，《工会博览》2001年第18期。

④ [美]小威廉·H.霍利，肯尼思·M.詹宁斯：《劳动关系(第10版)》，程延园，侯锦慎译，中国人民大学出版社2020年版，第19页。

⑤ 郑桥，余云霞：《世界工会概况》，中国经济出版社1999年版，第44页。

⑥ 夏晓梅：《经济全球化对国际工运的影响》，《工会博览》2001年第18期。

⑦ International Labour Organizaion (ILO), 2011. Growth, employment and decent work in the least developed countries, Report of the International Labour Office for the Fourth UN Conference on the Least Developed Countries, 9-13 May 2011, Turkey (Geneva).

⑧ 国际劳工组织：《世界就业和社会展望2019年趋势》，中国财政经济出版社2019年版，第7页。

球工会运动进入了持续的衰退期。通常认为,一国的工会密度与该国特定的工会组织化方式有关,劳动人口结构和工会组织因素对工会密度的影响可占到20%至60%,如果工会掌握了对劳动供给和劳动需求的制度化控制,劳工的组织化程度就会增加。[①] 各国工会乃至国际劳工组织都试图扭转工会运动低迷的状况。工会可以对政治家说“不”,却不能对企业家说“不”,以提升工会密度为导向的新的工会运动兴起。新的工会运动强调工会的包容性并且将传统工会忽略的妇女、有色族裔和移民劳工视为新的动能,加强对非正规就业和无工会产业工人的组织工作,但是新的工会运动也没有挽回全球工会式微的趋势。美国工会密度呈持续下降:2000 年降至 13.5%,2005 年更降至 12.5%,2010 年仅为 11.9%[②]。近十年英国工会密度已不足 30%[③],法国的工会密度就更低了[④]。经济合作与发展组织(OECD)的评估数据更加悲观,近二十年各国平均工会密度持续下降,2019 年已降至 15.8%。[⑤]

造成工会密度持续下降的原因不会是单一的,但一个可能的解释是劳动力从制造业向服务业转移,即制造业等传统工会化产业的就业人数在下降,服务业这样无工会产业的就业人数

---

① Western B, 1995. A comparative study of working-class disorganization: union decline in eighteen advanced capitalist countries. American Sociological Review, 60(2):179 - 201.

② [美]小威廉·H. 霍利,肯尼思·M. 詹宁斯:《劳动关系(第 10 版)》,程延园,侯锦慎译,中国人民大学出版社 2020 年版,第 19 页。

③ Martinez Lucio M, Stuart M, Gall G, 2009. "Organising and Union Modernisation: Narratives of Renewal in Britain", in Union Revitalisation in Advanced Economies, Palgrave Macmillan UK.

④ [美]约翰·W. 巴德:《劳动关系:寻求平衡(第 4 版)》,中国工人出版社 2020 年版,第 440 页。

⑤ Organization for Economic Co-operation and Development (OECD), Trade union density, https://stats.oecd.org/Index.aspx?DataSetCode=TUD, 2 May 2024.

却在上升①。数字技术为传统产业升级提供了新的技术路径，基于新科技成果、新兴技术形成一些新型经济活动，二者都加剧了传统就业的流失，科技公司是出了名的人少，这对工会运动提出了巨大挑战：无工会产业的就业人数不断上升，新兴领域的就业者是否具有团结权争议不断，工会遭遇来自其他社会组织的替代危机。国际劳工组织发布报告，呼吁实现数字平台就业的体面性，并提出18项标准，其中就包括“应允许众包工人行使结社自由和集体谈判权利”②。2018年11月，波尔多大学劳工和社会保障法比较研究中心举办了一场研讨会，分析了10个工业化国家的平台工作者状况。会上学者持这样一种观点：工会提出了一些组织平台工作者的试探性举措，但其他社会组织已经深入新模式下的劳动者之中，与工会造成紧张的关系③。

（二）雇佣制变革对现代工会造成巨大冲击

标准雇佣与非正规就业在历史上一直存在。标准雇佣关系是20世纪下半叶发展起来的最先进的工资劳动形式，讨论工人的保护主要围绕此概念而展开，全职终身工作使得劳动者有足够的工资养活家庭，享有企业民主权利和稳定的社会保护。在经济繁荣时期，稳定的高素质劳动者队伍是企业迅速发展的前提。企业尤其是大企业，为长期稳定地吸引高素质的劳动者，通常会选择标准雇佣关系，第二次世界大战后的日本更是出现了被誉为日本企业管理三大法宝之一的终身雇佣制。④ 然而，这

① [美]约翰·W.巴德：《劳动关系：寻求平衡（第4版）》，中国工人出版社2020年版，第15页。

② ILO: Digital labour platforms and the future of work: Towards decent work in the online world, http://www.ilo.org/global/publications/books/WCMS_645337/lang-en/index.htm, 20 September 2018.

③ [法]伊莎贝尔·道格林等编著：《平台经济与劳动立法国际趋势》，中国工人出版社2020年版，第4页、第227页。

④ 程文明：《终身雇用制历史考察》，《东北亚论坛》2004年第1期。

种标准就业仅在世界的一小部分(以发达国家为主,即欧洲、北美、日本和澳大利亚)占主导地位①。如今的"标准"就业不再是唯一的标准,我们正目睹着一种非正规就业的回潮。

20世纪60年代以来,灵活用工在世界各个国家和地区被证明是企业面对激烈的竞争环境和技术变革时所采取的最有效战略之一。企业为了应对内、外环境的变化所采取的人力资源灵活化的处理措施,其核心强调的是企业对环境变化的适应力、柔韧性以及反应力。② 企业经营模式开始脱离安全就业和笨重的工业巨兽,向灵活用工和精益商业模式发展③。有偿劳动的种类越来越多,从传统标准雇佣到独立工人或自由职业者,再到各种形式的临时雇佣。20世纪70年代以来,不稳定、不可预测和高风险的灵活用工渐成趋势并构成一种全球性挑战④。受金融危机影响,非正规就业急剧增加,美国出现了"1099碎屑",许多劳动者不得不从事不稳定的工作⑤。职业社交网站LINKEDIN的创始人之一里德·霍夫曼在其《联盟》一书中,提出了一种叫作"任期制"的概念。他认为,组织和个人应该具有一种默契,在任期内,个人应该承诺为组织带来价值,而组织应该给个人带来他们期望达到下一个职业目标所需要的经验和能力。

---

① ILO. Report: The Future of Work We Want: A Global Dialogue. http://www.ilo.org/wcmsp5/groups/public/—dgreports/—cabinet/documents/publication/wcms_570282.pdf, 17 August 2017.

② 冯喜良,张建国,詹婧,谢丽霞:《灵活用工:人才为我所有到为我所用》,中国人民大学出版社2018年版,第4页。

③ [加]尼克·斯尔尼塞克:《平台资本主义》,程水英译,广东人民出版社2018年版,第39页。

④ Kalleberg A L, 2009. Precarious Work, Insecure Workers: Employment Relations in Transition, American Sociological Review, Vol. 74.

⑤ [法]伊莎贝尔·道格林等编著:《平台经济与劳动立法国际趋势》,中国工人出版社2020年版,第201页。

企业对雇佣的期许不再是为了建立稳定的高素质劳动者队伍，而是“不为我所有，但为我所用”，Upwork、Toptal 等诸多国内外自由职业者平台发展迅速。除了正规组织的灵活用工，根据国际劳工组织的数据，2016 年全球约有 20 亿名劳动者（占全球劳动力的 61%）在法律或实践中未涵盖或未充分涵盖的经济活动领域就业，其中大部分来自新兴和发展中国家①。

工会力量缘于劳动组织化，大规模、长期性雇佣的劳动组织化程度较高，工会力量较为强劲。劳工的集体权利与公民权利不可分割，集体权利要么以后者为前提，为后者之延伸，要么与后者同建立②。按照泰勒原则进行组织的劳动过程，把工作分解成小而非技术的任务单元，使得单一工厂中聚集了大量工人，他们在享有相同劳动条件下，容易产生集体认同，进而组织成为工会。分散化、短期性雇佣能够分化劳工群体，难以形成集体权利，削弱工会化的动力。因此，非正规就业一直是现代工会运动的洼地。数字经济下新就业形态的大量出现，与资本外移、灵活用工、非正式雇佣关系、新技术的运用等密不可分，资本以之蚕食劳工的集体权利。因此，现代工会往往被认为过时了，被批评为 20 世纪的工具，仅适应传统的标准雇佣关系。有的学者提出，在 21 世纪不断变化的工作世界中，特别是在数字经济中，工会保护工人的能力已经过时。③ 工会过去成功地争取了标准雇佣制，现在虽然已经开始组织全球产业链的工人、移民劳工、服务业工人和自雇者等，但毋庸置疑，当前工会面临着一个充满敌

---

① 国际劳工组织：《2019 年实际就业和社会展望》，中国财政经济出版社 2019 年版，第 11 页。

② 陈峰：《宪政与劳工集体权利：美国的经验和启示》，载陈明明主编《复旦政治学评论（第十六辑）：劳工政治》，复旦大学出版社 2016 年版，第 93—95 页。

③ ILO. Report: The Future of Work We Want: A Global Dialogue. http://www. ilo. org/wcmsp5/groups/public/—dgreports/—cabinet/documents/publication/wcms_570282. pdf, 17 August 2017.

意的就业雇佣环境。

(三) 各国工会碍于“身份”在行动上举棋不定

工会作为劳工团结权的实现体,与灵活用工这一全球化用工趋势存在诸多不契合,在新就业形态领域尤为突出。创造性的工作革新冲击原有劳动保障制度,因而有学者提出将解决路径转向集体劳动权,寻求以工会的集体谈判权来实现数字经济下劳资力量的平衡①。团结权作为集体谈判权的必要条件,有趣的是,各国劳动组织对于新就业形态的团结权问题显得思维迅速却又行动迟疑。自新就业形态出现至今,其从业者的“劳动者”身份尚未形成定论,不尽如人意的是各国工会似乎害怕被贴上卢德派分子(Luddite)②的标签,所持观点上与常识一致、循规蹈矩。

团结权就其法律性质而言是一种特定的结社权,即劳动者组织工会和参加工会活动的权利③。结社自由是一项人权,但是团结权实现的机会并不常有。自治、政治与工业民主只有在所有的居民或者工人同时是公民的情况下才有可能。他们可以选择投票或者不投票,加入或不加入某个党派或社会运动,组建或不组建利益集团或小团体,或者彻底远离政治活动④。同行业、同工种之间劳工的联合有悖自由竞争,这种联合而成的工会又可以促进社会分配公平⑤。为了平衡劳动垄断与社会公平,

---

① 班小辉:《超越劳动关系:平台经济下集体劳动权的扩张及路径》,《法学》2020年第8期;杨欣:《平台经济下网约工集体劳动权行使机制革新探讨》,《中国劳动关系学院学报》2021年第3期。

② 卢德派分子(Luddite)是指卢德运动的参与者与倡导者,1811—1812年在英国发生的以破坏机器为手段反对工厂主压迫和剥削的自发工人运动,运动主要参与者被称为卢德派分子,后被代之技术进步的反对者。

③ 常凯:《论中国的团结权立法及其实施》,《当代法学》2007年第1期。

④ 迈克尔·沃尔泽:《论非自愿社团》,刘培峰译,载《结社:理论与实践》,吴玉章,毕小青等译,三联书店2006年版,第135页。

⑤ 金世育,刘婷婷:《新自由主义下的美国工会力量与收入公平》,《工会理论研究》2015年第4期。

各国以立法明确权利主体范围的方式,限制享受者“身份”,在标准雇佣制主导的时代,非正规就业者是否拥有团结权存有争议。而新就业形态作为数字经济下新增的非正规就业,各国对其团结权的确权尚未统一。2016 年 8 月,法国出台了《埃尔霍姆里法案》(El Khomri Act),成为世界上首个针对平台劳动用工出台法律的国家。该法案的基础是平台企业的社会责任,而并非雇主责任,取消了平台从业者为预防工伤和职业病而购买私人商业保险的要求,但是赋予他们与雇员极为相似的建立自己工会的权利。奥地利、比利时、罗马尼亚等国将部分平台用工直接认定为劳动关系,但是英、美等国的劳动法律还未发生实质性变化。

“劳动者”身份是诸多国家法律评判其是否具有团结权的关键依据,各国工会纠结于新就业形态从业者是否具备“劳动者”身份,不敢贸然全力推动其工会化。英、德等国工会探索通过一定策略帮助平台就业人员获得“身份”并且组织起来。美国西雅图市议会于 2015 年末一致通过了允许网约车司机成立工会的法规,但遭到美国商会的起诉反对,诉讼称网约车司机之间是竞争关系而非同事,成立网约车司机工会无异于“成立同业联盟”,属于不正当竞争行为①。对此,美国劳工联合会-产业工会联合会(AFL-CIO)发表声明,认为西雅图市议会的投票代表了一场斗争的进展,这场斗争旨在将集体谈判权扩大到所有工人,无论他们是在优步(Uber)还是在工厂工作②。域外影响最大的 2015 年美国 Uber 案,法官在初审中均判定司机与平台构成劳动关

① [法]伊莎贝尔·道格林等编著:《平台经济与劳动立法国际趋势》,中国工人出版社 2020 年版,第 4 页、第 218 页。

② Trumka R. “AFL-CIO statement on seattle vote allowing ‘Ride-Share’ driver to organize”, https://aflcio.org/press/releases/afl-cio-statement-seattle-vote-allowing-ride-share-drivers-organize, 15 December 2015.

系,但 2019 年美国劳动部和劳动关系委员会先后颁布的两个法律文件又否认了网约工的法律意义上的劳动者身份①。同年 8 月,法国在线点餐外卖平台 Deliveroo 的送餐员聚集在巴黎共和国广场,抗议平台新推出的送餐服务价目,平台想通过降低最短距离送餐价格赚取更多利润。在事件中,法国全国手工业职业雇主联合会(U2P)呼吁"不要纵容平台的随意改变"。② 2022 年 4 月,亚马逊工会(Amazon Labor Union)在纽约市斯塔滕岛的亚马逊 JFK8 仓储中心成立,该工会是一个全新的劳动组织,根据当地法律经过几千名工人投票产生,但不附属于任何传统工会。美、法两国的新就业形态劳动者积极尝试组织工会或类工会组织,但是传统大型工会对于新就业形态中频频发生的劳动事件,仅仅公开声援,却没有针对该群体开展实质性行动。

从全球情况看,新就业形态参加和组织工会已成为当今国际工会运动不可忽视的主题。部分工会开始主动着手组织平台的劳动者。英国成立了"大不列颠独立工人工会"(the Independent Workers Union of Great Britain)。德国五金工会(IG Metall)允许自雇劳动者成为工会会员,并特别强调自雇劳动者可以来自平台。美国纽约成立了"独立司机同业公会"(Independent Drivers Guild),隶属于机械师工会,代表 6.5 万名网约车平台司机,是第一家与网约车公司谈判的非营利性劳工组织,也是第一家在提升工人权利的同时提供关键保护和基本福利的组织③。同时,也有证据表明平台从业者自己正在组

① 柯振兴:《美国网约工劳动关系认定标准:进展与启示》,《工会理论研究》2019 年第 6 期。

② 张锐杰:《法国外卖平台遇难题》,《劳动报》2019 年 8 月 14 日第 08 版。

③ 张成刚,冯丽君:《工会视角下新就业形态的劳动关系问题及对策》,《中国劳动关系学院学报》2019 第 6 期。

织起来,进入新的从业者协会或现有协会[①]。加州 APP 的驾驶员协会(CADA)是美国平台从业者组织的协会,该组织的使命是"非营利组织会员协会,旨在提升全加利福尼亚州基于 APP 的司机行业的公平、公正和透明度"。法国优步司机组建了名为"客运经营者联盟"的新的工会,该工会曾宣布罢工并且导致在平台经济中第一次出现明显的劳动关系三方机制。[②] 美国自由职业者联盟(Freelancers Union)与来福车(Lyft)平台公司签署了合作协议,为在平台注册的网约车司机提供福利。[③] 2016 年英国总工会(GMB)代表网约车司机对优步公司提起裁决,认为优步公司将其员工错误地归类为自营职业者,最终裁定结果为网约车司机是优步公司雇员并应享受假期工资和最低工资。[④]

(四)中国工会增建行动的启动

随着改革开放的推进,中国逐步与国际接轨,我们也终于赶上第三次技术革命的末班车,开始全速追赶发达国家。信息技术作为科技发展的核心,是人类跨越两个世纪最重要的一步。而互联网则是这个时代最醒目的标签。1994 年,中国正式接入国际互联网。2009 年,工业和信息化部批准中国移动、中国电信和中国联通 3 家企业的 3G 业务经营许可证,中国进入移动互联时代。移动互联时代的到来,有力推动了互联网和实体经

---

① Kilhoffer Z, Lenaerts K, Beblavy M, 2017, The Platform Economy and Industrial Relations: Applying the old framework to the new reality, Ceps Papers.

② Chazan D. "Striking Uber drivers blockade Paris airport", https://www.telegraph.co.uk/news/2016/12/23/striking-uber-drivers-blockade-paris-airport/, 23 December 2016.

③ Aloisi A. "Commoditized workers: Case study research on labour law issues arising from a set of 'on-Demand/Gig economy' platforms", Social Science Electronic Publishing, 2016, No. 37, pp. 620 - 653.

④ Osborne H. Uber loses right to classify UK drivers as self-employed. The Guardian, 2016 - 10 - 18.

济深度融合,2012 年,中国手机接入互联网的网民数量已超过PC 端,成为中国网民的第一大上网终端。2015 年,中国诞生了品种繁多的共享模式,如共享单车、共享办公空间、共享雨伞、共享充电宝等,2015 年也被称为中国共享经济元年。

"新就业形态"一词的最早出现也是在 2015 年,党的十八届五中全会公报提出要"加强对灵活就业、新就业形态的支持"①,之后 2016—2019 年政府工作报告都提出积极发展"新就业形态"。党政的高度重视和大力支持,助推了新就业形态在中国的发展。近年来,平台企业不断涌现,共享领域不断拓展,新就业形态在吸纳就业上作用明显,大量劳动者通过或者依靠平台实现就业,有效促进"大众创业、万众创新"。自 2017 年起,关于新就业形态的研究出现了爆炸式增长,特别是近几年相关研究硕果累累。劳动法专家在对新就业形态劳动关系的研究中,提出创新工会组织形式作为保护网约工途径之一②,更有学者指出"让工会成为新业态从业者们寻求救济、维护合法权益的重要媒介",推动新业态从业者社会保险权实现③。北京市朝阳区人民法院基于对近年"网约工"审理案件的研究指出:"工会保障方式尚未跟进、服务欠缺。从业主'抱团'诉讼的情况,可以从一个角度反映出工会服务保障的缺位。工会组织传统的服务保障方式难以适应无固定办公场所和无固定作息时间的灵活用工方式。在平台用工不规范的情况下,从业者缺乏可靠、专业、权威的工会组织帮扶,会增加用工双方分歧的解决难度,工会组织维护职

① 新华网:《授权发布:中国共产党第十八届中央委员会第五次全体会议公报》,http://www.xinhuanet.com//politics/2015-10/29/c_1116983078.htm,2015 年 10 月 29 日访问。

② 王全兴,王茜:《我国"网约工"的劳动关系认定及权益保护》,《法学》2018 年第 4 期。

③ 邱婕:《灵活就业:数字经济浪潮下的人与社会》,中国工人出版社 2020 年版,第 193 页。

工合法权益的职责难以实现。”[①]《人民日报》登载的一篇文章同样认为，对网约工这类新型劳动关系合法权益维护需要工会“积极管理和引导服务”[②]。

法学、社会学、经济学等研究领域，立法、司法等实践部门对新就业形态的关注热度有增不减，在倡导路径中普遍提及新就业形态参加或组织工会。中国工会在中国共产党的领导下长期担负对劳工群体“有效覆盖”“紧紧团结”的使命，在多方期待下关注新就业形态。2015 年中共首次召开中央党的群团工作会议，会议要求“以提高吸引力、凝聚力、战斗力和扩大有效覆盖面为目标”进行群团改革。全国总工会作为改革试点单位，为匹配中国劳工群体结构的变化，将灵活就业人员的有效覆盖作为做强基层夯实基础的改革举措。上海是群团改革的地方试点，《上海市总工会改革实施方案》明确提出“打通企业体制外职工直接入会的路径，不断扩大对农民工、非正规就业者等群体的组织和工作覆盖”。2018 年习近平总书记在同全国总工会十七届领导班子成员集体谈话时做出指示：工会要通过多种有效方式，把快递员、送餐员、卡车司机等灵活就业群体、各类平台就业群体吸引过来、组织起来、稳固下来，使工会成为他们愿意依靠的组织。组织新就业形态劳动者加入工会是落实党中央决策部署的必然要求，是中国工会适应工会工作实践发展的现实任务。中国工会自 2018 年起，开始将新就业形态劳动者建会入会与服务保障作为全会重点工作来抓，开展新就业形态劳动者入会集中行动，推动健全落实新就业形态劳动者权益维护制度和政策等，创造性地开展了一些工作。

---

① 北京朝阳区人民法院：《北京市朝阳区人民法院互联网平台用工劳动争议审判白皮书》，http://bjgy.chinacourt.gov.cn/article/detail/2018/04/id/3261190.shtml，2018 年 4 月 10 日访问。

② 马毅豪：《走出网约工“身份困境”》，《人民日报》2017 年 7 月 25 日第 05 版。

2018年3月,全国总工会下发《推进货车司机等群体入会工作方案》,正式启动新就业形态从业者入会的集中行动[①]。在新就业形态的工会增建行动中,中国工会为此投入大量资源,以期基层组织在新业态中遍地开花,各地更是以此作为对下级工作考核的重点。入会集中行动启动至今,虽有进展但效果不尽如人意。根据从全国总工会了解的数据,截至2020年,全国新发展八大群体会员874.3万人[②]。而参与提供共享经济服务的劳动者数量,已从2015年的5 000万人发展到2019年的7 800万人,估算到2024年新就业形态从业者人数可达1亿人[③]。在已建的新就业形态工会中,受限于原有企业工会为主的组织形态,只有个别平台企业总部工会建设较好[④]。上海、沈阳、重庆等地在网约送餐员、物流快递员、网约货车司机等群体中建立了行业工会,但按照现行基层组织规定与新就业形态契合度较低,功能发挥屡遭阻碍。新就业形态劳动者工会化问题对中国工会的入会条件、入会方式、工会组织形式、经费管理体制、工会工作方式、服务维权能力等带来全方位挑战,地方工会在行动中对新就业形态"能否入""怎么入"产生困惑[⑤]。

---

① 中华全国总工会:《推进货车司机等群体入会工作方案》,https://www.acftu.org/wjzl/wjzlzcwj/qzwj/202101/t20210119_774020.html?7OkeOa4k=qArhrqq2x1V2x1V2xAmQFLet_ZCHBauLhUJiYBnFtyAqqqTsSs2ZqAqqxA,2021年1月19日访问。

② 郑莉:《最大限度将新就业形态群体组织到工会中来》,http://acftu.people.com.cn/n1/2021/0712/c67502-32155433.html,2021年7月12日访问。

③ 汪雁:《新就业形态总论》,《中国新就业形态劳动关系研究》,中国工人出版社2021年版,第7页。

④ 闫永飞:《新就业形态经济组织的工会工作创新》,载《中国新就业形态劳动关系研究》,中国工人出版社2021年版,第90页。

⑤ 陶志勇:《工会工作高质量发展的路径探析》,《中国工人》2021年第7期。

二、研究价值及意义

伴随国家网络普及和发展，以互联网为依托的“三新”（新产业、新业态、新商业模式）经济迅速发展，劳动关系更加复杂化、多样化、灵活化，衍生出网约车司机、外卖平台送餐员、网络直播艺人等新就业形态从业者，他们构成了劳工群体的新生力量。互联网技术及其经济应用进入迸发期，在此背景下研究中国工会有着理论和实践上的多重意义。

（一）理论意义

1. 为工会与国家关系研究提供新视角

纵观工会运动发展，工会与国家之间的关系长期争论不断，其间植根在社会主义制度体制中的中国工会更是该领域研究的焦点。中国工会具有其独特性，虽然前期研究普遍认可中国工会在国家与劳工之间，但其具体的功能定位仍存在较大的争议。

2. 对中国工会运动的学术观察

中国的“劳动友好型”数字经济带动大规模就业，并因此衍生出诸多社会问题。如何通过工会来维护新就业形态从业者的政治权利、劳动权利和物质文化利益，在参与协调数字经济下的劳动关系、调节劳资矛盾与冲突中发挥作用，工会任重道远。数字经济发展创造和衍化出传统工会尚未涉足的新领域、新阶层，新就业形态是当下工会运动的关键，研究具有很强的理论意义。

3. 完善中国语境下工会发展的理论体系

党的二十大报告指出，要完善促进创业带动就业的保障制度，支持和规范发展新就业形态。特别强调“健全劳动法律法规”，加强新就业形态劳动者权益保障；同时，还明确要深化工会、共青团、妇联等群团组织改革和建设，有效发挥桥梁纽带作用。新就业形态改变了中国劳动人口结构，在中国，有越来越多的劳动者通过共享经济等新经济形式实现就业。我国宪法规定,“中华人民共和国是工人阶级领导的、以工农联盟为基础的人民民主专政的社会主义国家”。劳工作为中国第一大社会群体,关系到国家的政治基础,其阶级结构的变革深刻影响着国家治理能力。关注中国工会的发展变化,有助于完善以工会为主体的劳动治理体制。

(二)实践意义

1. 为新领域、新群体工会建设提供政策建议

数字经济在培育了一批具有国际竞争力企业的同时,也造就了中国劳工群体新生力量。新就业形态从业者是传统工会尚未涉足的新领域、新群体,深入研究新产业、新业态的工人状况,契合党的群团改革精神要求。本书揭示新领域、新群体工会组织发展路径,解决在新领域、新群体工会化问题,有望为中国工会改革发展提供智力支持、指导工会建设实践。

2. 能够有效解释、提炼和归纳中国劳工治理的实践经验

作为社会发展新生事物,新就业形态下工会相关研究十分欠缺。与传统标准劳动关系不同,如何界定这种依托于互联网平台的新型用工模式和用工性质是当前劳动法学界研究的热点。经济领域亦开始讨论新经济模式的优化及其对就业的影响。就工会领域而言,当前国内工会改革实践遍地开花,不乏对新就业形态下工会建设的探索,但缺乏系统化的理论解释和规范化的行动策略。

第二节　既有理论解释及其不足

工人阶级发轫于资本主义社会化大生产,是现代社会的重

要力量之一。工会作为工业化或者正在工业化的社会中所不可回避的概念，以此为研究对象，长期以来备受学术界研究关注。关于西方工会的研究文献跨度久远、浩瀚纷繁，中国工会则是在社会主义市场经济建立以后，逐步成为国内外学者着力研究的对象。本书以中国工会为研究对象，关注其在数字经济蓬勃发展背景下的行动展开，分析中国工会在国家制度和社会结构之间、新就业形态引发的问题和自身处境之间的策略选择，揭示国家、工会、市场（企业）以及新就业形态从业者之间的互动机制。相应地，中国工会的功能定位和工会运动都是重要影响因素，故对相关研究文献的梳理需要将视野投射到整个中国工会研究领域。

一、社会中心主义视角下的中国工会研究

在近 30 年的研究中，“国家-社会”范式可谓炽热，用来解释现代性诸问题。工会发轫于工业现代化，中国经济体制的市场化转型为“国家-社会”范式的理论深耕又提供了土壤，故关于中国工会的研究，学界普遍以“国家-社会”为基础分析框架，但又因国家中心和社会中心的差异，对工会在国家与社会之间的角色定位存在很大区别。

社会中心主义强调社会对现代国家的改变和影响，国家缺乏自主性而仅对来自社会中的各种压力做消极反应。黑格尔认为私人领域存在“各个成员作为独立的单个人的联合”[①]，由其成员自愿组成，以维护或促进他们的利益或价值。换言之，在国家和社会的基本构建块（个人、家庭和企业）之间存在一个中间联想的领域，表现为社会组织发育良好、种类多样、自由，并能积

① ［德］黑格尔：《法哲学原理》，范扬，张企泰译，商务印书馆 1995 年版，第 173 页。

极地发挥作用,能够对政府和商业部门产生制衡作用。① 罗伯特·帕特南认为工会包括在这些社会组织之内,工会创造了社会资本并依赖于社会资本。②

第二次世界大战之后,国内外学界普遍认可市场对社会生活与政治社会的塑造促进了国家与社会相分离。依据卡尔·波兰尼(Karl Polanyi)的大转型理论,经济本是社会的一个功能面向,从属于政治、宗教和社会关系,但是近现代西方的发展却使经济"脱嵌"出社会共同体,市场自由主义支配全球政治、主导政治与社会的结构,最终呈现出与传统社会截然不同的"大转型",在"大转型"中,"自我调节的市场"将那些原本不属于商品的范畴即土地、劳动力和货币变成"虚构的商品",一并卷入市场交易的漩涡③。波兰尼认为,在市场原则通行的"市场社会"中,存在着相互对立的"双重运动",即力图拓展市场范围的自由放任运动和抵制经济脱嵌的社会保护运动,工会则是劳动领域社会保护反向运动的主力。迈克尔·布洛维接续了"大转型"观点,针对原社会主义阵营各个国家的市场转型,提出了"第二次大转变"的论断。同时,他在《生产政治》一书中指出,工人阶级对历史的介入是并且继续是被生产过程塑造的,生产过程也是一个政治过程。在中国,市场经济建设改变和重塑了经济与社会:一方面,从全球化的背景看,中国社会正处在全球化、市场化潮流之中,整个经济、社会和政治生活都如此深刻地与世界资本主义的主流文明缠绕在一起,密不可分并深受这种主流文明的制约

① [美]大卫·霍顿·史密斯,罗伯特·A. 斯特宾斯,迈克尔·A. 多弗:《非营利管理辞典:术语与概念》,吴新叶译,北京大学出版社 2018 年版,第 51 页。

② [美]罗伯特·D. 帕特南:《独自打保龄》,刘波等译,中国政法大学出版社 2018 版,第 261—263 页。

③ [英]卡尔·波兰尼:《大转型:我们时代的政治与经济起源》,冯刚,刘阳译,浙江人民出版社 2007 年版,第 18 页。

和影响；另一方面，中国社会切实经历着体制转型，在国家权力导引和推动下的市场化大潮，空前猛烈地冲击着经济、社会和政治制度的各个领域，彻底改变了整个社会的面貌，重新塑造着全部社会生活。沈原认为，中国社会正处于两次“大转变”的交汇点上[①]，整个社会的生计模式、基本的社会安排和社会框架，以及阶级、阶级结构都在发生变化和进行重构，中国的工人阶级和工会深卷其中。

改革开放以后，社会力量在中国市场化“大转型”中得到壮大，基于中西方工会运动价值趋同，有学者提出，在以资本为主导的全球化的冲击下，世界工会运动的整体环境和令人堪忧的形势要求用比较的方法来分析中国工会。这助力了社会中心主义视角的劳工草根组织研究，将中国工会区分为官方工会和草根劳工组织，研究对象集中在南方沿海地区的劳工问题。中国劳动关系在“大转型”中得到市场化洗礼，劳动关系的基本形态已经是一种雇佣性的劳资关系。相对于计划经济体制时期的工人阶级身份而言，在市场转型过程中传统产业工人同时也经历了一个阶级“再形成”的过程[②]。在雇佣性劳动关系中，资本追逐利益的冲动与不羁，使得劳工工作超时、工资低下、劳动条件恶劣等现象普遍存在。由此形成了社会结构的断裂[③]，一部分社会成员被甩到社会结构之外，与劳工阶层边缘化相对的则是企业主阶层的迅速崛起[④]。中国市场化“大转型”还产生了一些自组织的民间工人群体，或如义乌工会将其吸纳到中国工会组

① 沈原：《社会转型与工人阶级的再形成》，《社会学研究》2006 年第 2 期。

② 刘建洲：《传统产业工人阶级的“消解”与“再形成”》，《人文杂志》2009 年第 6 期。

③ 孙立平：《关注 90 年代中期以来中国社会的新变化》，《社会科学论坛》2004 年第 1 期。

④ 陈剩勇，张明：《中国地方工会改革与基层工会直选》，《学术界》2004 年第 6 期。

织体制之内①，或是最后被取缔。除此之外，“大转型”时期工人自身的正式组织力量缺乏，工厂内外各种非正式力量与群体便成为其组织化的重要力量，也就是劳工帮派团体，它在工人正式组织力量相对缺乏的背景下，成为其非正式抵抗、集体抗争的重要组织力量②。市场化转型背景下草根组织、劳工帮派团体等的出现，为社会中心主义取向的理论创造了解释空间。此类研究对中国的工会运动前途并不乐观，“在中国，国家和官方工会正走上压制劳工维权主义的道路，这表明工会改革前景黯淡”。③

社会中心主义视角下的工会建设研究，有很强的西方价值标准，以此为建设蓝本的工会，是一种更激进的政治决裂，独立于国家并按照波兰的团结精神为政治民主化提供潜在的社会基础。显然，中国工会并非如此。国家的组织结构与公共政策会对当地工会的政治内涵以及工人阶级形成带来非常不同的结果④。从微观考察劳工与国家的关系，以劳工 NGO 指代个人与国家、私人利益与普遍利益联结起来的中介过于牵强，以劳工抗争动员能力和劳工 NGO 发展状况衡量中国的工会运动则缺乏制度基础。因此，随着中国市场化转型期的结束，经济体制趋于成熟，该视角下的中国工会研究昙花一现，逐渐被学术界放弃。

二、国家中心主义视角下的中国工会研究

国家中心主义强调现代国家对社会的支配和渗透，工会作

---

① 陈有德：《社会化维权及其维权网络建设》，《工会理论研究（上海工会管理职业学院学报）》2005 年第 6 期。

② 汪建华：《互联网动员与代工厂工人集体抗争》，《开放时代》2011 年第 11 期。

③ Chan A，2017. Trade Union Reform in One-Party States：China and Vietnam Compared. Made in China，vol. 2，No. 3，pp. 42 - 47.

④ ［美］彼得 · 埃文斯，迪特里希 · 鲁施迈耶，西达 · 斯考克波：《找回国家》，方力维等译，三联书店 2009 年版，第 378 页。

为工人阶级联合体,国家控制和影响工会的行为及其功能发挥。其中,法团主义理论在国家中心主义诸多理论中颇具代表性,近十年来被研究者青睐,多运用于分析中国工会问题。法团主义理论在承认国家强大力量的基础上,强调国家与社会之间的合作共赢①。在中国,法团主义理论可以用来解释"总工会和其他各类全国性团体,以及难以计数的以地方为基础的分会;还包括开始取代指令性计划下部、局机关的新的工业协会,以及民主党派和政治协商会议"②。中国劳工治理体制以中华全国总工会为主体,国家努力借助中华全国总工会的组织体系和维权行动将工人团结在自身周围,规制工人的集体行动,特别是要避免跨地区、跨行业的大规模工人行动的发生③。工会作为国家法团主义制度中的代表性组织,社会为工会的社会管理角色提供源源不断的功能需求,而政治决定工会满足社会功能需求的实现方式和运行机制④。因此,法团主义对中国工会有着较为有力的解释,相关研究成果丰硕显著。

从法团主义视角来看,中国工会兼具执行国家的政策和维护工人利益的双重功能,二者之间存在内在张力。中国工会在国家与社会之间,工会能在多大程度上代表工人,取决于国家想给工会多大的政治和制度空间⑤。"中国、组合主义和东亚模式"下的社团在党和国家的推动下得到了它们活动的空间和自

① 张静:《"法团主义"模式下的工会角色》,《工会理论与实践(中国工运学院学报)》2001 年第 1 期。

② 安戈,陈佩华:《中国,组合主义及东亚模式》,《战略与管理》2001 年第 1 期。

③ 汪仕凯:《中国劳工治理体制的转型与困境》,《国家治理评论》2017 年第 21 期。

④ 王向民:《准官僚组织的自主性:义务工会研究》,上海人民出版社 2014 年版,第 214 页。

⑤ Chen F, 2003. Between the State and Labor: The Conflict of Chinese Trade Unions' Double Identity Market Reform. The China Quarterly, 176:1006 - 1028.

主性,但对其发展也有很大控制和约束[①]。工会作为工人阶级联合体,国家控制和影响工会的行为及其功能发挥。戈登·怀特认为改革时期的中国工会存在自主性受限(Circumscribed Autonomy)[②]。而工会的维权行为只是一种利益协调行为,维权效果是工会政治社会地位的认可关键[③]。与此同时,国家与工会之间的"威权-授权"关系对工会"合法性"带来冲击,工会法尽管明确规定代表和维护职工利益是工会的基本职责,但在具体代表权的确认方面还很不完善[④]。虽然工会声称代表工人,但它们的主要目标历来是执行党的政策,特别是完成生产计划。工会有义务保护劳资双方的利益,这使工会内部已经存在的矛盾又增加了一个新的方面,即工会既是党的政策的执行者,又是工人权利的捍卫者。[⑤] 中国工会组织建设比较突出的问题是如何在非公有制企业建立工会的问题,或者说如何在非公有制企业中实现劳动者的团结权以及体现工人主体意识为工会改革的方向[⑥]。

在有关中国工会改革前途问题上,法团主义研究者存在较为明显的分歧。有研究者认为中国工会与国家之间长期存在"顺从-冲突"的循环关系,导致工会组织改革受到制约,难以真正维护工人的权益,成为服务于国家利益和社会稳定的一种工具[⑦]。

---

① 安戈,陈佩华,史禾:《中国、组合主义及东亚模式》,《战略与管理》2001 年第 1 期。

② White G, 1996. Chinese Trade Unions in the Transition from Socialism: Toward Corporation or Civil Society. British Journal of Industrial Relation, 34(3):433 - 457.

③ 王向民:《中国工会的意识状况和行动能力》,《探索与争鸣》2008 年第 1 期。

④ 刘诚:《发达国家工会代表权立法及其借鉴》,《学术界》2006 年第 5 期。

⑤ Howell J, 1990. The Impact of China's Open Policy on Labour. Labour, Capital and Society, 23(2):288 - 322.

⑥ 乔健:《工会改革:中国特色工会道路的"提质增效"——2016 年上海群团改革的经验探析》,《中国劳动关系学院学报》2017 年第 2 期。

⑦ 张允美:《中国职工代表大会制与职工参与模式的政治学分析》,《北京行政学院学报》2003 年第 1 期。

尽管某些法律关注集体合同、集体协商以及提升工会的作用，但实际上，中国的工会已经边缘化，或受管理方指派。即使在那些工会建得很好的企业，工会的存在也与管理目标紧密地联系在一起[①]。作为一个官僚机构，工会是弱小的，没有经济资源，也无权去控制或者授权诸如劳动和社会保障部等能够影响劳动政策的部门[②]。2015 年中央党的群团工作会议掀起的新一轮工会改革，也只是中国特色社会主义工会发展道路在新的历史时期的“提质增效”[③]。相对而言，较为乐观的观点认为，由于转轨时期中国企业管理精英与工人存在分歧，工人认为中国工会能保护他们的利益，因此基层工会比地方工会更加自治，日益起到调停者的作用，成为“积极的参与者”[④]。在中国社会力量成长成熟后，工会将走向社会法团主义。社会法团主义在市场经济进一步发展，以及工人所具有的成熟权利意识和理性算计能力的情况下是能够成行的[⑤]。

以法团主义来解释中国工会的研究，暗含着一种价值倾向和理论基本判断：对于中国的国家与劳工问题，法团主义可能是较好的选择或发展方向[⑥]。从既存的权利格局来看，中国工会与国家法团具有高度相似性，兼具私利与公利履行责任，在特定

---

① [美]玛丽·E. 加拉格尔：《全球化与中国劳工政治》，郁建兴、肖扬东译，浙江人民出版社 2010 年版，第 97 页。

② Anita Chan, “Revolution or Corporatism? Workers and Trade Union in post-Mao China”, Australian Journal of Chinese Affairs, January 1993, pp. 31 - 61.

③ 乔健：《工会改革：中国特色工会道路的“提质增效”——2016 年上海群团改革的经验探析》，《中国劳动关系学院学报》2017 年第 2 期。

④ Yunqiu Zhang, “An intermediary: the Chinese perception of trade unions since the 1980s”, Journal of contemporary China, June 1997, pp. 139 - 152.

⑤ 王向民：《中国工会的意识状况和行动能力》，《探索与争鸣》2008 年第 1 期。

⑥ 吴建平：《理解法团主义——兼论其在中国国家与社会关系研究中的适用性》，《社会学研究》2012 年第 1 期。

社会领域起到统合引领作用,在国家领域对权威和秩序的服从。但是从理论起源与发展来看,法团主义与多元主义存在理论对立,其社会组织基础与社会中心主义理论无异,是一种将社会与国家连接起来的模式,一种代表主体单一的利益代表机制。作为西方经典理论,法团主义与中国工会有些貌合神离。

三、国家与社会之间的"中间人"

早在 1995 年,世界银行就在其发展报告中指出,在发展中国家以及处于经济和政治转型期的社会主义国家,负责劳动和就业问题的工会组织成为国际政策和研究议程热点①。市场在转型期对劳动社会的塑造使得中国工会逐步成为劳工治理体系的重要主体,以社会中心论或国家中心论解释中国工会运动的研究,毫无意外地将工会视为国家与社会相互渗透的重要参与力量,正如陈峰所言,中国工会活动场域处于国家与劳工之间②。以"国家-社会"为基础分析框架的中国工会研究在与实践结合即理论本土化的进程中,在微观层次研究中演化出"中间人"理论。

"中间人"意味着政府正逐渐退出市场经济微观领域,社会力量开始发展起来,工会处于国家与社会之间,偏重中国工会行动实践,对法团主义的工会研究而言是一种补充,同时也显示出持这种观点的理论研究者对中国工会功能没有很强的信心。对于工会在社会主义政治体系中的地位,列宁有一个形象的说法,认为工会是国家政权的"蓄水池"。③ 工会建立起党与群众之间

① 程漱兰:《世界银行发展报告 20 年回顾》,中国经济出版社 1999 年版,第 37—44 页。

② Chen Feng, "Between the State and Labor: The Conflict of Chinese Trade Unions' Double Identity Market Reform", The China Quarterly, Vol176, December2003, pp. 1006 - 1028.

③ 冯同庆:《马克思主义工会思想史》,中国工人出版社 1993 年版,第 174—175 页。

的联系，通过日常工作说服群众；工会在社会主义国家的“传送带”作用涉及党工关系方方面面。工会是联系政党和群众的“传动装置”或可称为“传送带”，这种“传送带”的位置导致工会的双重属性：作为国家工具的国家属性和作为工人组织的社团属性。① 工会是国家与社会的中介代理②，在劳资关系中，它是一个“中间人”而不是工人的代表，很少或根本没有决策能力。③ 工会在劳动关系微观层面以协调人的角色联系工人和管理方，但工会仍然不是“利益代表组织”，而是“中介性组织”④。与西方国家工会不同，中国工会只能保障劳动者的“底线型权益”，无法保障劳动者的“增长型权益”，是一种类似田间“稻草人”的机制⑤。

中国工会的行为，受其组织集体利益及其成员个人利益的双重支配，特别是在国有企业，其劳动关系具有非剥削的特质，使之只能接受劳资冲突的“中介者”或“社会调解者”的工会角色⑥。职工与企业管理者能够形成共识性协商，工会发挥组织

① Anita Chan, “Revolution or Corporatism? Workers and Trade Union in post-Mao China”, Australian Journal of Chinese Affairs, January 1993, pp. 31－61.

② Yunqiu Zhang, “An intermediary: the Chinese perception of trade unions since the 1980s”, Journal of contemporary China, June 1997, pp. 139－152.；佟新：《企业工会：能动的行动者——以北京中外合资企业B有限公司工会实践为例》，《江苏行政学院学报》2005年第5期。

③ [美]玛丽·E.加拉格尔：《全球化与中国劳工政治》，郁建兴，肖扬东译，浙江人民出版社2010年版，第100页。

④ 张静：《“法团主义”模式下的工会角色》，《工会理论与实践（中国工运学院学报）》2001年第1期；冯同庆：《国有企业职工参与的国家规范的变化——从利益规范到权利规范的案例研究》，《工会理论与实践（中国工运学院学报）》2003年第5期。

⑤ 孙中伟，贺霞旭：《工会建设与外来工劳动权益保护——兼论一种“稻草人机制”》，《管理世界》2012年第12期。

⑥ 张暎硕：《当代中国劳动制度变化与工会功能的转变》，河北大学出版社2004年版，第39页。

者和协调者的作用。所谓的“代表”是有限度的,只是在“保护”意义上,工会只能在工人合法权益受到损害时去代表,而不能代表他们去抵制基本政策,如当国企裁员时,工会代表工人要去做的就是培训、救助(救济)、确保工人获得合理的经济补偿,而不是去抵制裁员政策。工会成为企业行政的“助手”,当管理者与职工之间出现分歧时,工会并不会向行政施加压力,而是传达信息,调停两边,以达成一致,其工作更多的是向职工解释说明,“做思想政治工作”①。冯同庆认为,中国的企业工会不仅有利益代表性的一面,更是职工与企业之间实现合作的联系者、协调者,也就是说,工会是职工与企业之间的功能性中介。中国工会是社会功能性组织,职工与企业之间具有协调与合作的可能,可以避免对抗和冲突。在整体上,劳动关系尽管在局部问题上或某个时段上有其紧张与激化,但是其功能调适效果还是很明显的,并未出现结构性、全局性、长时段的社会冲突②。中国工会在企业层面没有促进以工会为代表的集体劳权的形成,功能仅限于联系协调的“中间人”。

四、“国家-社会”范式的适用性反思

(一)“组织化劳动 VS. 组织化资本”的建设思维定势

理论范式在研究中作为一种资料分析工具,能够帮助研究者迅速抓住经验素材中的核心要素或特点,也容易导致某些未被该理论所关注但又非常重要的要素被忽视。“国家-社会”范式在分析性适用上偏好整体性,按照国家和社会两个维度划分研究问题,有利于帮助研究者在宏观层面理清脉络,同时会产生

① 张静:《“法团主义”模式下的工会角色》,《工会理论与实践(中国工运学院学报)》2001 年第 1 期。

② 冯同庆:《中国改革开放以来劳动关系理论研究的回顾》,《中国劳动关系学院学报》2009 年第 1 期。

对微观场景的选择性忽视[①]，把宏大叙事与细微求证结合起来的中观链条更适合研究解释中国的工会运动。

"国家-社会"范式下的工会研究暗含着组织化为一个整体的假设，国家与社会之间是一种非此即彼的关系，在建设思路上必然陷入"组织化劳动 VS. 组织化资本"的思维定势。经济赶超型国家因其对资本的支持，往往被放在劳动社会的对立面讨论。"组织化劳动 VS. 组织化资本"在国家层级是以三方对话的形式出现的，由全国性的垄断资本及全国性的劳工组织与国家进行协商[②]；在领导层面进行利益代表和合作性的互动，在群众层面进行动员和社会控制[③]。这种颇具统合主义色彩的做法，有将国家置于劳工社会对立面之嫌，与中国的现实并不相符。

（二）缺乏对过程中工会主体意识的考量

"国家-社会"范式将国家与社会界定成为相对稳定的两个部分进行静态观察，这是该理论范式又一先天性缺陷。米格代尔的"社会中的国家"理论明确指出了静态分析的弊端，从动态的、过程的以及建构的角度对国家与社会的关系做出了全新的解读。国家与社会之间的相互作用是一个持续存在、变化的过程，在这一过程中，"国家不是固定不变的实体，社会也不是。它们共同在相互作用的过程中改变各自的结构、目标、规则以及社会控制，它们是持续相互影响的"。[④]

劳动关系作为重要的经济社会关系，从计划经济转型到外

---

① 吴新叶：《党建引领社会治理的中国叙事——兼论国家-社会范式的局限及其超越》，《人文杂志》2020 年第 1 期。

② Newman O, 1981. The Challenge of Corporatism. London: Macmillan, p. 75.

③ Panitch L, "The Development of Corporatism in Liberal Democracies", Comparative Political Studies, 1977, vol. 10, no. 1, pp. 61.

④ [美]米格代尔：《社会中的国家》，江苏人民出版社 2013 年版，第 58 页。

资引入,再到全球化影响,每次经济领域的重大调整都会激发对中国工会运动的研究热情。“国家-社会”范式在解释中国工会适应市场改革带来的经济社会变化、改革对工会与国家关系影响时,结构分析占主导,而工会主体意识处于从属地位,工会作为主体的价值、行为、动机以及体验被忽略。法团主义分析的任务是发现中国工会在改革时代已经远离它先前的位置和方向,在某种程度上作为一个次级“党”存在于政治和制度安排中,工会保持与国家的密切关系、享受扩展程度的表征性自主权。

在讨论当代中国政治转型的潜力时,这种劳资关系的交织并不会使工会的努力显得多余,而已有研究中鲜有对工会具体运作机制进行深度分析[①]。借鉴西方工会理论,要超出其视野,考虑“过渡过程”或“社会变迁”对中国工会的作用和影响。[②]

(三)基于西方价值的框架设计难以规范性地适用中国实践

理论范式具有目的性或预设的价值,并被用来推动现实的变革以实现理论目标。“国家-社会”作为西方经典理论范式运用于中国工会运动,存在“貌合神离”的问题。农民工研究契合深受西方知识谱系对劳资冲突的模式化解释,有学者批判这种工人研究中的选择性偏向为一种“理论功利主义”[③]。

中国在全球化浪潮中,不是市场战胜社会主义,或是通过市场解放中国工人,而是建立起一个与以前完全不同、关于竞争、

---

① 吴建平:《中国工会研究 40 年——对国内工会研究基本脉络与特点的评述》,《中国劳动关系学院学报》2018 年第 5 期。

② 冯同庆:《向市场经济过度条件下工会理论研究纲要》,《工会理论与实践》1994 年第 6 期。

③ 陈周旺:《一个世纪的悲歌:图绘中国工人政治史》,载陈明明主编《复旦政治学评论(第十六辑):劳工政治》,复旦大学出版社 2016 年版,第 109 页。

契约责任和迁移自由的意识形态[①]。中国工会以及与之类似的群团组织、人民团体，与国家法团身份更多的只是表象上相似，在政治逻辑、社会阶层结构、生产方式、政党体制和意识形态话语方面有很大不同[②]。回答市场经济、全球化对中国工会带来的压力和机遇问题，从“国家-社会”范式方向来思考是有益的，但是该范式在回答中国工会的建设与改革问题时就显得解释力不足。

第三节　研究路径与资料来源

结合以上文献回顾，本部分的任务是对本书的研究理论路径和研究方法作出进一步说明，并对本书研究对象的选择和资料来源作简要介绍，从而为后续篇章的论述奠定基础。

一、理论选择与研究路径

（一）理论选择

市场经济使得劳动领域逐步具备国家与社会之别，转型期中国问题的普适性认可和国际学术对话的需要，使得“国家-社会”范式在中国工会研究中得以生根，有关中国工会的前期研究大都以此为理论脚手架，正如赵鼎新所言“国家社会关系与其说是一个分析框架，不如说是一个松散的叙事手法或包罗万象的袋子”。“国家-社会”范式下无论国家中心主义还是社会中心主义，工会都属于社会力量的范畴。马克思主义工会学说则与之

① [美]玛丽·E. 加拉格尔：《全球化与中国劳工政治》，郁建兴，肖扬东译，浙江人民出版社2010年版，第97页。

② 张汉：《统合主义与中国国家-社会关系研究》，《人文杂志》2014年第1期。

不同,恩格斯把工会与党在政治斗争中的协同动作,看成是工人运动发展的标志,是马克思主义指导的工人运动的优越之处[①]。对于工会与社会主义国家政权的关系,列宁认为,“工会正在成为并且应当成为国家的组织,它首先担负着根据社会主义原则改造整个经济生活的责任”[②],“没有一些把先锋队和先进阶级群众、把它和劳动群众连接起来的‘传动装置’,就不能实现专政”。[③] 因此,工会在社会主义制度下与国家政权之间有一种天然的亲和。

在中国,工运事业是党的事业的重要组成部分,中国共产党对工会工作的定位是党治国理政的经常性、基础性工作。中国工会明确了自身作为职工权益的代表者和维护者的角色,其职责结构朝向维护和服务职工转变,但更强调要回归和发展本土化的党政主导的社会化维护和服务模式[④]。在中国共产党的领导下中国工会进入国家政权体系,反映了马克思主义工会学说的中国化[⑤]。因此,中国工会建设更多遵从国家治理逻辑,并非放在社会治理框架下思考。中国工会作为国家政权体系的构成、劳动领域的“准官僚组织”,其目标与功能、结构与体制、行动逻辑与动机以及组织生态环境,具备公共组织理论工具性运用的基础。

梳理过往文献发现,按照国家和社会两个维度划分研究问

① 马克思,恩格斯:《马克思恩格斯论工会》,刘潇然译,中国工人出版社 1958 年版,第 27 页。

② 中共中央马克思恩格斯列宁斯大林著作编译局译:《列宁全集(第三十四卷)》,人民出版社 1985 年版,第 146 页。

③ 中共中央马克思恩格斯列宁斯大林著作编译局译:《列宁全集(第四十卷)》,人民出版社 1985 年版,第 201 页。

④ 吴建平:《中国工会研究 40 年——对国内工会研究基本脉络与特点的评述》,《中国劳动关系学院学报》2018 年第 5 期。

⑤ 刘佳:《“工会再造”与马克思主义工会学说中国化》,《现代哲学》2020 年第 1 期。

题,有利于帮助研究者在宏观层面理清脉络,但会产生对微观场景的选择性忽视。同时,早期中国工会研究偏好静态分析,将国家与社会界定成为相对稳定的两个部分进行静态观察,将中国工会机械地定义为“亲政府”“亲劳工”以及在二者之间的“中间人”。以此来分析工会,就会产生这样的结果:工会行动是对既定角色的实现。这导致工会作为公共组织的主体价值、行为、动机以及体验被忽略。与之相同,早期公共组织研究同样将公共管理的主体当作机械的制度存在。韦伯认为理想的组织是“单一型的不断运动机制中的齿轮框架,该机制为他们定制了确定的行进路线”①。公共组织作为公共管理活动的主体,有其自身的组织特性。单纯从个人利益出发的公共组织研究容易陷入工具主义和效率主义误区,登哈特强调公共组织的民主责任和对公众的回应性,注重理论与实践的结合②。中国工会的主体性研究可资借鉴。

西方理论范式适用中国研究的“水土不服”问题无可避免,中国工会根植于中国特色社会主义制度,必然有其独特性。本书在理论选择上回归影响组织产生发展的根源,以期展现中国工会的异质性。工会的功能定位和行动表征并非一成不变的,当工会面临变革和挑战时,基于组织理性,其功能取向就会重新定位。20 世纪 70 年代美国工会力量持续衰落,工会会员的人数不断下降,工会的组织影响力日益减弱③。面对经济全球化、服务业发展以及移民劳工所产生的冲击,美国工会改变“商业工

① Max Weber, Essays in Sociology. Trans. and ed. by Gerth, H. H. & Mills, C. W. New York: Oxford University, 1958, pp. 228.

② [美]罗伯特·B. 登哈特:《公共组织理论(第 5 版)》,竺乾威译,中国人民大学出版社 2011 年版,第 159—167 页。

③ 丹·克劳逊,玛丽·安·克劳逊,郭懋安:《美国工会状况及其复兴战略》,《国外理论动态》2010 年 5 期。

会”的理念和作为一个特定利益团体的定位,转向与环保、人权等更广泛的社会运动相结合。

中国工会亦是如此,其功能定位应时代而发生多次适时调整。工会的经典功能是维持或增进成员的劳动经济权益。作为英国工联主义的代表人物,韦伯夫妇定义工会是雇佣工人为了维系或改善其劳动生活条件而组建起来的一种持续性的联合会①。工会主张通过增进工作效率、提高劳工生活品质、增加教育和技术、参与民主国家的政治活动来确保所有劳工更好的生活,是劳工运动的终极目标。② 工联主义的工会价值取向被当前研究者广泛接受,《布莱克维尔政治制度百科全书》和《非营利管理辞典:术语与概念》都采纳了这一定义③。在市场经济建设时期,中国工会的价值取向从阶级转向社会,部分契合西方工联主义传统。在从计划经济向市场经济转变的过程中,中国劳动关系的性质也从同志式的互助合作关系转变为以利益调节为主的合作关系,双方利益分化将会加大④。在计划经济下经济与政治融合在一起,工会主要发挥政治组织的作用,而在市场经济条件下工会的经济作用会凸显出来,并以利益原则来处理劳动关系。在 2015 年的群团改革之前,中国工会在历史上进行过三次大规模改革,如若从历次改革的社会背景、大改革后工会的理想形象和力图进行大改革的后果三个方面来评判,毋宁说推动中国工会力图进行大改革的直接动力和制约中国工会改革的结

---

① [英]韦伯夫妇:《英国工会运动史》,陈建民译,商务印书馆 1959 年版,第 1 页。

② [美]C. A. 摩尔根:《劳动经济学》,工人出版社 1984 版,第 336—337 页。

③ “工会是指工人的集体组织,其宗旨至少部分是为了‘维持或增进其成员的工作生活条件’”,详见《布莱克维尔政治制度百科全书》第 664 页;工会是“一种社会组织,其使命是建立和提升成员的薪酬水平、工作条件、额外福利,以及其他雇佣属性与工人福利”,详见《非营利管理辞典:术语与概念》第 275 页。

④ 常凯:《试析社会主义市场经济下的劳动关系与工会》,《工会理论与实践》1993 年第 1 期。

构性因素需要理论创新[①]。

数字经济的到来对劳工群体结构的影响和改变十分深刻。传统的标准劳动关系在衰弱，数字经济下劳动就业通过"劳动关系灵活化"和"去劳动关系化"两条路径实现用工关系多元化[②]。正如一些学者所说，数字经济下的就业不是某种特定的就业形态，而是集合了目前已知的各种就业形态[③]。新就业形态作为一个政策性概念出现，是对上述复杂多变的数字经济用工关系进行简化处理。当前，关于新就业形态的研究处于"盲人摸象"的状态。作为新生事物，新就业形态的内涵和外延都尚处于众说纷纭状态，其用工形式与互联网技术紧密结合，因此相关从业者的群体特征难以直观观察。学界对完善国家劳动立法、规范新就业形态用工的呼声十分强烈，但相关研究欠缺技术性。新就业形态去除了标准劳动关系的"强从属、强保障"属性，代之以所谓的"无从属、无保障"而实现其高度灵活化，但其真实的属性是"弱从属、无保障"[④]。团结权在劳工三权中具有基础性地位，但是关于团结权的实现形式即新就业形态工会建设的研究却十分匮乏。世界范围内频频出现关于网约车司机等新就业形态的集体性争议事件和由此而引发的公共舆论事件，工会建设是事件争议的核心焦点之一[⑤]。有学者注意到现行工会的组织制度滞后于经济变革，从应然角度对工会联合会的功能作用加

① 游正林：《60 年来中国工会的三次大改革》，《社会学研究》2010 年第 4 期。

② 牛雪峰：《"新就业形态下的劳动群体与工会工作"学术研讨会综述》，《工会理论研究》2021 年第 1 期。

③ 邱婕：《灵活就业：数字经济浪潮下的人与社会》，中国工人出版社 2020 年版，第 72 页。

④ 陆敬波：《新就业形态中的劳动保障"法律短板"刍议》，《劳动报》2020 年 12 月 21 日第 04 版。

⑤ 涂伟：《新就业形态下劳动权益保护的主要国际趋势及对我国劳动立法改革的启示》，《中国劳动》2021 年第 1 期。

以论证①,但往往忽视新就业形态与传统业态之间的差异。

新就业形态下中国工会研究不可以止步于静态分析,更要回归公共组织本身,假设工会在遭遇外部压力与成员危机时,作为公共组织其行动策略具有权变性。对进入国家政权体系的中国工会研究,本书尝试将公共组织相关理论作为研究工具,从价值和使命——影响组织产生发展的根源出发,引入组织行为洞察,分析中国工会面对新就业形态带来劳动变革时的行动动机,观察其在实现组织价值时的具体策略选择,探求其组织建设规律。

(二)研究路径

从工会的性质和起源来看,工会作为经济社会矛盾的产物虽然被认为是工业社会的一个自然特征,但是其性质争议一直没有停止过,并且形成了两种对立的观点:一方批评工会是垄断性组织,另一方称之为"劳动的朋友"。从工会运动历程来看,在工业社会阶段各国政府陆续赋予工会运动以法律空间,虽然对于工会性质的争议并没有消除,但与国家抗争的工会运动逐渐偃旗息鼓。

工会为了保证它的合法性,需要同时满足成员要求的集体利益和国家要求的公共利益,其结果在使命上表现为双重性:核心成员的集体利益和与国家意志趋同的劳工群体公共利益。工会的集体利益使命与公共利益使命之间天然具有张力,难以兼备。不同国家结构和政体类型以及国家对工人运动的方式,导致工会两种使命的强弱不同,进而可将工会分为四种类型,而中国工会作为社会主义取向的工会,属于偏好公共利益兼顾集体利益这一类型,且在组织方式上偏好高效的指令动员的科层制。

---

① 赵乾:《新形势下完善我国工会联合会制度的法律思考》,《工会理论研究》2020年第5期。

受社会主义政体下“工会国家化”的影响，中国工会的公共利益使命与党和国家的意志高度一致，在追求双重使命时在社会主义政治体制下出现了功能拓展，衍化为国家劳工治理体系的一部分，市场经济改革后中国工会在劳工领域显现出国家政权建设功能。在工业化时期，中国工会有过“工会无用论”和农民工加入工会问题行动迟缓的失职批判，在又一次劳工结构变革出现时，中国工会在新就业形态增建中表现出异常的坚定。

当下数字经济时代新就业形态的兴起正在引发一场新一轮的工人阶级的建构。中国作为全球第二大数字经济体且类型偏向“劳动友好型”，中国劳工群体结构正在被数字经济所打破，新就业形态大有替代正规就业成为主流就业的趋势，这一新增领域自然成为国家与社会的争夺之地。市场经济改革后劳工群体及劳动场所的国家吸纳是通过工会吸纳完成的，在新就业形态中建立基层组织实际上是国家政权建设功能的外在表现。此外，从国际工运态势来看，新就业形态参加和组织工会已成为当今工会运动不可忽视的主题。中国工会同样将新就业形态劳动者发展成为核心成员的目标群体。工会密度作为衡量工会力量的关键指标，工业社会工会核心成员来自第二产业，数字经济形成一支极具规模的新就业形态大军主要集中在以服务业为主的第三产业，这是传统工会组织薄弱、会员密度偏低的领域。

作为偏好公共利益兼顾集体利益类型，中国工会在基层的增建主要采取科层制的组织化策略，从制度层面看具有很大的强制性。在市场经济改革后，当大量非公有制企业和农民工群体出现时，中国工会基层增建的逻辑起点和实践路径是将体制外企业组织向体制内转化改造，按照体制内规则运行。新就业形态打破了原有中国工会实现国家建设功能的组织化策略，即无法通过法律制度路径在企业组织中实现强制性增建。中国工会在实践中一定程度上突破了现行《中国工会章程》中关于基层建设的规定,选择了颇具流变性和差异性的增建策略。

本书以新就业形态从业者的工会为研究对象,从最初的工会使命价值出发,通过对中国工会实践过程的分析,解释新就业形态兴起对工会建设的影响,以及国家是如何通过工会在新就业形态中实现国家建构的。本书具体分为以下五个部分。

第一部分提出研究问题。这里主要回答两个方面问题。在近半个世纪全球工会式微的背景下,数字经济的到来使得标准雇佣制度走向终结,各国工会很早就开始关注新就业形态劳动者但是行动上却表现为举棋不定,中国工会却在这次大潮中很早地开启行动,这一现象的背后蕴含着何种逻辑?新就业形态下各国工会建设遇到什么困难与挑战?通过对“中国工会”相关文献进行系统的梳理,笔者发现学界关于中国工会的研究普遍采用“国家-社会”分析框架。普遍采用的“国家-社会”分析框架是否合理?该范式偏好整体性,将国家与社会界定成为相对稳定的两个部分进行静态观察,是否会忽略工会作为组织的主体性思考?

第二部分在现实背景和理论背景的基础上,重点阐释以下问题:新就业形态对传统劳动关系的冲击以及劳动人口是怎么改变的,对中国劳工治理体制有何影响?能否通过工会建设来规制劳动领域治理的失序?这里首先需要理清新就业形态的概念,并且尝试能否对其进行类型学划分。其次,对国内外研究机构和行业组织发布的研究报告进行文本分析,试图通过描绘新就业形态的劳动就业规模,提炼总结新就业形态下劳工群体结构的特征。最后,从新就业形态下劳动领域治理秩序的表现入手,分析治理失序与工会组织的关联。

第三部分回答新就业形态下中国工会主动行动并且态度坚定的原因。首先,从工会的价值与使命分析入手,论证工会作为经济社会矛盾的产物,在其使命目标上兼有集体利益使命与公共利益使命。其次,分析两种使命之间存在张力,因而难以兼顾,这就导致工会因两种使命的强弱差异分为四种类型。再次,各国工会因其集体利益使命与公共利益使命的偏好差异,形成共同体和联合体两套组织逻辑且功能偏好存异。最后,将该理论运用于中国工会,解释以下问题:中国工会的使命目标是什么?中国工会在追求双重使命时,如何在社会主义政治体制下出现功能拓展?在市场经济改革后,中国工会如何成为中国劳工治理体制的一部分,承担了哪些国家政权建设功能?

第四部分选择上海市新就业形态工会作为分析对象,回答中国工会是如何开展增建行动这个问题。这一部分首先对上海工会的增建行动进行整体性描述,再选择4个组织过程、组织模式迥异的新就业形态工会案例,通过对它们成立过程的分析阐释,解释在对新就业形态劳动者组织化过程中中国工会的逻辑与目的。然后,从地方工会在推进组建过程所采取的具体举措中,归纳提炼路径突破口,并且探寻中国工会推进新就业形态工会建设的底层逻辑。

第五部分进一步检视传统工会建设理论与中国的实践。该部分检讨以工业公民权理论为代表的传统工会建设理论的“水土不服”,回顾劳动场域的国家政权建设与中国工会的关联,提炼新就业形态工会建设中的国家逻辑。工会增建行动的主要目标是“建起来”,这尚不足以实现其国家政权建设功能。本书提出评判工会增建的有效性应从工会的法定功能和国家建设功能两个维度来考量,新就业形态工会建设应走向完善基层行业工会体制,突破国家政权建设逻辑下自上而下的建设惯性。

(三)研究技术路线

世界经济正向数字化转型,新经济、新产业、新业态不断涌现,其间由数字经济增长所激发的新增就业总称为“新就业形态”。新就业形态(数字经济下新增的非正规就业)大有替代正规就业成为主流就业的趋势。本书在分析批判“国家-社会”范式局限性的基础上,试图对中国工会的价值使命、增建策略与新就业形态之间的因果关系进行理论建构,旨在更好地解释中国工会增建行动背后的行动逻辑,以及不同国家劳动组织对于新就业形态的团结权问题上存在差异性的根源。

本书强调中国工会的主体性,从“使命-策略”两个维度,对中国工会在数字经济蓬勃发展背景下的行动观察,运用个案比较研究方法展开叙述(图 1-1)。

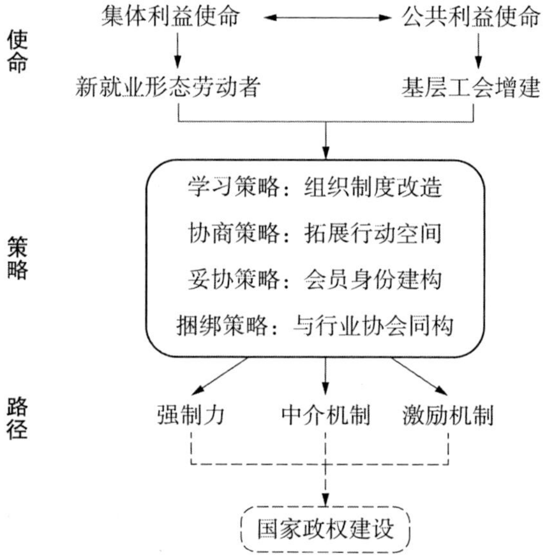

图 1-1 本书研究框架

一方面,本研究过程回归价值层面来寻找工会的主体性。本书从工会的价值争议切入分析,认为工会在价值上的争议是造成其合法性不足的根源,提出工会同时具备集体利益使命和公共利益使命,在法律空间内的劳工治理是个体自治、团体自治以及国家强制的有机结合,同时承载着来自国家和工会成员的双重期待。在来自国家和劳工的双重压力下，中国工会在追求自身使命时出现了功能拓展：集体利益使命使其选择数量庞大、发展强劲的新就业形态劳动从业者为会员目标群体；在市场经济改革后，公共利益使命则促使中国工会基层组织建设的目的指向整合劳工有序参与国家的公共事务活动，匹配“党联系职工群众的桥梁与纽带”和“社会主义国家政权的重要社会支柱”。

另一方面，新就业形态工会建设在策略选择上呈现差异性特征。为了实现上述价值使命和功能定位，中国工会在新就业形态下调整和改善了传统建会策略的强制性，而是依据自身在不同业态的资源禀赋，通过组织制度改造和创新、拓展行动空间、重新建构会员身份、与行业协会组织同构等方式“量力”而行。

在新就业形态增建行动中，中国工会没有成熟的建设构想，而是利用可以成行的所有资源，主要包括体制本身的强制力、以行业协会充当权力中介和工会自身资源输出，强调在新就业形态中的增建有效性，快速提升工会密度，将此与中国劳工治理体制相结合，反映了中国工会在基层组织建设上的国家（政权）逻辑。

二、研究对象、资料来源及研究方法

（一）研究对象与研究范围的界定

2015年既是党的群团工作会议召开、中国工会启动最新一轮改革之年，又是中国政府开始制定实施“互联网＋”行动计划之年。本书把“2015年以来，中国工会针对新就业形态的基层建设行动”作为研究对象。在中国工会在新就业形态中建立基层组织的过程中，笔者看到了工会的双重使命价值与合法性压力之间的理性选择，看到了科层制组织偏好与后工业社会劳工群体结构的不契合,深入制度和结构层次的研究,可以明确后工业社会的工会建设该何去何从。

中国是一个观察数字经济下劳工群体结构变迁的良好场所。与工业化过程中劳动组织后知后觉不同,国际劳工组织以及包括中国在内的各国工会对数字经济下劳动就业的变革,表现得十分积极主动,但是在具体的行动策略上又表现迥异。新就业形态劳动者规模与一国数字经济规模休戚相关。中国作为全球第二大数字经济体,新就业形态在中国的就业人数、行业种类、发展速度方面可谓典范。从工会的起源和内在价值来看,中国工会虽有特性但没有超出工会发展的普适逻辑,这一点自2002年重返国际劳工组织理事会后已被世界上诸多同类劳动组织所理解和接受。在全球工会运动式微的背景下,中国工会的建设发展相对稳定。数字经济时代各国工会对于新就业形态从业者组织或参加工会表现出举棋不定;中国工会表现出异常的行动坚定性。从对中国工会行动的观察中,可以发现各国劳动组织在新就业形态的团结权问题上既积极主动又行动迟疑的答案。

为什么选择新就业形态作为语境来展示中国工会的增建过程?数字经济时代劳工正在经历与人工智能和互联网技术的新型互动,上一次技术对劳动技能替代引发的劳工群体分裂发生在童工的出现。从研究文献情况来看,上一轮研究者高度关注中国工会是在21世纪初农村劳动力大规模向城市转移,也就是农民工成为产业工人主要构成之际;新就业形态一词最早出现在2015年,2017年起关于新就业形态的研究出现了爆炸式增长,特别是近几年相关研究硕果累累,其间不乏平台化、去雇主化趋势下的工会维权问题以及新就业形态劳动者团结权的研究。如果说数字经济对劳动就业领域和工会而言是一场“百年未有之大变局”,那么新就业形态的出现就是这场变局的开端。

研究新就业形态劳动者团结权的实现，既是在数字经济时代延续马克思主义关注劳资关系和工人阶级的传统，又迎合新就业形态劳工群体日益壮大的现实需求。

传统上对市场经济转型后中国工会的研究是采用“国家”“社会”这类含义宽泛的大词汇，以微观层面的中国工会或者劳工行动的观察来印证宏大的理论框架，缺乏对问题解释的更具实践性和更具可测量性的中观链条。我们从使命价值入手，寻找中国工会行动坚定的原因。中国施行一元工会体制，无论是“改革”还是“先试”都发生在基层。因此，本书把研究对象锁定在“2015 年以来，中国工会针对新就业形态的基层建设行动”。

需要再次强调说明的是，本书用“劳工群体”“从业者”等政治意味较淡的日常用语来称谓工会建设的对象。“工人阶级”概念具有很强的政治性，改革开放后“阶级”话语逐渐消退，逐渐被“阶层”“群体”等概念所替代，“工人阶级”除了在一些政治性较强的文献中出现外，已成为历史专有名词。本书侧重解释中国工会基层建设的规律，不涉及“阶级意识”的影响，采用“劳工群体”“从业者”等日常用语以规避论述中的混淆。

（二）资料来源与研究方法

研究方法的选择关系到研究目标的实现以及解释问题的信度与效度，本书整体上采用多学科的知识生产和知识建构。新就业形态对劳动就业的冲击亟待社会科学在知识生产上给予回应，但从知识与实践的互动关系来看，工会的活动场域涉及政治、经济、社会等，据此面向新就业形态的工会知识生产，在横向上需要基于多学科的知识建构，在纵向上需要对工会不同发展阶段局部知识进行整合。此外，工会研究以对现有的各种过程的实证考察为主，例如劳资集体谈判（Collective Bargaining）是如何进行的并归纳其规则规律。本书同样基于质性研究立场,以个案比较研究作为主要的研究方法,通过选择多个中国工会在基层建会场景,运用实地收集数据和资料描述工会建立的过程,以探讨新就业形态下中国工会增建行动背后的逻辑。在具体研究方法上,本书以文献研究法和调查研究法为主,辅以参与观察法以及案例比较研究方法,在案例部分主要采用结构主义的方法和比较的方法,多种研究方法相结合,综合性地开展问题研究。

1. 文献研究法

本书梳理了三大类文献:一是理论文献,主要包括西方工会理论、马克思主义工会学说、社会运动理论、国家政权建设等方面的学术理论,以及先前关于工会研究、新就业形态研究、基层党建研究等相关方面的著作和已发表论文;二是政策文献,主要包括中央和地方有关工会领域、劳动领域的相关法律、法规和政策,涉及数字经济、新就业形态、新职业的党和政府的政策与指导性文件;三是部门档案文件,主要包括《中国劳工统计年鉴》《上海市地方志》、中华全国总工会及其下属各省市总工会的工作报告、正式文件以及官方网站已有资讯。此外,本研究还查阅了数字经济特别是平台经济领域以劳动就业为主题的行业研究报告、2016 年以来国内外研究机构和行业组织发布的研究报告与互联网白皮书。通过上述三类文献,本书首先了解中国工会的研究现状和研究问题,分析中国工会在新就业形态领域的政策和态度;其次,收集数字经济、新就业形态相关的行业研究报告和互联网白皮书,进行分析研判;最后,通过媒体报道、工会宣传推送等对外宣传文稿,考察新就业形态的工会在成立后的实际运作状况。

2. 调查研究法

为了更好地把握新就业形态劳工群体的全貌和增建行

动的具体情况，本文采用调查研究方法，考察期间为2019年3月至2020年12月。一是对上海市总工会及下属6个区总工会负责新就业形态行业工会建设的工作人员和负责同志、已成立的4个新就业形态的工会主席进行访谈，进一步了解整个行业劳工群体的全貌。二是对上海市总工会重点宣传和表彰的新就业形态工会建设的亲历者进行访谈，特别是对案例所在地区总工会负责组织建设的同志、外卖送餐行业工会干部、外卖送餐员站长和平台公司工会代表等进行多次访谈。三是从上海市总工会获取增建行动实时进展和相关数据。

3. 参与观察法

在实体试调查中，笔者对以网约送餐行业为代表的新就业形态有了基本的认识，感受到了该工会内部的复杂性及其重要的研究价值，坚定了继续深入开展研究的决心。在对新就业形态行业工会持续进行调研时，笔者借助工作便利结识了该区域网约送餐员群体中的劳工精英，他提出希望笔者在行业工会建设中给予智力支持，正是在这种情况下，笔者得以顺利入场。其间，笔者以上级工会干部的身份协助其完成行业联合工会代表大会筹备工作，在实际参与中进行观察。

4. 个案研究和比较研究

本书将前期参与观察与访谈的资料编辑成个案，重点分析在工会增建行动中，上海各级工会作为地方工会与新就业形态劳动者之间的互动，以及影响新就业形态工会组建策略的关键因素，通过详细的个案研究呈现中国工会在基层的增建过程。此外，本研究通过多案例比较分析，进一步确定相似或者相异很大的新就业形态工会在建会策略选择之间的特点，从中归纳中国工会在新就业形态增建中的底层逻辑。

三、主要创新及不足

（一）主要创新

基于中国工会增建行动的观察和上海地区新就业形态工会建设的实证调研，笔者对新就业形态行业工会成立过程进行分析并对工会成立后组织功能进行梳理，发现中国工会在多元诉求下其策略选择具有鲜明的差异性，在依旧保持工会应有作用功能的前提下，新就业形态工会的组织模式不断变化调整，旨在实现在新就业形态中基层组织“建起来”的使命目的。地方工会在推进成立过程中，有着鲜明的国家逻辑，通过强制力、权力中介机制、激励机制三个维度进行路径突破，回应了理论部分中国工会在功能拓展后的国家政权建设性。因此，本书可能在三个方面有所创新突破：一是跳出中国工会研究普遍以“国家-社会”为基础分析框架的研究惯性，回归工会作为公共组织的主体本身，从实证出发反思“国家-社会”范式的局限性，通过价值使命分析来说明在新就业形态下工会建设是一种被动的选择，对中国工会研究是一项有益的补充；二是发现中国工会在新就业形态下的主动建构，与西方国家自下而上的团结完全不同，在一定程度上是对工业公民权等传统工会建设理论的证伪；三是从经验出发，对新就业形态下工会建设策略、路径进行归纳，尝试回答新就业形态劳动者组织或参加工会困难的答案，提出中国工会建设行动的国家建设指向，有益于未来中国本土的工会行动理论的建构。

（二）不足之处

关于新就业形态的研究出现了爆炸式增长，特别是近几年相关研究硕果累累，虽然新就业形态参加或组织工会的研究并不多，但中国工会如火如荼的基层建设实践给社会科学研究提供了丰富的经验素材。总体而言，新就业形态下中国工会建设是一个纷繁复杂且尚无定论的问题，其理论和实践均不完备。本书在已有研究基础上尝试做一些推动与努力，但仍然存在不足之处。

第一，“工会”作为一种社会组织形式，本身就具备第三条道路理论、市民社会理论和治理理论等背景，活动场域涉及政治、经济、社会等，其建设研究涉及跨学科若干议题，缺乏有效解释新就业形态工会的工会行动理论，本书尝试从经验出发进行理论建构，但理论基础尚显薄弱，还需进一步研究探讨。

第二，新就业形态的概念界定缺乏学理性。新就业形态概念的外延处在动态变化之中，随着数字技术的发展、相关劳动立法和规范性文件的出台，本书论述的劳工结构的变化和影响，可能在不久的将来也会有所变化，新就业形态可能不再“新”，从而影响论证过程的可信度。

第三，本书虽然指出在法律空间内劳工治理是个体自治、团体自治以及国家强制的有机结合，在来自国家和劳工的双重压力下，新就业形态工会建设应走向行业工会体制，既可以帮助工会在劳工群体中完成法定功能又能完成国家建设汲取功能，认可中国工会对现行体制的部分突破，但是未能在国家政权建设框架下，具体描绘出新就业形态行业工会的全貌，特别是行业工会与平台企业工会之间的关联问题，缺少提出新就业形态下中国工会的具体建设路径。

第二章
新就业形态的发展与劳工治理

新一轮技术革命所导致的就业模式、工作模式的巨大变化，已经成为各国政府及国际组织对未来劳动力市场变革关注的焦点。[①][②] 正如贝弗里·西尔弗在《劳工的力量：1870年以来的工人运动与全球化》一书中所说，资本结构调整虽然削弱了一个地方与一个产业部门劳工的力量，但调整后新的劳工群体一旦形成，尽管结构性力量与原部门有所差异，但劳工运动总是愈演愈烈[③]。新就业形态作为全球就业结构中的新生力量，成为后工业化进程中劳动力转移的承接者，数字经济时代的劳工抗争更是以此为焦点。

第一节 新就业形态：源流、概念和尺度

互联网、大数据、云计算、人工智能等数字技术日臻成熟，基于数据和数据技术应用带来的新产业、新业态、新商业模式（以

① OECD, "New Forms of Work in the Digital Economy", OECD Digital Economy Papers, No. 260, OECD Publishing, 2016.

② Eurofound, "New forms of employment, Publications Office of the European Union", Luxembourg, 2015.

③ [美]贝弗里·J. 西尔弗：《劳工的力量：1870年以来的工人运动与全球化》，社会科学文献出版社2016年版，第114页。

下简称“三新”经济）不断涌现，新就业形态由此而生。中国政府对新就业形态的出现十分重视，积极拥抱其发展，更多是采取“让子弹飞一会儿”的政策措施。随之而来的是，新就业形态因其对就业增长的贡献，开始受到社会广泛关注并成为一个时代热词。2020年新冠病毒感染疫情期间，新就业形态更是发挥了“就业蓄水池”“就业稳定器”的作用。

劳动力市场的运行状况因其对社会安定至关重要，备受各国政府以及国际工会组织关注①。新就业形态作为当前中国城镇就业的重要渠道，其从业者已经成为中国劳动力市场不容忽视的力量。

一、新就业形态的基本内涵

究竟何为新就业形态，对此尚没有确定答案。作为一个新生事物，新就业形态本身并不成熟，其典型特征还未得到充分显现。与此相一致，新就业形态的概念范畴还有很多模糊不清或偶然性特征。本书从新就业形态的形成过程对其定义、内涵与特征进行总结辨析。

（一）作为政策性概念的新就业形态

新就业形态最早是作为政策性概念出现的，2015年党的十八届五中全会公报第一次使用“新就业形态”一词，公报提出“加强对灵活就业、新就业形态的支持”②，将新就业形态作为就业创业的主要渠道和实施积极就业政策的重要举措。政府层面在2016—2019年政府工作报告中均使用了新就业形态的概念，要求

① 国际劳工组织：《世界就业和社会展望2019年趋势》，中国财政经济出版社2019年版，第77页。

② 新华网：《授权发布：中国共产党第十八届中央委员会第五次全体会议公报》，http://www.xinhuanet.com//politics/2015-10/29/c_1116983078.htm，2015年10月29日访问。

“加强对灵活就业、新就业形态的扶持”[①]，在具体扶持策略上明确提出运用“互联网+”改造传统产业。2017 年 1 月国务院发布的《“十三五”促进就业规划的通知》提出“支持发展就业新形态”，作为培育新的就业增长点的重点举措，[②]其间使用的就业新形态一词与新就业形态的意向所指基本一致。之后，党政文件多次使用新就业形态及其类似词汇，但均没有明确该词的内涵和外延。

中国就业促进会作为国家人力资源和社会保障部管理的就业促进组织，在 2017 年对新就业形态概念给予较为官方的界定：“新就业形态是指与建立在工业化和现代工厂制度基础上的传统就业方式相区别的就业形态，主要包括伴随着互联网技术进步与大众消费升级而出现的去雇主化就业模式及借助信息技术升级的灵活就业模式。”[③]该定义突出新就业形态去雇主化的劳动关系特征以及与互联网技术手段对传统工作模式的影响。2018 年 4 月，全国总工会在《推进货车司机等群体入会工作方案》中采用例释定义方法，将新就业形态界定为货车司机、快递员、护工护理员、家政服务员、商场信息员、网约送餐员、房产中介员、保安员等 8 个职业群体。之后，“八大群体”作为新就业形态的概念外延被广泛使用。2021 年 7 月，全国总工会启动“新就业形态劳动者入会集中行动”，提出以货车司机、网约车司机、快递员、外卖配送员等 4 个群体为重点[④]。全国总工会的直属研究机构中国工运研究所，将新就业形态定义为通过网络平台

---

① 国务院：《政府工作报告（2014—2021）》，http://www.gov.cn/guowuyuan/zfgzbg.htm，2021 年 3 月 5 日访问。

② 国务院：《“十三五”促进就业规划》，http://www.gov.cn/zhengce/content/2017-02/06/content_5165797.htm，2020 年 4 月 10 日访问。

③ 中国就业促进会：《新就业形态》，《中国就业》2017 年第 11 期。

④ 国务院新闻办公室：《全总启动“新就业形态劳动者入会集中行动”》，http://www.scio.gov.cn/32344/32345/44688/46592/46599/Document/1710740/1710740.htm，2021 年 7 月 30 日访问。

获得工作机会、提供服务并获取相应劳动报酬或经营收入的灵活就业方式[①]，通过用工主体的平台性和轻资产化、用工方式的高弹性和社会化、用工管理上的“重绩效轻责任”非均衡性、就业劳工的原子化和重资产化、就业方式的网约性和非标准化以及就业关系的去劳动关系化等特质来划定“新就业形态”的外延。2018 年 9 月，国家发展改革委发布《关于发展数字经济稳定并扩大就业的指导意见》[②]，将新就业形态限定为数字经济领域，并指出是基于“电子商务、共享经济等新业态蓬勃发展”而产生的就业增长。

新就业形态一词有效地概括了新一轮技术革命所导致的就业模式、工作模式的巨大变化，主要用于说明数字经济时代中国乃至全球劳动力市场中出现的新趋势。由于在使用初期缺乏官方定义，在相当长一段时间内社会对数字经济激发的新增非正规就业的称谓存在概念混乱，灵活就业人员、非正规就业人员、新兴就业群体、新业态从业者等概念交叉使用的情况，其结果是相关政策的适用主体范围由地方自由裁量，或拓宽到将自主创业人员和自由职业人员囊括在内，或锁定农民工聚集的建筑、餐饮等传统业态，忽视新就业形态与互联网技术的关联性。

2020 年全国两会期间，习近平总书记在全国政协经济界联组会上谈及“新就业形态”，指出要“顺势而为、补齐短板”[③]。新就业形态因国家领导人的关注而受到社会热议，人民网、新华网等官方媒体相继刊发论证性文章，党政文件对数字经济下新增

---

① 中国工运研究所：《劳动关系与工会运动研究文选（2017—2018）》，中国工人出版社 2019 版，第 208 页。

② 国家发展改革委：《关于发展数字经济稳定并扩大就业的指导意见》，http://www.gov.cn/xinwen/2018-09/26/content_5325444.htm，2020 年 4 月 10 日访问。

③ 新华社：《习近平谈“新就业形态”：顺势而为、补齐短板》，http://www.gov.cn/xinwen/2020-05/23/content_5514219.htm，2020 年 5 月 23 日访问。

非正规就业的称谓开始趋于统一。2020 年 8 月,人力资源和社会保障部、国家发展改革委等十五部门出台《关于做好当前农民工就业创业工作的意见》[①],提出"支持农民工从事直播销售、网约配送等新就业形态增加收入",同样采用了新就业形态的称谓。

我国在数字产业化、产业数字化进程中形成了一些新型经济活动,包括高技术产业、现代服务业,以及从现有产业和领域中衍生叠加出的新环节、新链条、新活动形态、新商业模式。新就业形态作为一个政策性概念,主要是指通过这些新型经济活动实现劳动就业的群体。官方文件高频出现新就业形态,体现了党政对新生事物的高度重视,是对数字经济下就业结构调整的一种积极反应,既展现数字经济发展对就业的促进作用,可以化解人们关于技术进步对劳动替代的恐慌,又表明了政府对数字经济中新产业新业态新模式的扶持态度。同时,政策宣导也使其被社会广泛关注和热议。

(二)新就业形态的学术性使用

数字经济以较强的吸纳就业能力催生了大量的新就业形态从业者,随着涉及该群体的社会事件和劳动争议案件频发,新就业形态逐步被学界特别是法学界所关注,该词也已被研究者所普遍接受和广泛使用。总体而言,新就业形态一词虽然在概念方面存有瑕疵,但可以准确描述数字经济下劳动领域的变革。

新就业形态作为数字经济对就业形态改变和提升的结果,给劳动法理论尤其是劳动关系理论带来了革命性挑战[②]。学界

① 人力资源社会保障部,国家发展改革委等:《关于做好当前农民工就业创业工作的意见》,http://www.mohrss.gov.cn/gkml/zcfg/gfxwj/202008/t20200807_382152.html,2020 年 4 月 10 日访问。

② 王全兴,王茜:《我国"网约工"的劳动关系认定及权益保护》,《法学》2018 年第 4 期。

在“新”与“旧”之间的争议尚未休止：一方观点认为新就业形态仅仅是在形式上和表面上具有灵活化、多样化和自主化，其用工形式没有改变，数字经济中的基本用工性质仍然是劳动关系①，非正规就业与正规就业之间的差异本身就是虚假的；另一方则认为数字经济下用工关系正在发生从雇佣走向合作的“去劳动关系化”变革，应该放松企业的劳动法律规制，适应数字技术的组织重构。②

新就业形态虽然其用工关系性质尚存争议，但作为一种新的劳动力资源配置模式是毋庸置疑的，可以确定的是，它不同于传统工业经济下的标准雇佣，也不同于传统业态的非正规就业。学者在对该词的界定和使用时，通常搁置其用工性质，而是强调互联网技术对用工模式的创新。故有学者将其定义为：“伴随新一轮科技革命的发展和移动互联网、大数据、云计算等信息技术的运用而出现的一种新型就业形态，不同于传统产业模式，它通常以互联网平台、分享经济等新技术为依托，呈现出灵活多样的就业形态。”③也有学者从新就业形态的起因、特点、发展趋势和政策内涵上阐释这个概念，刻意回避用工关系的争议，提出“新就业形态指的是电子商务或在线平台等技术革新动员起来的劳动力所开展的获取酬劳的工作活动”④。

---

① Rogers, Brishen. “Employment Rights in the Platform Economy: Getting Back to Basics”. Harvard Law & Policy Review, October 2016, pp. 479 - 520；常凯，郑小静：《雇佣关系还是合作关系？互联网经济中用工关系性质辨析》，《中国人民大学学报》2019 年第 2 期。

② [美]戴安娜·马尔卡希：《零工经济》，中信出版社 2017 年版；冯喜良等：《灵活用工——人才为我所有到为我所用》，中国人民大学出版社，2018 年 4 月版；忻榕：《平台化管理：数字时代企业转型升维之道》，机械工业出版社 2020 年版。

③ 林嘉：《新就业形态，要补什么法律短板》，《人民论坛》2020 年第 22 期。

④ 张成刚：《就业变革：数字商业与中国就业新形态》，中国工人出版社 2019 年版，第 29 页。

上述定义方式没有解决新就业形态的概念不周延性,研究者在使用该概念时多采用较为开放的态度。新就业形态是新时代催生出来的新经济形态在就业领域的反映,是传统产业在互联网条件下延伸而产生出来、尚未完全转化成独立新形态的就业样态。依据统计数字等实证,有学者将新就业形态划分为创客模式、威客模式、对客模式、圈客模式和兼客模式等五种。[①]

(三)新就业形态的再界定

从生产关系的角度来看,新就业形态是经济业态发展、市场竞争与技术进步交互作用的必然结果[②],用于描述数字经济下非正规就业的发展。本书认为新就业形态应延续非正规就业的概念框架设计,采取"其内涵是明确的而其外延是扩展的"原则[③],即它是描述数字经济带动的就业增长的官方话语词汇,既不是标准劳动关系也不是传统非正规就业,而是数字经济下新增就业特别是低技能劳动就业的总称。新就业形态既包括网约送餐员、网约车司机、平台快递员、同城配送等网约工种,也包括网络营销员等个人电子商务雇佣的岗位以及 OTO 模式下的共享劳务,从业主体是依托互联网平台具有劳动依附性就业的劳动者而非创业人员。

本书取信中国工会对其定义的群体范围,主要围绕数字经济下低技能劳动者且劳动依附性更强。2018 年全国总工会在《推进货车司机等群体入会工作方案》中将新就业形态界定为

---

① 朱松岭:《新就业形态:概念、模式与前景》,《中国青年社会科学》2018 年第 3 期。

② 杨伟国:《让新就业形态更好地生长》,《人民日报》2019 年 04 月 17 日第 05 版。

③ 彭希哲:《厘清非正规就业概念,推动非正规就业发展》,《社会科学》2004 年第 7 期。

“八大群体”并且被学界广泛接受和使用，“八大群体”所在均为数字技术与实体经济快速融合的低技能服务业。2020年7月国家发展改革委等13部门联合发布《关于支持新业态新模式健康发展激活消费市场带动扩大就业的意见》，以列举的方式定义了15种新业态①，均隶属数字经济。2021年在全国工会基层工作会议上，全国总工会宣布开展“新业态就业群体入会集中行动”②，文件中对“新业态就业群体”的概念采用部分列举的方式定义，提出“立足新业态就业群体大多依附平台就业的实际，全国工会将集中推动货运、快递、网约送餐、网约车等重点行业的头部企业依法建立工会”。国家“十四五”规划纲要名词解释之236，对新就业形态进行了说明，指出它是指新一轮信息技术革命特别是数字经济和平台经济发展带来的一种就业新模式，体现为劳动关系灵活化、工作内容多样化、工作方式弹性化、工作安排去组织化、创业机会互联网化，正在成为吸纳就业的一条重要渠道③。这与本书取信定义的外延十分吻合。

新就业形态是一个阶段性的概念，与数字经济的渗透休戚相关、同生共荣，在概念的外延上长期存在不周延性。各种新就业形态变化迅速，一些新就业形态突然出现又突然消失。马化腾在《互联网+：国家战略行动路线图》一书中将互联网技术与电能进行类比，认为二者都是“把一种新的能力或DNA注入各

① 国家发展改革委：《关于支持新业态新模式健康发展激活消费市场带动扩大就业的意见》，http://www.gov.cn/zhengce/zhengceku/2020-07/15/content_5526964.htm，2020年7月15日访问。

② 蔡振华：《在全国工会基层工作会议上的讲话》，https://www.acftu.org/wjzl/ldjh/qtsjcld/czh/202108/t20210803_784359.html?7OkeOa4k=qAq6rGq1lfE1lfE1l2LD4Tb2HH.NclYpgYEdEwCTHvGqqkdtQ0YZqAqqlG，2021年8月3日访问。

③ 国家发展改革委：《“十四五”规划〈纲要〉名词解释之236|新就业形态》，https://www.ndrc.gov.cn/fggz/fzzlgh/gjfzgh/202112/t20211224_1309503_ext.html，2021年12月24日访问。

行各业,使各行各业在新的环境中实现新生”①。当数字经济的产业渗透阶段完成,即互联网技术像工业社会的电气技术一样成为普遍的生产要素,新就业形态不再常新,这一概念便会随之瓦解消失。

二、概念内涵与近似概念辨析

(一)新就业形态的内涵解析

新就业形态一词首现于党的十八届五中全会公报,它既不是标准劳动关系也不是传统非正规就业,而是数字经济激发的就业新增长的总称。基于上述定义,新就业形态在内涵方面具有以下几方面的特性。

1. 数字经济特性

数字经济在研究文献中没有特别共识的定义,较为官方的是 2016 年 G20 杭州峰会发布的《二十国集团数字经济发展与合作倡议》中给予的定义,即以使用数字化的知识和信息作为关键生产要素、以现代信息网络作为重要载体、以信息通信技术(Information and Communications Technology, ICT)的有效使用作为效率提升和经济结构优化的重要推动力的一系列经济活动②。但是,将数字经济划分为三个层次广为人们所接受:第一层次是信息通信技术(ICT),这是数字经济的核心部分;第二层次是狭义的数字经济,主要是数据和数据技术的应用带来新的商业模式,较为突出的模式是平台经济如电商等,也包括介于平台经济和传统经济活动之间的共享经济、零工经济等模式,是对传统商业模式的改造,但是数字化涉及经济的各个层面,从制造

① 马化腾:《互联网+:国家战略行动路线图》,中信出版社 2015 年版,第 4 页。

② G20 官网:《二十国集团数字经济发展与合作倡议》,http://www.g20chn.org/hywj/dncgwj/201609/t20160920_3474.html,2021 年 1 月 10 日访问。

业到传统门店，都有数字和信息技术的应用；第三层次是广义数字经济，涉及几乎所有经济活动。[①] 新就业形态的概念外延虽不周延，却契合广义的数字经济领域。

马克思认为劳动过程的基本要素是劳动者、劳动对象和劳动手段，劳动手段在劳动者与劳动对象之间，“直接把劳动的作用传导到对象上”。[②] 就业形态则是从就业的角度，描述劳动过程中劳动者与生产资料具体结合的方式。作为数字经济发展手段，“互联网＋”或是改变着和用户的交互方式，或是催生出新的商业模式，或是用信息的交互带来效率的提升[③]，重塑各个行业的核心竞争力，使得劳动者与生产资料结合方式的具体呈现发生改变。2018 年 9 月国家发展改革委《关于发展数字经济稳定并扩大就业的指导意见》指出，“以数据资源为重要生产要素、以全要素数字化转型为重要推动力的数字经济蓬勃发展”，是新就业形态不断涌现的主要原因[④]。新就业形态之“新”，在于数字经济创造了“三新”经济并触发了劳动用工模式的大变革，人们无法脱离数字经济而言说新就业形态。

2. 非正规就业特性

非正规就业涵盖非正规部门里的各种就业门类和正规部门里的各种短期临时性就业、非全日制就业、劳务派遣就业、分包

---

① Bukht R, Heeks R, “Defining, Conceptualising and Measuring the Digital Economy”, International Organisations Research Journal, September 2018, pp. 143 - 172.

② 马克思：《资本论》第一卷的第五章《劳动过程与价值增殖过程》，上海三联书店 2011 年版，第 110 页。

③ 马化腾：《数字经济》，中信出版社 2017 年版，第 6 页。

④ 国家发改委：《关于发展数字经济稳定并扩大就业的指导意见》，http://www.gov.cn/xinwen/2018-09/26/content_5325444.htm，2020 年 4 月 10 日访问。

生产或服务项目的外部工人等①。20 世纪 70 年代,国际劳工组织(ILO)开始使用“非正规部门”(Informal Sector)一词描述在发展中国家出现的一种就业现象,主要用于鉴别“贫困的就业人口”以及统计其对经济的贡献。② 非正规就业暗含群体贫困的意义指向。通常认为,当一国家财务能力大幅下降和就业与工作条件恶化时,非正规经济会得到发展,非正规就业就会变得特别显著。由此延伸而来,国际劳工组织将非正规就业划分为小型或微型企业类、家庭企业和独立的服务者三种类别。

作为与标准雇佣关系相对的就业形式,非正规就业不同于正规的全日制工作,它既与用人单位无稳定的劳动法律关系,且缺少工资福利和收获保障。在中国,非正规就业的范围更为宽泛,除了非正规部门的就业外,还包括正规部门的非正规就业两个大类。③ 无论是国际劳工组织的认定标准还是中国非正规就业的实际内涵,新就业形态都属于非正规就业概念的子集。有学者指出,新就业形态的提法相较传统思维下的非正规就业,显得更加积极正面,更加强调灵活就业的质量,能够凸显政策导向。④

3. 从属性劳动特性

根据劳动力所有者和生产资料占有者的地位与关系,可以将劳动分为从属性劳动、独立劳动及二者兼而有之的混合形式。就业与用工在劳动用工领域是一体两面的两个概念,就业者对用工组织存在从属性。国际劳工组织在对全球劳动力市场状况

① 胡鞍钢,杨韵新:《非正规就业:未来就业的发展趋势》,《中国社会保障》2001 年第 6 期。

② 中国劳动和社会保障部劳动科学研究所:《中国灵活就业基本问题研究》,《经济研究参考》2005 年第 45 期。

③ 彭希哲等:《厘清非正规就业概念,推动非正规就业发展》,《社会科学》2004 年第 7 期。

④ 赖德胜:《创造更大的新就业形态发展空间》,《学习时报》2020 年 10 月 14 日第 03 版。

进行描述时，将劳动力人口分为雇主、工薪阶层、自营职业者和家庭贡献型工人。其中，非正规就业约占自营职业者人口的85%、工薪阶层人口的40%及所有的家庭劳动者，不包括雇主①。从国际劳工组织对非正规就业的统计口径可看出，非正规就业不包括独立劳动抑或自雇型劳动者，而具有劳动从属性。

通过对互联网经济中的用工关系进行现实分析，新就业形态从业者归属就业而非创业，在经济、人格、组织三个维度方面其从属性远大于独立性。② 虽然有学者从劳动者自供生产工具和互联网平台及其信息服务、管理规则等生产资料的不可或缺性两方面考量，提出其劳动属性归类于从属劳动和独立劳动的混合型③，但是中国的数字经济与美国不同，劳动友好型发展倾向致使新就业形态主要集中在劳动密集型经济，在劳动力市场存在着大量同质劳动力的情况下，从业者都很容易被替代。劳动密集型经济通过低人工成本的方式获取经济规模扩张，而这一点在共享经济的发展过程中显得淋漓尽致④。面对生存生活压力和同质竞争，平台劳动者通常只能在当前工作中投入更多的时间和精力，更加依赖于当前企业以获得工作和工资，并将平台收入作为其第一收入来源⑤。换言之，新就业形态仅具备形

---

① 国际劳工组织：《2019 年实际就业和社会展望》，中国财政经济出版社 2019 年版，第 6—12 页。

② 常凯，郑小静：《雇佣关系还是合作关系？互联网经济中用工关系性质辨析》，《中国人民大学学报》2019 年第 2 期。

③ 王全兴，王茜：《我国"网约工"的劳动关系认定及权益保护》，《法学》2018 年第 4 期。

④ 闻效仪：《共享经济本质是劳动密集型经济》，澎湃新闻网，http://www.sohu.com/a/280985021_498982，2019 年 12 月 11 日访问。

⑤ DG Office, "The Architecture of Digital Labour Platforms: Policy Recommendations on Platform Design for Worker Well-being". ILO Future of Work Research Paper Series, 2018, pp. 1 - 55. http://www.ilo.org/wcmsp5/groups/public/—dgreports/—cabinet/documents/publication/wcms_630603.pdf.

式上的独立,技术促进分工细化提高了一定工作完成的灵活度。需要说明的是,在数字经济中以技术等作为资本进行创业的人员,以及各类技术革新的获益者不属于本书讨论的范围。

(二) 概念的适用辨析

1. 与灵活就业存在同义替代现象

灵活就业是指"在劳动时间、收入报酬、工作场所、保险福利、劳动关系等方面不同于建立在工业化和现代工厂制度基础上的传统主流就业方式的各种就业形式的总称",包括非正规部门就业、自雇型就业、自主就业和临时就业等形式。[①] 非正规就业似有贬义之嫌,国家劳动就业部门倾向于使用灵活就业,在中国语境中以此替换非正规就业这一学术概念,二者概念范畴高度相似。

新就业形态之"新"凸显数字经济时代性,同样作为中国官方创造和使用的概念,与传统的灵活就业概念相分离,反映了政策层面对新就业形态的重视。[②] 新就业形态属于非正规就业概念的子集,涵盖的职业类型少于灵活就业。中国劳动和社会保障部劳动科学研究所将灵活就业划分为六类,即生存型的社会劳动组织、其他非正规部门就业、正规部门中的灵活就业、劳务派遣型工作、闲散劳动和自由职业者。显然,新就业形态不涉及劳务派遣工作和自由职业者两个类型。但是由于新就业形态与灵活就业在雇佣关系上同质且同为官方创造词汇,如不特意突出数字经济之新,在相关研究和政策文件中二者经常存在同义替换。

---

① 全国人大常委会法工委,国务院法制办:《中华人民共和国社会保险法释义》,http://www. mohrss. gov. cn/fgs/syshehuibaoxianfa/201208/t20120806_28571. html,2019 年 12 月 11 日访问。

② 杨伟国:《让新就业形态更好地生长》,《人民日报》2019 年 4 月 17 日第 05 版。

2. 与新职业等概念需区分使用

为了追求时效，多样概念名词被创造和用来形容数字经济下不同于传统就业模式的就业现象，造成新就业形态领域的名词混乱。美团点评与智联招聘联合发布的《2018 年新职业人群工作生活现状调研报告》使用了"新职业"一词，是指经济社会发展中已经存在一定规模的从业人员，具有相对独立成熟的职业技能，并且《中华人民共和国职业分类大典》中未收录的职业。国际劳工组织把数字经济激发的新增就业根据工作特质加以区分，没有采用统一概念进行囊括，将"众包工"定义为基于 web 的平台，并且在这些平台上，工作任务通过对地理位置的公开调用进行外包分散的人群（Crowd Work），以及将工作分配给特定地理区域的个人的基于位置的应用程序（apps）①。

除此之外，新就业、新兴就业群体、新型就业形态以及网约工、独立工人②等概念与新就业形态都存在一定关联性，但定义视角存在差异，需区分使用。工会建设研究归属劳资关系范畴且突出数字经济下新增的非正规就业，本书基于这两方面考虑采用新就业形态的概念。

3. 与灵活用工的描述视角不同

灵活用工作为一种企业人力资源管理策略，在世界各个国家和地区被证明是企业在面对激烈的竞争环境和技术变革时，所采取的最有效的战略之一。在数字经济蓬勃发展的背景下，

① Janine Berg, Marianne Furrer, Ellie Harmon, Uma Rani and M. Six Silberman, "ILO Digital labour platforms and the future of work: Towards decent work in the online world", at http://www.ilo.org/global/publications/books/WCMS_645337/lang-en/index.htm, Jan. 10, 2021.

② McKinsey Global Institute, "Independent work: Choice, necessity, and the gig economy", https://www.mckinsey.com/featured-insights/employment-and-growth/independent-work-choice-necessity-and-the-gig-economy, October01, 2016.

企业面对激烈的竞争环境和技术变革,加剧了“不为我所有但为我所用”人力资源策略的使用,希望通过灵活用工来提升自身适应环境的能力、降低劳动成本、增加营业利润。[①] 因此,新就业形态普遍施行灵活用工模式。

新就业形态与灵活用工的重要差异,在于描述视角的不同。灵活用工是从用工者角度对非正规就业的描述,与“灵活就业”本同末异。对于劳工问题研究,就业比用工的视角更加贴合。此外,二者的概念描述范围也不吻合。从词语使用情况来看,灵活用工不局限于新就业形态且早于其出现。企业的劳务派遣用工和项目外包用工都归属灵活用工,而非新就业形态。从新就业形态的用工模式中,能看出早期灵活用工模式的身影,更多地是数字产业化发生的衍化。

三、新就业形态的分类与迭代

新就业形态是数字经济激发的就业新增长的总称,纵观其发展历程,与数字经济的中国发展高度同步,同时借力互联网技术呈螺旋式发展,具体而言可以分为三个阶段。

(一) 个人电子商务从业者

1994 年,中国正式接入国际互联网,进入互联网时代。数字经济于 2003 年至 2012 年间步入高速增长期。随着互联网用户数量持续保持两位数增长,以网络零售为代表的电子商务首先发力:2003 年全球最大的 C2C 电子商务平台淘宝网、第三方支付领域龙头支付宝相继被推出;2006 年网络零售额突破 1 000 亿元大关,2012 年突破 1 万亿元大关,其间增速一直保持在 50%以上;2007 年,国家发布《电子商务发展“十一五”规划》,将

① 冯喜良,张建国,詹婧,谢丽霞:《灵活用工:人才为我所有到为我所用》,中国人民大学出版社 2018 年版,第 4 页。

电子商务服务业确定为国家重要的新兴产业[①]。淘宝网、京东、拼多多等个人电子商务触发了网店店主、客服等职业的出现，产生了以"淘宝小二"为代表的新就业形态从业者。截至 2006 年末，中国互联网普及率超过 10%，网民人数已超过 1.37 亿人，其中使用网络购物的网民占比 25.5%[②]，但是电子商务服务业多从网络购物行为角度进行统计，因此其就业人数在当时并没有机构统计。

（二）平台经济和共享经济从业者

第二阶段始于互联网行业进入移动端时代。2012 年底中国网民使用手机登录数量超过 PC 端，2013 年整体网民规模增速放缓但手机网民一直保持良好的增长态势，73.3%的新增网民使用手机上网。[③] 以信息互通为基础，智能手机全面连接起人类的线上和线下生活，中国的传统行业出现数字化变革并且产生网约快递员、滴滴司机、外卖送餐员、共享单车管理员及 O2O 模式下的家政服务员等新就业形态。这一阶段还包括基于互联网模式创新而不断涌现的新业态创业者，他们的劳动从属性较弱，不属于本书定义的新就业形态范畴，例如快手、抖音等视频分享平台网络主播，沙发客网等共享住宿行业的房东。截至 2015 年末，共享经济领域参与提供服务者约为 5 000 万人，约占劳动人口总数的 5.5%。[④]

---

① 胡雯：《中国数字经济发展回顾与展望》，《网信军民融合》2018 年第 6 期。

② 中国互联网络信息中心（CNNIC）：《第 20 次中国互联网络发展状况统计报告》，http://www.cac.gov.cn/2014-05/26/c_126548822.htm，2007 年 7 月 20 日访问。

③ 中国互联网络信息中心（CNNIC）：《第 33 次中国互联网络发展状况统计报告》，http://www.cac.gov.cn/2014-05/26/c_126548822.htm，2014 年 5 月 26 日访问。

④ 国家信息中心：《中国分享经济发展报告（2016）》，http://www.sic.gov.cn/News/568/6010.htm，2018 年 8 月 11 日访问。

(三) 数字转型的职业叠加

当前数字经济发展已进入数字转型这一新阶段,对经济社会的影响更为深刻,一些新就业形态出现迭代。2016 年淘宝直播上线之后,网络直播与网购、海淘深度融合,兼具内容分享与社交电商的属性,又演化出网络营销员这一新就业形态。此外,聚合模式、B2C 模式、"共享+"模式等新运营模式已成为新就业形态中的新亮点①。截至 2021 年底,直播主播账号累计近 1.4 亿个,网络表演经纪机构约 24 000 家。② 未来基于互联网技术的发展和经营模式的创新,数字经济对传统行业的冲击与融合将继续深化,还会出现大量现在想象不到的职业类型和就业模式。随着数字经济领域创新的持续活跃,可预测新就业形态的就业规模和就业种类在中国将继续呈现高速增长。

第二节 新就业形态的群体规模与就业特质

数字经济是继农业经济、工业经济之后的一种新的经济社会发展形态。在中国,劳工群体的构成正在被数字经济所改变。作为"劳动友好型"数字经济的代表,数字经济在中国的发展对劳动就业的影响更为显著,形成了一支极具规模的新就业形态大军。从就业规模和发展趋势来看,未来新就业形态或将替代传统就业,成为中国主流就业模式。

---

① 国家信息中心:《中国共享经济发展报告(2020)》,https://www.ndrc.gov.cn/xxgk/jd/wsdwhfz/202003/t20200310_1222769_ext.html,2020 年 3 月 10 日访问。

② 文化和旅游部:《市场管理司指导发布 2021 年网络(表演)直播行业发展报告》,https://www.mct.gov.cn/whzx/bnsj/jdgls/202209/t20220908_935869.html,2022 年 9 月 8 日访问。

一、新就业形态的群体规模

目前，新就业形态在中国的规模仍缺乏权威统计数据。“经济发展与就业形势——2017 年国际就业形势研讨会”发布讯息，根据国家统计局人口和就业统计司测算，截至 2016 年底，中国新产业、新业态、新商业模式增加的就业人数已达到 5 000 万人，比 2010 年增加 32%。根据中国政府网发布的信息，截至 2021 年 5 月，个人经营非全日制以及新就业形态等灵活就业规模达到 2 亿人①。新就业形态是一个发展的概念，其外延上长期存在不周延性，无法通过限定职业种类进行规模测量，政府的统计工作进展缓慢；学界对新就业形态的研究缺乏类型学划分和定量数据分析。为了展现新就业形态群体规模，本书对 2016 年以来国内外研究机构和行业组织发布的 40 份研究报告进行文本内容分析，从数字经济、共享经济和非正规就业三个角度描述新就业形态的劳动就业规模。

（一）数字经济的就业规模

数字经济引领国家经济增长，中国较早将数字经济作为创新发展的主要路径。早在 2015 年，政府就开始制定实施“互联网＋”行动计划，并写入“国民经济和社会发展第十三个五年规划”。2016 年，在 G20 峰会上，中国倡导签署了《二十国集团数字经济发展与合作倡议》，官方文件第一次使用“数字经济”提法。2017 年，“数字经济”一词首现政府工作报告，提出“推动‘互联网＋’深入发展、促进数字经济加快成长”。党的十九大报告明确提出建设“数字中国”，以及“推动互联网、大数据、人工智能和实体经济深度融合，在中高端消费、创新引领、绿色低碳、共

---

① 国务院新闻办公室：《日前我国灵活就业规模达 2 亿人》，https://www.gov.cn/xinwen/2021-05/20/content_5609599.htm，2021 年 5 月 20 日访问。

享经济、现代供应链、人力资本服务等领域培育新增长点、形成新动能”等具体举措。2017 年 12 月,中共中央政治局就实施国家大数据战略进行第二次集体学习,提出“要构建以数据为关键要素的数字经济”,“推动实体经济和数字经济融合发展”。

“互联网+”行动计划为数字经济在中国快速发展提供了良好的政策土壤,中国互联网企业的崛起及其在世界上的影响力令人震撼,其中的领先企业越来越多地拥有原创技术应用和商业模式。在数字经济加快发展的形势下,电子商务作为数字经济最活跃、最集中的表现形式之一,在 2017 年步入新一轮创新增长空间。商务部发布的《中国电子商务报告 2017》显示,中国电子商务交易额达 29.16 万亿元,完成《电子商务“十三五”发展规划》2020 年预期目标的 72.5%;网上零售额达 7.18 万亿元,完成预期目标的 71.8%;与电商等新业态相关的就业规模持续扩大,快递物流从业者达 245 万人[①]。阿里研究院的数据显示,2017 年全国有 2 118 个淘宝村和 242 个淘宝镇,创造了 130 万个直接就业机会[②]。

新就业形态作为数字经济激发的就业新增长的总称,其发展与数字经济规模休戚相关,大量的劳动者通过数字经济实现就业。2018 年中国数字经济规模达到 31.3 万亿元,占 GDP 比重为 34.8%,就业岗位达 1.91 亿个,占全年总就业人数的 24.6%[③]。在全国总就业人数同比下降 0.07%的背景下,2018 年数字经济领域就业岗位实现了两位数的高速增长,同比

---

① 商务部:《中国电子商务报告 2017》,http://dzsws.mofcom.gov.cn/article/ztxx/ndbg/201805/20180502750562.shtml,2018 年 5 月 27 日访问。

② 阿里研究院:《中国淘宝村研究报告(2017)》,http://www.ebrun.com/20171207/258206.shtml,2017 年 12 月 7 日访问。

③ 中国信通院:《中国数字经济发展与就业白皮书(2019 年)》,http://www.caict.ac.cn/kxyj/qwfb/bps/201904/t20190417_197904.htm,2021 年 1 月 10 日访问。

增长11.5%[①]。波士顿咨询公司(BCG)估计,到2035年中国数字经济规模将接近16万亿美元,数字经济渗透率达48%,总就业容量达4.15亿人[②]。

(二)共享经济的就业规模

数据技术大大降低了物流、商贸、交通等领域的交易成本,为平台经济(Platform Economy)、共享经济(Sharing Economy)、零工经济(Gig Economy)等新商业模式的出现提供了必要条件,它们借助互联网技术实现供需资源的高效精准配置,大大提升资源配置效率,催生了更多新就业。因中国数字经济具有"劳动友好"的特点,新就业形态在中国以"平台+个人"的共享经济为典型代表。共享经济提供服务者规模,可作为新就业形态劳工群体规模的参考指标。

产业数字化对各国劳动就业的影响表现迥异。在美国,一些传统制造业流水线被数字技术所替代。当中国数字经济进入与实体经济深度融合的阶段,较大的人口密度和较低的劳动力成本为共享经济等在中国的发展提供了优渥的条件。在出行、饮食、家政和住宿等传统领域出现了新的商业模式,涌现出一大批网约车、民宿短租、共享单车等现象级平台企业,并产生大量新就业。从增长势头来看,共享经济的就业规模不容小觑。2016—2018年中国快递员数量增长了50%,从业人数达300万人。[③] 截至2018年,蜂鸟配送注册骑手超过

① 国家信息中心分享经济研究中心:《中国共享经济发展年度报告(2019)》,http://www.sic.gov.cn/news/79/9907.htm,2021年1月10日访问。

② BCG:《迈向2035:4亿数字经济就业的未来》,http://image-src.bcg.com/Images/BCG_Year-2035_400-Million-Job-Opportunities-Digital-Age_CHN_Jan2017_tcm55-153965.pdf,2021年1月10日访问。

③ CBNData、苏宁易购:《2018快递员群体洞察报告》,https://www.cbndata.com/report/983/detail?isReading=report&page=2,2018年8月7日访问。

300 万人,[①]美团外卖有单骑手约 270 万人。[②] 2020 年初,受新冠病毒感染疫情影响,国内就业压力显著加大,平台企业异军突起,成为吸纳其他行业溢出劳动力、稳定就业市场的重要力量。仅在 2020 年 1 月 20 日至 2 月 20 日一个月期间,美团平台就新招聘 7.5 万名外卖骑手。从企业数量和经济活动参与人数来看,平台经济、共享经济和零工经济对劳动就业的影响都十分显著。据国家信息中心发布的 2016—2021 年《中国共享经济发展报告》(图 2-1),中国共享经济的市场规模和提供服务的劳动者人数大幅增长,2019 年共享经济参与者人数约为 8 亿人,参

图 2-1　中国共享经济市场规模与劳动者人数(2015—2020)[③]

① 光明网:《蜂鸟发布〈2018 外卖骑手群体洞察报告〉》,https://m.gmw.cn/baijia/2018-12/29/32264793.html,2018 年 12 月 29 日访问。

② 美团研究院:《城市新青年:2018 外卖骑手就业报告》,美团点评公司提供资料。

③ 数据来源:根据国家信息中心发布的 2016—2021 年《中国共享经济发展报告》整理。

与提供服务者人数约为7 800万人[③]；2020年共享经济参与者人数约为8.3亿人，服务提供者约为8 400万人。[④]

（三）非正规就业的群体规模

中国数字经济的“劳动友好”，更多地体现在对个人而非组织。在中国，非正规就业占劳工群体的比重因新就业形态的出现已然发生改变。麦肯锡全球研究院提出iGDP的概念即互联网经济占GDP的比重，以此来考察互联网经济对经济增长的作用。根据麦肯锡全球研究院的报告，2010—2013年中国的iGDP指数由3.3%升至4.4%，从落后于大多数发达国家反超至全球领先国家的水平；如果CTC（消费者对消费者）线上零售模式被计算在内，中国的iGDP会达到7%，超过七国集团的任何一个国家。[⑤] 麦肯锡同时指出，在大部分国家的二级市场交易中，CTC主要是个人在进行且比例可以忽略，但在中国，主要是没有注册公司的小微企业从事CTC，不应被忽略。而这些未注册公司的小微企业属于非正规组织范畴，它们对中国互联网经济的贡献约占半壁江山，以此实现就业的人员均为非正规就业者。

非正规就业是个体就业的主要形式，国家统计局数据显示，个体就业人数占劳动力人口的比重连续十年持续上涨，2019年个体就业人数达17 691万人，占劳动力总量的21.81%（详见图2－2）。如果考虑到正规组织中的非正规就业数量，在中国约五

③ 国家信息中心：《中国共享经济发展报告（2020）》，http://www.sic.gov.cn/News/568/10429.htm，2020年3月9日访问。

④ 国家信息中心：《中国共享经济发展报告（2021）》，http://www.sic.gov.cn/sic/93/552/557/0219/10775_pc.html，2021年2月19日访问。

⑤ 麦肯锡全球研究院：《中国的数字化转型：互联网对生产力与增长的影响》，https://www.mckinsey.com.cn/wp-content/uploads/2014/08/CN-MGI-China-ES.pdf，2017年7月28日访问。

分之一的劳动力人口从事非正规就业。

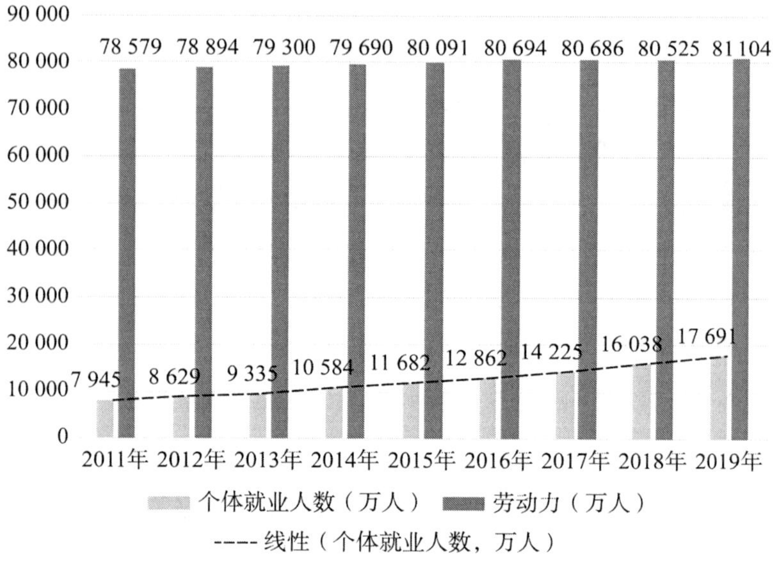

图 2-2　中国个体就业人数与劳动力(2011—2019)①

二、新就业形态群体的就业特质

(一) 用工关系去雇主化

基于数字技术运用而产生的高技术产业、现代服务业,以及从现有产业和领域中衍生叠加出的新环节、新链条、新活动形态、新商业模式,在雇佣关系上偏好灵活、弹性。全球化的资本主义在过程和结构上都与福特制的"刚性"渐行渐远,新的经济秩序表现为一种弹性积累(Flexible Accumulation),在劳动过程、劳动力市场、生产和消费模式上都表现出充分的弹性。② 约

① 数据来源:根据国家统计局 2011—2019 年"就业人员和工资"年度数据整理。

② Harry D. The Condition of Postmodernity. Oxford: Blackwell, 1990;佘晓敏:《经济全球化背景下的劳工运动:现象、问题与理论》,《社会学研究》,2006 年第 3 期。

翰·厄里(John Urry)、斯科特·拉什(Scott Lash)等学者将弹性积累的兴起及其社会经济后果称为“组织化资本主义的终结”(The end of organized capitalism),认为资本主义社会进入了“去组织化资本主义阶段”(Disorganized Capitalism)。[①] 有学者对弹性积累进行进一步阐释,提出弹性积累分为弹性雇佣、弹性生产和弹性消费三个层面[②]。高杠杆、高固定成本的传统生活方式在一个工作和收入都充满变数的经济中是行不通的[③],灵活度高的雇佣关系更受数字经济青睐。

传统二元的雇佣关系或受雇于人或自雇,数字经济加速了传统标准雇佣关系的侵蚀。新就业形态的就业模式、劳动过程变得更加灵活,对企业经营变化有很强的适应能力且持续发展变化,其就业特点表现为:一是在“平台+个人”模式下劳动者和工作之间不似传统劳动关系稳定紧密,其用工关系归属从属性还是独立性劳动一直存在争议;二是就业人员多为兼职,国家信息中心发布的《中国共享经济发展报告(2020)》显示滴滴平台上兼职司机占比九成,美团平台上 52%的骑手每天工作 4 小时以下,爱比迎(Airbnb)平台上近九成的中国房东是兼职[④];三是用工模式经常性发生变动,新经济、新产业、新业态不断涌现,但运营模式并不稳定,不断尝试新的模式方法以进一步减少交易成本,提高资源利用效率,用工模式及收入分配方案受其影响经常

---

① [英]约翰·厄里,斯科特·拉什:《组织化资本主义的终结》,征更圣,袁志田等译,江苏人民出版社 2001 年版。

② 熊易寒:《集权化市场、弹性积累与劳工政治的转型》,载陈明明主编《复旦政治学评论(第十六辑):劳工政治》,复旦大学出版社 2016 年版,第 114 页。

③ [美]戴安娜·马尔卡希:《零工经济》,陈桂芳译,中信出版社 2017 年版,第 49 页。

④ 国家信息中心:《中国共享经济发展报告(2020)》,https://www.ndrc.gov.cn/xxgk/jd/wsdwhfz/202003/t20200310_1222769_ext.html, 2020 年 3 月 10 日访问。

性发生变动。在网约送餐平台从初创阶段到发展阶段的过程中,平台专送骑手管理经历了由企业自雇调整为劳务派遣,再到现今的项目分包的变化,专送骑手与平台企业之间的劳动关系不断“松绑”。2020年初,盒马生鲜平台喊话餐饮企业“共享员工”,并提出长期化、平台化的用工设想①。未来,基于生产链、工作岗位和工作技能的分解,新就业形态的用工关系还可能进一步松绑。

随着数字经济蓬勃发展,利用手机APP等网络平台运营的新就业形态不断涌现,在灵活化的就业表征之下,深层次的是用工关系的去雇主化,按照现有的劳动关系理论,用工关系大致可分为三类:标准劳动关系、非标准劳动关系和非劳动关系。当前,松绑后的新就业形态归类于非劳动关系,没有法律意义上的雇主②,从业者与企业之间是一种互利共赢的合作关系,无论劳方或是资方,对对方的履责要求都较传统业态要低。从“公司+雇员”到“平台+个人”,基于物理空间的有机团结被打破。新就业形态中的去雇主化特质是一种雇主有组织的不负责任行为,现代劳动法律制度所规定的雇主责任变成为游离于法律之外、可以讨价还价的领域。马克思在《资本论》中将劳动过程中劳动与资本的关系分为形式上的隶属和实际上的隶属两个阶段,实际上隶属不再拘泥于劳资结合的形式、路径和条件,这种隶属性“不只是由于他缺少劳动资料,而且是由于他的劳动能力本身,由于他的劳动的性质和方式”③。在去雇主化的用工关系下,雇

---

① 人民网:《记者观察:“共享员工”抱团战“疫”一箭几“雕”?》,http://society.people.com.cn/n1/2020/0213/c1008-31585232.html,2020年2月13日访问。

② 邱婕:《灵活就业:数字经济浪潮下的人与社会》,中国工人出版社2020年版,第235页。

③ 马克思:《资本论》第一卷的第五章《劳动过程和价值增殖过程》,人民出版社1975年版,第201—210页。

主完全变成为"间接的""无形的",契合马克思对劳动对资本隶属阶段的预判,符合去组织化资本主义阶段特征。

(二) 产业分布高度集中

新就业形态按照产业类型划分,主要集中在第三产业,特别是生活服务业。从现有的研究文献来看,即使在第一、第二产业中与数字经济相关的非正规组织就业,新就业形态在概念使用时也被选择性忽视。

新就业形态出现在后工业化时期,也加速了劳动力向第三产业转移。劳动力从制造业向服务业转移被视为后工业社会的显著特征。传统理论认为,在后工业化阶段,劳动者工资是降低的,并有学者以此解释后工业社会为何发达国家贫富差距扩大。但数字经济在中国的发展似乎对这样的经验关系提出挑战,劳动者从制造业转向服务业,报酬是上升的,这是因为数字技术使得同一个劳动者在一段时间内服务的客户增加。由此带来的劳动报酬上升,必然吸引更多的劳动力转向新经济模式,传统行业的劳动力成本上升,资本回报率下降,增加了新就业形态的吸引力,越来越多的劳动者从事着数字经济催生的工作,成为快递员、网约送餐员、网约司机等新就业形态从业者。

服务业数字化新增大量就业机会,其中主体为新就业形态。自 2015 年,起中国信息通信研究院连年发布数字经济白皮书。作为行业发展的权威研究机构,中国信息通信研究院将数字经济划分为数字产业化和产业数字化两大部分进行测量。数字产业化,即信息通信产业,具体包括电子信息制造业、电信业、软件和信息技术服务业、互联网行业等;产业数字化,即传统产业由于应用数字技术所带来的生产数量和生产效率提升,其新增产出构成数字经济的重要组成部分。从就业角度而言,现阶段产业数字化的影响远大于数字产业化部分:2018 年产业数字化发展势头规模超过 24.9 万亿元,占数字经济比重的 79.5%,成为数字经济增长的主引擎;同年,数字产业化部分就业岗位达到 1 220 万个,产业数字化部分就业岗位高达到 1.78 亿个。①

数字经济在各行业中的发展出现较大差异,数字经济占本行业增加值比重呈现出三产高于二产、二产高于一产的典型特征,即数字经济行业渗透率第三产业高于第二产业、第二产业高于第一产业②。2018 年,服务业中数字经济占行业比重平均值为 35.9%,工业中数字经济占行业比重平均值为 18.3%,农业中数字经济占行业比重平均值为 7.3%。③ 基于行业渗透的差异,第三产业数字化转型产生的就业岗位远超第一、第二产业,传统服务业的数字化转型成为吸纳就业的主力军,在生活服务业中数字经济已接近半壁江山。数字经济在第三产业的就业人数占本产业总就业人数的 37.2%。2018 年数字经济领域就业岗位达到 1.91 亿个,其中第三产业数字化转型就业岗位约 1.34 亿个,占比七成左右。由此可见,虽然数字经济对第一、第二产业的渗透同样产生了新增就业,但其用工关系仍延续标准劳动关系。在第三产业中非正规就业比例相对较高,是新就业形态来源的主体。来自美团的数据显示,2020 年上半年美团平台新注册骑手的 35.2%来自工厂,31.4%来自创业或自己做小

---

① 中国信通院:《中国数字经济发展与就业白皮书(2019)》,http://www.caict.ac.cn/kxyj/qwfb/bps/201904/t20190417_197904.htm,2019 年 4 月 17 日访问。

② 中国信通院:《G20 国家数字经济发展研究报告(2018 年)》,http://www.caict.ac.cn/kxyj/qwfb/bps/201812/P020181219311367546218.pdf,2018 年 12 月 19 日访问。

③ 中国信通院:《中国数字经济发展白皮书(2020)》,http://www.caict.ac.cn/kxyj/qwfb/bps/202007/P020200703318256637020.pdf,2020 年 7 月 3 日访问。

生意的人员，7.8%来自办公室职员。

（三）就业岗位低技能化

劳工群体的分裂既是历史的产物，也是对当代环境的反应。在技能结构上，技术工人（Craft）与体力工人（Manual Worker）之别一直存在。上一次技术对劳动技能替代，引发了劳工群体分裂，出现了童工群体。19世纪上半叶，英国纺织业的发展生动说明了工业化改变工作和社会生产关系这一过程，从社会的视角看技术变革，蒸汽作为能源被发现并导致蒸汽织布机发明，蒸汽织布机极大地改变了制造业、生产流程和这一行业的工作组织模式，并引发一系列的政治辩论。虽然总体来看，自动化创造了很多岗位，但传统的纺织工等手艺工人注定被淘汰，适用自动化的"新"工人快速增长，身体肌肉力量不发达却四肢灵巧的女工和童工成为使用机器的资本家首要追求的劳动者。如同19世纪早期劳工与蒸汽机进行了前所未有的艰难互动一般，数字经济时代劳工正在经历与人工智能和信息技术新一轮的艰难互动：机器和算法剥夺劳动者已经过时的智能和知识，使他们的技能退化。①

劳工群体的技能结构从金字塔形转变为沙漏形。工作的机械化、自动化和信息化导致一定程度的去技能化，技能型工作转变为若干小型任务，原本一个技术工人的工作被多个低技术工人所替代。劳工由于被迫日复一日地专注于一项任务，细分后的工作具有一定的灵活性，但也失去了对整个生产过程和自身综合能力的了解。呼声较高的零工经济在本质意义上是一种单一技能经济，通过互联网技术摆脱物理空间的桎梏。伴随着不断细化的劳动分工，零工经济的未来可能走向"零"而不是"工"，低技能劳动者与人工智能、信息技术相结合，全面替代技能型劳

---

① ［法］伊莎贝尔·道格林，［比］克里斯多夫·德格里斯，［比］菲利普·波：《平台经济与劳动立法国际趋势》，中国工人出版社2020年版，第16页。

动者。平台经济也可称为共享经济,是借助信息技术提高资源利用效率并实现深度分工,使得某一工作流程独立成为一个技能更为单一的职业,以体力劳动为主的劳务共享就是其中一种,在劳动力资源充沛的中国显得更为突出。

全球都面临新的经济发展形势,不管是欧盟还是美国,都出现就业两极化情况。世界银行报告指出,数字经济下全球劳动力市场变化趋势之一是就业岗位两极化或者叫"空心化",即高技能与低技能岗位的就业比例提高,而中等技能岗位的就业率下降,中等技能岗位逐渐被分离并退出劳动力市场。2021 年《数字经济就业影响研究报告》指出,在中国,数字技术显著替代了劳动密集型企业中的普通就业岗位,企业对低技能劳动者的需求降低[①]。而被挤出的低技能劳动者转向从事电商平台、外卖骑手等低技能的新型服务业,成为新就业形态从业者。

(四) 收入不平等危机显著

贫富差距、马太效应在数字经济时代依然存在。数字经济对劳动就业市场的影响是双面的,既提升了劳动就业市场的弹性、加快后工业时代的来临,但同时也加大了劳动收入差距。当前由数字革命主导的工业革命为创造更多更好的就业机会提供了机会,但是国际劳工组织对新就业形态的变革持悲观态度。国际劳工组织认为尽管历史可能提供了一个有利的先例,但他们更愿意相信这次就业变革可能会有所不同。

现代资本主义内在的运动法则导致其不平等状况不断加剧,当资本回报率高于经济增长率时,资本收入的上涨会快于工资的上涨,收入再分配会从工人偏向资本所有者,从而不平等的

---

① 光明网:《〈数字经济就业影响研究报告〉发布,数字平台灵活就业潜力巨大》,https://m.gmw.cn/baijia/2021-09/30/35204035.html,2021 年 9 月 30 日访问。

水平扩大，这是资本主义的核心矛盾，而皮凯蒂根据自己收集的数据，认为资本回报率一定高于经济增长率①。马克思认为，伴随资本积累，资本的构成继续不断发生变化，构成生产资料的那一部分资本远比支付工资或购买劳动那部分增加得多。② 相比20世纪80年代之前的几十年中，劳动力收入份额即劳动力成本与就业情况的乘积，一直保持相对稳定。自20世纪80年代之后，特别是2000年以来，全球的劳动力收入份额一直都在下降③。这说明在资本与劳动的天平上出现了新的砝码，打破了原有的平衡。

数据作为新生产要素开始参与分配，对劳动报酬在收入分配中的占比产生挤压。④ 商业大数据之父舍恩伯格在《数据资本时代》一书中提出，“我们的经济即将从金融资本主义转向数据资本主义”⑤，他认为劳动力收入份额下降的原因不是劳动力密集型产业在衰退，而是比较不属于劳动密集型的产业正在兴起。数字经济改变了经济结构，在数字经济时代，数据资本的回报率远远高于劳动，掌握或自带流量等数据资源的人一跃成为数字经济新贵，以体力或脑力换取收入的普通劳动者的收入报酬一部分被均分给数据资本。

几乎所有新就业形态从业者都与传统制造业中加入工会的劳工不同，他们很少有组织，而且他们的人数往往超过市场需

① ［法］托马斯·皮凯蒂：《21世纪资本论》，中信出版社2014年版，第27页。

② 马克思，恩格斯：《马克思恩格斯论工会》，刘潇然译，中国工人出版社1958年版，第101页。

③ ［奥］维克托·迈尔·舍恩伯格，［德］托马斯·拉姆什：《数据资本时代》，中信出版集团2018年版。

④ Guellec D, Paunov C. Digital innovation and the distribution of income. No. w23987. National Bureau of Economic Research, 2017.

⑤ ［奥］维克托·迈尔·舍恩伯格，［德］托马斯·拉姆什：《数据资本时代》，中信出版集团2018年版。

求,低技术决定了低劳资谈判能力,成为加剧劳动力收入份额与劳动者实际价值不同步的原因之一。以网约送餐行业为例,根据美团点评公司 2019 年年度报告,美团外卖佣金收入为 496.5 亿元,餐饮外卖骑手成本为 410.4 亿元[①],超八成外卖佣金用于给骑手发工资。由此可见,外卖小哥的劳务支出占平台企业经营费用比例偏高,这在新业态初期是发展所必需的。但是随着大量的就业者涌入新业态,劳动力市场供给充足,配送费用已开始回落。“外卖员收入过万元”只不过是平台初创阶段的“特殊存在”,近几年外卖平台已经开始压缩配送费用。华中师范大学社会学院郑广怀团队发现,随着平台补贴的结束、越来越多骑手的加入,“收入过万元”已很难实现。新就业形态变革速度之快,使得各国劳动法律制度几乎没有时间采取先发制人的行动和及时的反应。这对新就业形态从业者来说,最可能出现的情况是当前的不平等加剧。

第三节　新就业形态下劳工治理失序

伴随国家网络普及和发展,以互联网为依托的电子商务等新产业、新业态迅速发展,使得劳动用工更加复杂化、多样化、灵活化,大量劳动者从业于新就业形态,他们构成了劳工群体的新生力量。与传统标准劳动关系不同,这种依托于互联网的新型用工模式和用工性质存在诸多争议。在数字经济下,由于劳工与企业之间很多不具备人身隶属性,特别是平台企业,对其控制的主要是服务质量的奖惩,没有考勤,报酬种类和给付

① 美团点评:《2019 年年度报告》,http://data.eastmoney.com/notices/detail/03690/AN202004171378129048.html,2020 年 4 月 17 日访问。

形式也多种多样，并且“共享用工”还会使得企业借助互联网从事经营范围之外的活动和收益，有关新就业形态的劳动争议事件激增。由于缺乏法律法规对新就业形态针对性的规范，这给涉劳审判工作带来了挑战，也对现行的劳工治理体系形成冲击。

一、新就业形态下治理失序表现

数字经济下新就业形态从业者人数爆发式增长，导致非正规经济正逐步在就业人数、经济体量诸多方面取代正规经济的主体地位。从就业角度来看，非正规经济包括的劳动者与雇主类型纷繁复杂，其活动或者不被法律所覆盖，或者虽覆盖但未实施，或者由于实施起来过于繁重和昂贵因而无法实施[①]。非正规经济的劳动活动属于合法活动却经常游离于劳动法律之外，但容易呈现一些无序状态。新就业形态是数字经济下的新增非正规就业，治理失序现象更为突出。

（一）劳动法律制度出现适用性危机

新就业形态下的劳动用工呈现高度灵活化、去雇主化等特征，劳动者和工作之间不似传统劳动关系那么稳定紧密，而是通过信息平台自主“接单”，这种“平台＋个人”的用工方式极大地提升了劳动生产率，但新就业形态的劳动关系尚待厘清，用工模式持续演化调整，资本与劳动之间收入分配未形成均衡，现有的劳动法律法规在适用中出现部分“失灵”，使之成为劳动领域国家治理隐患。根据《人民法院报》报道，在2018—2020年期间，北京、上海、广东、浙江四省市共审结涉外卖、快递新就业形态相关民事纠纷一审案件2000余件，结案数呈逐年上

① 国际劳工组织：《关于体面劳动和非正规经济的结论》，第90届国际劳工大会，日内瓦，2002年。

升趋势[①]。

根据《最高人民法院关于审理劳动争议案件适用法律若干问题的解释》,劳动争议案件受理范围要求案件争议的主体必须适格,非法主体不属于劳动司法部门的管辖范围。《中华人民共和国劳动法》第二条限定了合法用工主体为中国境内的企业和个体经济组织、国家机关、事业组织、社会团体五大类。随着劳动就业的多元化,除与上述五类主体形成劳动关系或建立劳动合同关系的劳动者之外,其他劳动就业形式的争议案件不属于劳动司法受理范围。

新就业形态相关劳动争议案件自2015年开始出现,并呈现逐年递增的趋势,60%以上的案件诉讼请求集中在劳动关系确认方面。平台企业与劳动者之间是否存在劳动关系在司法实践中存在很大分歧。2018年4月,北京市朝阳区人民法院发布互联网平台用工劳动争议审判白皮书,自2015年至2018年第一季度,北京市朝阳区人民法院共受理互联网平台劳动用工劳动争议案件188件,61.2%的案件中从业者要求确认劳动关系;在审结的171件案件中,超过84%的案件双方对是否建立劳动关系存在争议。从判决的情况看,朝阳法院判决的105件此类案件中,确认平台与从业者建立劳动关系的为39件、占比37.1%,确认双方建立劳务派遣关系的为8件、占比7.6%,认定双方不构成劳动关系的案件为58件、占比55.2%[②]。

现行的《关于确立劳动关系有关事项的通知》(劳社部发〔2005〕12号)虽列明确认劳动关系的标准,但在新就业形态下,

① 北京市第一中级人民法院课题组:《新就业形态下平台用工关系法律性质的界定规则》,《人民法院报》2021年9月23日第7版。

② 北京法院网:《朝阳法院发布互联网平台用工劳动争议审判白皮书》,http://bjgy.chinacourt.gov.cn/article/detail/2018/04/id/3261190.shtml,2018年4月10日访问。

这一标准显现诸多不适。同为互联网平台用工，法院就平台与劳动者之间的合同定性分为构成劳动关系和不构成劳动关系两类判决。[①] 2017 年北京网约工劳动争议首案，7 名厨师诉“好厨师”APP 违法解雇，虽然以劳动者获赔结案，但劳动关系的认定在仲裁阶段并没有得到支持[②]。2018 年两件类似的网约送餐员在送餐途中受伤案件，乌鲁木齐和厦门法院给予的判决结果迥异[③]。针对网约车监管，2016 年交通运输部等 7 部门出台的《网络预约出租汽车经营管理暂行办法》，同时允许平台公司与驾驶员签订劳动合同或者多种协议。

（二）国家职业管理的惯常措施失灵

中国在劳动就业管理方面，以尊重劳动力市场供需原则为前提，但相比西方发达市场经济体，行政化色彩较为浓重，设有诸多制度化管控措施，起到指导和规范劳动就业的目的。

《中华人民共和国劳动法》第六十九条规定：“国家确定职业分类，对规定的职业制定职业技能标准，实行职业资格证书制度。”依据该条法律，国家组织力量编纂和修订《中华人民共和国职业分类大典》，目前最新修订版本为 2015 年版。为了适应新职业发展趋势，国家已加快职业发布频次：2019 年初人力资源和社会保障部、国家市场监督管理总局、国家统计局向社会发布了 13 个新职业信息，包括人工智能工程技术人员、物联网工程技术人员、大数据工程技术人员、云计算工程技术人员、数字化管理师、建筑信息模型技术员、电子竞技运营师、电子竞技员、无人机驾驶员、农业经理人、物联网安装调试员、工业机器人系统

---

① 王天玉：《互联网平台用工的合同定性及法律适用》，《法学》2019 年第 10 期。

② 中国法院网：《7 人诉“好厨师”非法解雇获赔》，https://www.chinacourt.org/article/detail/2017/06/id/2894629.shtml，2017 年 6 月 14 日访问。

③ 吴铎思：《送餐员认东家，法院称应考虑从属性》，《工人日报》2019 年 7 月 6 日第 3 版。

操作员、工业机器人系统运维员。2020 年 5 月，中国就业培训技术指导中心发布的《关于对拟发布新职业信息进行公示的公告》中新增了区块链工程技术人员、社区网格员、互联网营销师、信息安全测试员、区块链应用操作员、在线学习服务师、社群健康助理员等 10 个新职业。2021 年 3 月，人力资源和社会保障部、国家市场监督管理总局、国家统计局 3 部门正式向社会发布集成电路工程技术人员、企业合规师等第四批 18 个新职业。从 2019 年到 2022 年，人力资源和社会保障部陆续发布了五批共 74 个新职业。2024 年 7 月，人力资源和社会保障部向社会发布云网智能运维员、生成式人工智能系统应用员、用户增长运营师等 19 个新职业，以及直播招聘师等 28 个新工种纳入国家职业分类大典①。但是，这些新职业仍无法准确涵盖当前新就业形态。从职业划分角度来看，新就业形态存在从业人数达不到规模、专业技能不成熟或不独立等问题，有的新就业形态刚刚崭露头角又被新发展所淹没。通过职业认定来规范新就业形态发展，这一传统职业管理措施显然是行不通的。

行业的劳动就业情况统计也是国家较常使用的行政管理技术，但是迄今关于新就业形态的规模仍然缺乏官方统计数据。政府人力资源和社会保障部门长期建有劳动就业数据库，在计划经济年代为完成当地劳动力调配服务，在市场经济条件下主要为劳动就业政策制定提供基础数据，同时仍具有一定的监管功能。非户籍人口就业人员包括传统非正规就业劳动者都需在当地人力资源和社会保障部门登记，例如上海建有在沪工作的护工、家政人员数据库，非数据库登记人员不得办理“上门证”等

① 人力资源和社会保障部：《人力资源和社会保障部、国家市场监督管理总局、国家统计局联合发布生物工程技术人员等 19 个新职业》，https://www.mohrss.gov.cn/SYrlzyhshbzb/dongtaixinwen/buneiyaowen/rsxw/202407/t20240731_523281.html，2024 年 7 月 31 日访问。

当地政府的就业许可证明。2017 年上海社会保障局发布行政指令，要求灵活就业人员必须按照规定办理灵活就业登记备案，但事实上只有家政等使用灵活就业人员的企业按照规定备案，换言之，这项制度对非正规就业者是无效的。以外卖行业为例，每年都有大量关于或者涉及网约送餐员的研究报告发布，但目前没有一家官方机构发布此类报告，国家信息中心每年发布的"中国共享经济年度发展报告"仅对网上外卖行业情况作简要描述，不涉及网约送餐员从业人数和基本劳动状况。中国政府试图调查从事新就业形态岗位的人数，但一直未公布其调查结果。

（三）线上线下群体抗争事件屡现

数字经济改变了经济结构，数据作为新生产要素开始参与分配，但分配关系并不成熟稳定，劳动者与平台之间在收入分配问题上的矛盾逐步显现，出现了新就业形态从业者的区域性抗争事件，并被网络媒体所关注。尽管新就业形态从业者抗争事件和不良状况的舆论信息不断，但是权威性媒体和官方态度却大多处于失语或半失语状态。关于新就业形态从业者的劳动状况信息，主要通过网络信息发布平台、微博、微信等方式进行网络传播，鲜见主流官方媒体的评论与报道。2016 年因快递公司对加盟网点管理松散，陕西宝鸡出现部分区域欠薪停工事件，近 4 000 件快递无人配送[①]。2017 年某网约车平台司机报酬不能提现的新闻被炒得火热，《人民日报》发文点名网约车司机权益问题，谴责不透明且比例过高的平台抽成[②]。2018 年 42 名外卖小哥因被"旷工离职"向北京市西城区劳动争议仲裁委员会提出

---

① 南国早报：《工资屡遭拖欠南宁圆通部分快递员不派件，回应称经协调恢复派送》，https://tech.qq.com/a/20190908/001963.htm，2020 年 10 月 16 日访问。

② 人民日报：《谁来保障网约车司机的权益》，http://m.people.cn/n4/2017/0503/c157-8878370.html，2017 年 5 月 3 日访问。

仲裁并获得赔偿,该事件起因是平台将配送业务的经营模式由“外包”改为“加盟”,与骑手在重新签订劳动合同问题上引发争议①。同年,西安市出现众包外卖骑手集体“停止接单”事件,抗议外卖平台方面大幅降低配送价格②。2019 年春节假期前后平台重金补贴外卖小哥③,节后多个城市因补贴取消而发生骑手集体抗议。2020 年抖音上演了外卖小哥对平台老板的“灵魂三问”,暴露出新兴行业中劳资双方长期存在的矛盾与紧张关系④。2021 年 1 月江苏省泰州市的一名外卖员在配送站点外自焚讨薪,被救后表示“我连命都不要了,无所谓,我要我的血汗钱”⑤。

外卖骑手等新就业形态从业者,因就业形式新颖、群体人数较大、交通事故高发而屡屡成为网络事件焦点。2019 年 8 月台风“利奇马”袭击上海,一位饿了么骑手在雨中配送时不慎触电身亡。⑥ 2020 年 9 月,《人物》杂志刊发文章《外卖骑手,困在系统里》在社交媒体上引发刷屏。⑦ 对于事件评判的舆论往往趋

① 大白新闻:《23 位美团送餐员被“旷工离职”,北京市西城区仲裁委正式受理该案》,https://www. sohu. com/a/229082917_100103081,2018 年 4 月 22 日。

② 华商网:《配送价格降低难以接受 西安多区域美团外卖小哥昨停止接单》http://news. hsw. cn/system/2018/0718/1006775. shtml, 2018 年 7 月 18 日访问。

③ 央视网:《春节外卖难背后的平台大战 重金补贴外卖小哥》,https://baijiahao. baidu. com/s? id=1625253309147553885&wfr=spider&for=pc, 2019 年 2 月 12 日访问。

④ 腾讯网:《外卖小哥对王兴的灵魂三问 暴露出该行业什么问题?》,https://new. qq. com/omn/20200824/20200824A0E6ZJ00. html, 2020 年 8 月 24 访问。

⑤ 新闻晨报:《为了被扣留的 4000 块,外卖员自焚讨薪,新用工业态下“零工群体”维权之难》,https://baijiahao. baidu. com/s? id=1690676728039541259&wfr=spider&for=pc, 2021 年 2 月 3 日访问。

⑥ 腾讯网:《倒在上海暴雨中的外卖员》,https://new. qq. com/omn/20190820/20190820A0AE7100. html, 2019 年 8 月 20 日访问。

⑦ 《人物》杂志:《外卖骑手,困在系统里》,https://baijiahao. baidu. com/s? id=1677231323622016633&wfr=spider&for=pc, 2020 年 9 月 8 日访问。

同，认为当前新就业形态是一种“高危职业”，从业者属于社会底层的弱势群体，在平台系统算法与数据的驱动下，他们疲于奔命且担惊受怕，收入和休息权利得不到保障。平台就业领域缺乏权威信息发布，而民间咨询报告往往为博取民众眼球，解读言辞存在片面或过激现象，从而加剧了劳工治理的压力。

（四）涉新就业形态的公共安全事件增加

新就业形态作为新生事物，正在经历着野蛮生长、无序恶性竞争以及安全保障不完善等发展中的问题。而其从业者以巨大的人员规模，足以对社会发展稳定产生影响，如果该领域治理失序，将直接影响一方的公共安全。

从目前情况来看，涉新就业形态的社会负面新闻和恶性案件时有发生。2019 年 12 月 22 日，湖北省武汉市南湖佰港城商场发生外卖小哥持刀伤人事件，外卖小哥因取货问题与店员发生口角，持刀行凶致使一人当场死亡[①]。2019 年 7 月 28 日，合肥五名外卖员酒后殴打拒绝与之搭讪的女子等人，导致被搭讪一方一名女子身亡[②]。2016 年 11 月 25 日，上海浦东某小区发生一起外卖员见色起意入室强奸女性租客的案件[③]。网约车作为交通运输新业态之一，2018 年 5 月和 8 月滴滴顺风车接连发生两起恶性安全事件[④]。除了上述偶发性恶性事件外，庞大的

---

① 中华网：《外卖小哥持刀伤人 美团外卖：因取货问题发生口角》，https://finance.china.com/industrial/11173306/20191223/37230900.html，2019 年 12 月 23 日访问。

② 中国青年网：《5 名外卖员“见色起意”女子被打身亡，嫌犯指认现场》，https://baijiahao.baidu.com/s?id=1641276993184584897&wfr=spider&for=pc，2019 年 8 月 8 日访问。

③ 解放网：《上海一外卖员见色起意入室强奸女子，投案自首》，http://newspaper.jfdaily.com/xwcb/html/2016-12/03/content_231894.htm，2016 年 12 月 3 日访问。

④《滴滴顺风车再发恶性命案：网约车安全离我们有多远？》，《人民法治》2018 年第 17 期。

新就业形态从业者以其特殊的工作方式时刻冲击着城市的公共安全。骑手撞人、电动车起火事件屡见不鲜,在百度搜索输入“骑手撞人逃逸”,仅这一关键词就可找到上千条记录。上海市公安局交警总队曾公布2017年上半年上海市送餐外卖行业的伤亡道路交通事故状况,平均每2.5天就有1名外卖骑手伤亡①。此外,电动自行车火灾成为近年来上海最多见的火灾类型,约占上海较大火灾总数的三分之一,2020年前4个月上海共发生电动自行车火灾83起,造成3人死亡,均为外卖从业人员②。

通常而言,恶性事件发生数量与相关群体规模和发生概率呈正相关。新就业形态发展因其入行门槛低、行业发展势头强劲,提供大量就业岗位,在顺趋势下从业者群体规模会不断增加,逆趋势则会直接影响就业率,增加恶性事件发生概率。二者都会对社会稳定性造成影响。同时,涉新就业形态的公共安全事件发生的原因,最终都指向劳动管理不善。交通部在回应滴滴顺风车整改工作时指出,“这些新业态都在不断地规范发展之中,依然还有很多需要规范的工作”。③

二、劳动视角下的治理失序

(一)工人阶级发展演化引发的失序

学界惯用“阶级”标注劳工群体的社会类别。汤普森认为工

① 《人物》杂志:《外卖骑手,困在系统里》,https://baijiahao.baidu.com/s?id=1677231323622016633&wfr=spider&for=pc,2020年9月8日访问。

② 上观新闻:《4个月酿83起火灾致3人死亡,快递、外卖如何消除电动自行车“惹火”隐患?》,https://export.shobserver.com/baijiahao/html/252043.html,2020年5月25日访问。

③ 中国交通广播:《交通部回应滴滴顺风车恶性安全事件 整改工作都在进行之中》,http://www.cnr.cn/gsgb/2015yw/20190228/t20190228_524525397.shtml,2019年2月28日访问。

人阶级是建构的，他在阐释英国工人阶级形成时指出，阶级是在人们亲身经历自己的历史时确定其含义的，作为工人阶级形成标志的阶级意识，也是在阶级经历的基础上形成的[①]。换言之，群体经历对集体认同和阶级意识的塑造有着重要作用，不同的阶级经历创造出不同的阶级群体。

现代社会中社会类别的多样性增加，与传统社会在社会成员的同质性上，前者低于后者。后工业社会下劳动过程中技术与知识的提升，影响和改变了社会结构，塑造了多样的群体经历，工人阶级逐渐碎片化。20 世纪 70 年代发达国家工人阶级的职业构成，经历了一个“白领化”的历程，该过程的实质是白领工人的“无产阶级化”，白领工人在技能水平、工资待遇和失业状况等方面，日益与蓝领工人趋同[②]。一些西方左翼理论家称之为“新工人阶级”，与传统马克思主义理论中的工人阶级相区分，具体包含白领工人及管理技术人员。1963 年马勒在他的《新工人阶级》一书中，把技术人员和管理人员、工程师和科学家列入“新工人阶级”的范畴。[③] 高兹在《告别工人阶级》一书中，将由专家、技术人员、教师、科学家、工程师、学生、学者、新闻记者、科层管理人员、受过专门训练的白领工人、青年、知识分子、黑人和外籍劳工等正在崛起的社会新中间阶层称为“新工人阶级”[④]。

如果说白领工作在技能等方面逐步趋同于蓝领工人，令劳工群体发生了根本变化，那么信息技术正在消灭白领工人，取而

---

① ［英］E. P. 汤普森：《英国工人阶级的形成》，译林出版社 2013 年版，第 11—13 页。

② 孙寿涛：《20 世纪 70 年代以来发达国家工人阶级的“白领化”特征》，《教学与研究》2011 年第 2 期。

③ 李青宜：《西方马克思主义的“新中间阶级”论述评》，《马克思主义与现实》1997 年第 4 期。

④ 吴宁：《工人阶级终结了吗——兼析 A. 高兹的〈告别工人阶级〉》，《社会》2010 年第 3 期。

代之的是分散、灵活的新就业形态从业者。技术进步最先取代人力,接着取代精度,现在开始取代脑力。新的演化而来的劳工群体因其基本要求已经多半得到满足,这就使他们提出了在传统治理体系中得不到解决的其他问题,从他们所关注的社会价值观冲突和利益竞争可窥一斑,这是新就业形态引发治理失序的原因之一。换句话说,传统劳工治理的措施与方法还没有完全适应中国新就业形态,二者之间不可避免地存在一定的距离,为了有效解决失序现象,就必须努力弥合传统治理措施与新就业形态之间的距离。

(二)反常的社会分工引发的失序

经济因素或者技术上的考虑,忽略了人的愿望和兴趣,缺乏坚实的道德基础,使得不同职业的群体像有机体的器官一样,虽然各自拥有独立的功能,但是彼此间没有形成密不可分的联系,没有发展出功能之间的相互依存。社会各个功能组织之间缺乏协作,并处于分散的状态,很容易产生不满和疏离感。单独从经济层面看,它既不能帮助提高劳动生产率也不符合技术分工的要求,实际存在的政治制度对劳动者身份的强制性规定并不是基于真实社会生产对劳动者角色的需求。按照涂尔干的说法,这属于"反常的社会分工",是一种"病例"的和"失范"的状态。[1] 劳工治理需要调和"强制性阶级分工"与"技术分工"之间的差异问题,推动建立一种有机联系的体系就可以调和这种"失范",显然现行的治理体系在新就业形态下是无能为力的。

常凯在对中国劳动关系的研判上,提出过产业关系是中国劳动关系不可逾越的阶段[2],并提出中国劳动关系与发达国家

---

① [法]埃米尔·涂尔干:《社会分工论》,渠东译,三联书店 2000 年版,序言第 1,3,14 页,导论第 8 页,正文第 311 页。

② 常凯:《中国特色劳动关系的阶段、特点和趋势——基于国际比较劳动关系研究的视野》,《武汉大学学报》2017 年第 4 期。

相比存在一个“补课”阶段。从涉及新就业形态的失序现象来看，中国劳动关系的“补课”阶段还没有完成，却进入了数字经济时代。从上海市劳动仲裁院获悉，2017 年上海劳动争议仲裁案件被诉次数最多的企业是一家连锁超市公司，达到 27 次；2018 年，被诉次数最多的企业已转化为一家“平台＋个人”用工模式的互联网企业，达到 26 次。

裴宜理在《上海罢工》一书中，曾指出“劳动分工本身就可能为具有政治影响力的工人阶级行动提供基础”①。数字技术促进了进一步的社会分工，职业的复合型又一次被降级，新就业形态从业者的知识技能要求相对工业时代更为单一。高兹认为，传统的工人阶级只是少数，在后工业社会，大部分人口属于并无职业安定感的新工人阶级，遍布在见习的、合同的、不定期的、临时的和业余的工作领域，在不久的将来，这样的工作要被自动化所消除。他们是一个从体力、智力工作中被排挤和被部分雇佣，没有工作保证的阶级，疏离于稳定而连续的工作场所，劳动的片段化和随机性、间断性使他们缺失阶级意识。同时，新出现的劳工群体比马克思提出的能够直接意识到自我的工人阶级有更多的优越性，他们既作为主体又作为客体，既作为集体又作为个体而不能分割地存在，其目标不是夺取政权，而是通过解脱生产主义的市场合理性，重新获得支配自己活动的权力②。

（三）或恐阻碍科技进步引发的失序

“互联网＋”是数字经济发展手段，中国政府较早就将“互联网＋”战略确立为国家发展战略。2014 年 2 月，中央网络安全和信息化领导小组宣告成立，中共中央总书记习近平担任组长，

① [美]裴宜理：《上海罢工：中国工人政治研究》，商务印书馆 2018 年版，第 283 页。

② Gorz A. Farewell to the Working Class: An Essay on Post-Industrial Socialism. Pluto Press, 1982, pp. 68.

显示出中国最高层在保障网络安全、维护国家利益、推动信息化发展的决心。在第一次小组会议上,习近平提出“没有网络安全,就没有国家安全;没有信息化,就没有现代化”“建设网络强国的战略部署要与‘两个一百年’奋斗目标同步推进”等重要论断。2015 年政府工作报告中首次提出“互联网+”这一概念。2017 年“数字经济”一词第一次出现在政府工作报告中。2015 年 3 月,政府工作报告中提出制定“互联网+”行动计划,推动移动互联网、云计算、大数据、物联网等与现代制造业结合,促进电子商务、工业互联网和互联网金融健康发展,引导互联网企业拓展国际市场。7 月,国务院发布《关于积极推进“互联网+”行动的指导意见》。12 月,工业和信息化部推动 2015—2018 年的具体行动计划。2016 年 4 月 19 日习近平总书记在网络安全和信息化工作座谈会上强调,要着力推动互联网与实体经济深度融合发展,以信息流带动技术流、资金流、人才流、物资流,促进资源配资优化。

在网络强国战略下,政府对与互联网相关业态的支持态度十分明确。政府“包容审慎”的监管态度,体现国家对新就业形态治理的市场主导性。2017 年政府工作报告明确国家对新业态的“鼓励创新、包容审慎”监管原则。之后,李克强总理在 2017 年夏季达沃斯论坛特别致辞中提到政府对新产业、新业态、新模式实行包容审慎的监管方式。2018 年国家发展改革委、教育部、科技部、工业和信息化部等 19 部门联合印发《关于发展数字经济稳定并扩大就业的指导意见》,扶持和指导新就业形态发展。

就业是最大的民生,新就业形态被誉为“就业增长新动能”,利好政府治理。随着数字经济的进一步发展,已经很难区别传统产业与数字化产业,它们彼此之间在实现融合。发展数字经济改变了经济结构,催生出大量创业组织、小微企业以及平台企业等非正规经济，成为就业增长的新动能。前文提到需求端的规模经济或者说网络效应，中国人口数量多、密度高，使得数字经济时代的网络效应带来更大的规模经济，可以说人口总体规模是数字经济时代新的红利。中国大城市数量多、人口密度高、网络效应大，比如在中国送外卖有规模效应，而在美国送外卖的收益和成本难以匹配。中国劳动力成本低，投向更多是与劳动力互补的模式。2019 年受全球经济形势影响，中国数字经济增长有所减缓，但各领域创新持续活跃，对就业的激发仍然保持较快增长，并且极大促进了灵活就业、兼职就业、创业式就业等新就业形态的发展，越来越多的劳动者通过数字经济实现就业，进入新就业形态。

失序的出路离不开规制，相比其他业态，对新就业形态的规制较为迟疑。新就业形态主要依托市场调节，过早规制劳动领域或恐被冠以新卢德主义之名。经济学的一条重要原理是在完全竞争的市场环境下，社会无法提供足够的公共产品。市场原则的治理之路能走多远？直至 2020 年，《中共中央关于制定国民经济和社会发展第十四个五年规划和二〇三五年远景目标的建议》首次提出“支持和规范发展新就业形态”，健全灵活就业人员社保制度。因此，对新就业形态规制的迟疑，在一定程度上放任了该领域的劳动失序。

三、治理失序与工会的组织关联

马克思认为由过剩劳动力组成的“产业后备军”是资本积累的重要基础[①]。新就业形态由于承接了工业社会向后工业社会转型中溢出的劳动力，其从业者似乎正在成为这样一个“后备

① 马克思：《资本论》，第一卷第二十三章《资本主义积累的一般规律》，人民出版社 1975 版，第 693 页。

军”。虽然新就业形态劳动者的“身份”问题有很大争议,但也有学者认为,属于“非工人非阶级”的那些人正是后工业社会中阶级成分不明、政治身份模糊的个人,他们在劳工群体中起的作用却越来越大。[①] 这些在劳工群体中作用越发重要的群体,却频现治理失序现象,涉新就业形态的公共事件往往会引发网络舆情,这显示了人们在新就业形态劳动问题上对政府治理的信心不足,其原因在于该群体明显游离于公共体制之外。

(一) 组织渠道的明显缺乏

传统的劳工研究无外乎阶级分析,阶级划分是阶级分析研究的前提,通常以经济指标划分劳工群体的差异。在中国,这种划分有一定的合理性但不完全符合中国的现实。因为在中国,劳工群体之间的“身份”高低,不简单以经济实力评判,而是包括利用资源的资格优势,这种资格优势和社会的组织结构状况有关[②],并非完全可以经由个人或机构努力或者单纯的收入提升来改善。简单而言,体制内的普通劳动者对于利用国家资源的资格优势,不一定比体制外的私人老板少。

中国劳动关系的和谐稳定或与经济关系有关,但与体制内外联系更大。个人与公共体制的关联度影响社会公平感。在单位制下,个人所在的单位是其与公共体制建立联系的渠道。在市场经济下,体制内个人依旧与公共体制有着紧密联系,但是那些体制外的人群,缺少解决问题的“组织渠道”。体制外大量劳动者的诉求找不到渠道表达,利益缺乏传递和影响途径,不公正感便逐渐积累。于是,当遇到问题不能解决的时候,人们就自己聚合成群进入公共领域,制造有影响的公共事件,来解决自己的

---

① Gorz A. Farewell to the Working Class: An Essay on Post-Industrial Socialism. London: Pluto Press, 1982, p. 15.

② 张静:《社会治理——组织、观念与方法》,商务印书馆 2019 年版,第 211 页。

问题①。

互联网技术的应用与发展，承认导致了社会经济结构的变迁以及劳工就业结构的变化，激增非正规就业劳动者。缺少解决问题的组织渠道的非正规就业者数量以惊人的速度增长。平台化用工使平台与新就业形态劳动者之间不具有人身隶属性与组织依附性，双方都获得充分的付出劳动与使用劳动的自由与灵活，但是对平台就业的劳动者而言，权益维护比传统劳动关系更为困难。随着新就业形态的蓬勃发展，从业者数量不断增加，同时他们又缺乏组织渠道与公共体制关联，因此极易引发群体性事件，为劳工治理造成更大困难，对构建和发展和谐社会带来新的隐患。

（二）工会的被动旁观

21 世纪初制造业在中国兴起，引发农村劳动力大规模向城市转移，农民工在中国成为产业工人的主要构成，同时与固化的户籍制度相勾连，形成新的结构性社会矛盾。其间，渴望维权的农民工自发组成了一些维权组织。中国工会在 21 世纪初农村劳动力转移之际，曾有过大规模的增建行动，并因组织农民工加入工会迟缓而被否定和批判。面对新就业形态的到来，中国工会较早地启动增建行动，希望将新就业形态劳动者吸纳入会，但在实践中困难重重。2020 年外卖小哥“灵魂三问”事件和“外卖骑手，困在系统里”社交舆情事件，最终以官媒的发声而熄灭舆论争议，工会因缺乏应有的代表身份而难以在这些事件中为之维权。

在失范状态下，双方缺少一种既不丢掉各自的特性，又能将彼此连在一起的普通组织，在这个组织里，他们完全可以共同服

---

① 张静：《通道变迁：个体与公共组织的关联》，《学海》2015 年第 1 期。

从一般规范系列的规定,确定彼此稳定的关系,顺从同等权威的控制。[①] 涂尔干认为,从事同一种工业生产的职业群体能够建立一套规范体系来解决社会失范,无论是社会还是国家都负担不起这一重任。[②] 工会创新是各国应对新就业形态对劳动法律挑战的主要改革路径之一[③]。当新就业形态劳动者的利益需求提升且传递渠道受堵问题愈演愈烈之时,组织化需求就会浮出水面,如果既有体制不能供给满足,"民间工会""第二工会"等非法组织可能就会出现,对全国工会系统的组织统一性与权益代表的唯一性带来直接冲击与影响。目前外卖骑手已经开始形成一些有组织的联盟,并诞生了一批颇有影响力的意见领袖。在舆情事件中骑手一方或明确或暗含地提出结社权的需求,部分区域出现"骑士联盟"等类行会组织,亦不排除外卖骑手群体出现类似工厂工人组织被国外基金组织利用的可能性。与农民工集中工作生活在"城中村"的情况不同,外卖骑手广泛分布在城市的各个角落,劳动领域政治安全问题和群体性事件风险的防控难度更大。

---

① [法]埃米尔·涂尔干:《社会分工论》,渠东译,三联书店 2000 年版,序第 18 页。

② [法]埃米尔·涂尔干:《社会分工论》,渠东译,三联书店 2000 年版,序第 17 页。

③ 涂伟:《新就业形态下劳动权益保护的主要国际趋势及对我国劳动立法改革的启示》,《中国劳动》2021 年第 1 期。

第三章
新就业形态下的中国工会：使命担当与功能拓展

第一节　价值与使命：工会议题的争鸣

使命是一个组织行动自觉的前提，与组织功能密切相关。韦伯认为，在众多行动者中怀有同样的主观意义才会出现行动进程，惯例、利益和合法的秩序会影响行动的取向①。这些影响行动自觉的要素构成该组织的使命目标，既包括组织成员行为习惯、对行动结果相似预期，还包括影响规范其行动取向的合法秩序②。因此，组织本身的价值作为后天行动的信念而存在，同时影响其与外界的联系，对组织使命形成具有决定性影响。

在20世纪，工会被普遍认为是工业社会的一个自然特征，所有发达国家都有大规模和组织良好的工人运动③。近半个世

① [德]马克斯·韦伯：《经济与社会(第一卷)》，上海世纪出版社2010年版，第119页。

② [美]塔尔科特·帕森斯：《社会行动的结构》，译林出版社2012年版，第728页。

③ [美]塞缪尔·P·亨廷顿：《变化社会中的政治秩序》，王冠华，刘为等译，上海人民出版社2008年版，第286页。

纪以来,各国普遍出现工会力量衰落,工会密度不断降低。在工业社会,工会有效地促进了社会收入分配公平,其成功表现可以肯定。但在数字经济下,工会被评判为20世纪的工具,保护工人的能力已经过时。从历史角度来看,工会的价值争议一直没有停止过。尽管如此,国际劳工组织坚信数字经济时代"工会仍然代表着工人最响亮的声音"[①],如果削弱工会的力量,必然加剧劳工在社会政治环境中的弱势地位,造成经济衰退、社会动荡。中国工会在《中国工运事业和工会工作"十四五"发展规划》[②]中提出,要贯彻新发展理念,适应新技术、新业态、新模式背景下劳动关系的深刻调整。工会通过不断平衡其价值使命以适应经济社会发展。

一、工会的价值争议

(一)工会的价值争议:垄断性组织 VS. 劳动的朋友

工会与企业、社团以及政权组织不同,对于工会的功过是非一直没有定论。C. 莱特·米尔斯说"工会在很大程度上是一批'性质未定'的组织"。[③] 研究者在工会的功过是非问题上形成了两种对立的观点:一方关注消除竞争形成劳动垄断的成本代价,批评工会是垄断性组织;另一方注重工会在与资本对抗中的

① ILO. Report: The Future of Work We Want: A Global Dial ogue. http://www.ilo.org/wcmsp5/groups/public/—dgreports/—cabinet/documents/publication/wcms_570282.pdf, 17 August 2017.

② 中华全国总工会:《中国工运事业和工会工作"十四五"发展规划》,https://www.acftu.org/wjzl/wjzlzcwj/qzwj/202107/t20210721_783690.html?7OkeOa4k=qAkpcGrPuofmAZf17zDTkkCanUiy2WUjcEaL6wH3EjEqqhCZGYwZqAqqca,2021年7月21日访问。

③ [美]C. 莱特·米尔斯:《白领:美国的中产阶级》,周晓虹译,南京大学出版社2016年版,第321页。

集体代言人角色,称之为“劳动的朋友”①。

在现代国家,工会是客观存在的社会组织和社会运动。国家权力和公民权利是现代国家的两个基本方面②,而劳动者的集体权利与公民权利不可分割,集体权利要么以后者为前提,为后者之延伸,要么与后者同建立。③ 只要现代国家的公民权利存在,工会作为劳动者集体权利的代言人就不会消失,其价值矛盾也不会改变。正如彼得·莱文所说,工会“既是非营利组织又是强制性的经济组织,既是工人阶级的社团又是强大的特殊利益集团,既是权利的体现又与某些个人自由不相容”④。

科斯在论述企业的形成时,提出“市场的运行是有成本的,通过形成一个组织,并允许某个权威来支配资源,就能节约某些市场运行成本”⑤。工会作为组织化劳动有效地遏制劳动力市场“冲向底线的竞争”,但同时工会存在的场域不是一个完善的市场,哈耶克认为工会通过完全彻底地将劳工组织起来获得垄断权利⑥,工会运动愈演愈烈,直到实现对劳动力供给的完全垄断。工会几乎所有的经济后果都有争议,最明显的作用是挑战工人与雇主谈判的方式,从而改变劳动市场。⑦

---

① 理查德·B·弗里曼,詹姆斯·L·梅多夫:《工会是做什么的:美国的经验》,北京大学出版社 2011 年版,第 3—6 页。

② 曾毅:《“现代国家”的含义及其建构中的内在张力》,《中国人民大学学报》2012 年第 3 期。

③ 陈峰:《宪政与劳工集体权利——美国的经验和启示》,《复旦政治学评论》2016 年第 1 期。

④ 彼得·莱文:《工会的合法性》,载阿米·古特曼等《结社理论与实践》,三联书店 2006 年版,第 320 页。

⑤ [美]温特主编:《企业的性质起源、演变与发展》,商务印书馆 2010 年版,第 325 页。

⑥ [英]弗雷德里希·奥古斯特·哈耶克:《自由宪章》,中国社会科学出版社 1999 年版,第 414—417 页。

⑦ 彼得·莱文:《工会的合法性》,载阿米·古特曼等《结社理论与实践》,三联书店 2006 年版,第 326 页。

“劳动的朋友”倾向认可工会的社会价值。工会在产生之初是一种劳工群体的自发行为,以便消除或削弱内部竞争和组织起来对抗资本[①],目标是追求增加工资、缩短工时和改善劳动条件等经济价值。在与资本的长期斗争中,工会促进工资收入接近被雇佣劳动力的全部价值,阻碍资本对剩余价值的榨取,单纯追求工资收入增长的工会运动在社会价值上有很强的正外部性。从各国工会运动历程来看,除特殊时期某一行业外,鲜有工会实现垄断。在过去百余年的时间里,工会作为劳动者群体的代表者和维护者,通过共同行动、产业民主、影响政策过程等,实现了对资本的有效抗争,如具体考察一国收入分配政策变迁与工会力量的变化,会发现工会有效抑制社会的收入不公[②]。1881 年 5 月至 8 月,恩格斯连续在英国工联的机关报《劳动旗帜报》撰写文章,并指出没有组织起来的工人工资经常趋于绝对的最低限度[③]。根据伦敦码头工人罢工引出的社会动向,恩格斯进一步肯定工会对工资的影响,并且指出“即使每一单个的厂主还能够领导他自己的工厂,只有有组织的工人才能领导整个棉纺织工业”。[④]

新自由主义也十分认可工会的社会价值,罗尔斯的分配正义要求使处于最弱势群体的福利最大化,工会往往会推动经济向符合罗尔斯的理想分配正义的方向发展。在一个政府、企业和工会合作不充分的经济体中,工会不仅提高成员的福利,也改

---

① 中共中央马克思恩格斯列宁斯大林著作编译局译:《马克思恩格斯选集(第 1 卷)》,人民出版社 2012 年版,第 159 页。

② 金世育,刘婷婷:《新自由主义下的美国工会力量与收入公平》,《工会理论研究》2015 年第 4 期。

③ 中共中央马克思恩格斯列宁斯大林著作编译局译:《马克思恩格斯全集》第 19 卷,人民出版社 1975 年版,第 282 页。

④ 中共中央马克思恩格斯列宁斯大林著作编译局译:《马克思恩格斯全集》第 21 卷,人民出版社 1975 年版,第 443 页。

善整体社会的利益,从而提高工会的产品和服务的总量,包括工人的尊严和权利。[①] 1935 年美国国会通过《国家劳动关系法》(亦称《瓦格纳法》, Wagner Act),正是基于对工会社会价值的认可,认为工会能够促进商业并防止纷争、对重造美国的经济和政治权力至关重要,工会不仅可以使工人免受专制雇主的压迫,而且有利于社会财富的再分配,提高工人的购买力。[②]

在西方国家政治制度之下,工会与企业、政府等组织的根本利益是对立的,矛盾利益不可调和,对于国家而言是来自社会的异己力量。产业公民权的产生过程伴随法院对工人组织权和罢工权的持续打压,使得工人阶级的诉求趋于同一,工厂内的斗争逐渐聚焦于国家机构,与资本的抗衡演化出了对国家的诉求,经济斗争越来越需要借助政治的手段,国家成为劳资斗争的最高领域。[③] 正是在国家应对工人挑战的过程中,普选权的扩大、各种处置劳资关系的制度包括集体谈判制度、劳动争议仲裁制度等不断得到确立[④]。在社会主义制度下工会则完全不同。作为社会主义经济矛盾的产物,工会与其他社会组织的根本利益是一致的,二者之间的利益矛盾是非根本性的,社会主义制度下的工会与国家政治体系有较强的一致性,二者是同一力量,工会能够得到国家和政府的支持与辅助。在中国的产业关系中,国家更多的是一种积极的建设者,而不是一个谁强就相信谁的角色。中国工会与政党政府的价值取向都是"劳动的朋友",中国共产党的根本政治立场和价值取向是以人民为中心,中国工会的价

① [美]理查德・B. 弗里曼,詹姆斯・L. 梅多夫:《工会是做什么的? 美国的经验》,北京大学出版社 2011 版,第 227 页。

② 【10】29 U. S. C. 151.

③ 陈峰:《宪政与劳工集体权利——美国的经验和启示》,《复旦政治学评论》2016 年第 1 期。

④ 陈峰:《国家、制度与工人阶级的形成》,《社会学研究》2009 年第 5 期。

值取向则是以职工为中心,兼顾全国人民的总体利益和职工群众的具体利益。中国工人所争取的不过是国家通过立法所承诺的权利和利益能够在实践中得到保障①。

(二)国家对工会的法律规制

工会究竟是垄断性组织还是"劳动的朋友"?对此虽然没有共识的回答,却使得国家与工会二者之间的关系非常微妙。工会对现代国家而言是一种治理需要,涂尔干认为"反常的社会分工"是导致社会失范的源头,从事同一种工业生产的职业群体能够建立一套规范体系可以解决社会失范,无论是社会还是国家都负担不起这一重任②,相互依存的职业群体将变成国家与个人之间的协调者,成为国家与个人之间的政治中介,创造出有机团结、将所有个体统合在国家之中是有效的社会整合路径③。从这个角度来看,工会的社会价值远大于它的垄断性风险。然而即便如此,国家也不可能放松对劳动垄断的警惕,哈耶克担忧"如果由一个全体工人统一组织充分行使,这个组织不仅会成为一国之中最强大的力量,而且会成为一种完全统治国家的力量"④。

为了防范工会的劳动垄断性,各国政府不再纠结于工会运动的价值指向,对工会的态度通常是既承认其存在的正当性——"结社自由"的特殊类型,又进行法律规制,限定工会权利,求得在政治活动中工会特权、持不同意见劳工的个人权利与国家通过立法保护公共利益三者之间实现均衡。国家通常采用

① 汪仕凯:《国家发展战略下的新工人:集体行动与权利意识》,《广东社会科学》2017年第2期。

② 埃米尔·涂尔干:《社会分工论》,渠东译,三联书店2000年版,序第17页。

③ 李强:《社会分层十讲》,社会科学文献出版社2011年版,第43页。

④ [英]弗雷德里希·奥古斯特·哈耶克:《自由宪章》,中国社会科学出版社1999年版,第424页。

的规制策略是对工会进行合法性限定,立法设定团结权的实施要件:权利主体仅限于社会劳动关系中的劳动者;目的只能为了改善劳动者的劳动待遇和社会经济地位;组织形式仅限工会①。还有一种多元主义规制策略,在劳工团结权实现形式上引入市场机制,国家保护劳动者可以自由地加入不同的工会,或者个人应该有权退出工会并且拒绝交纳用于合同谈判之外目的的会费②,在底层创造工会之间的竞争。除此之外,基于政治制度差异,各国对本国工会还有一些特有的规制策略,2000 年 12 月委内瑞拉总统查韦斯提出一项法案交由选民全民公决,该法案提出通过民主普选方式建立全国性工会组织并将其命名为“玻利瓦尔劳动力量”③。

在社会主义制度下,工会是在社会主义经济和社会关系基础上形成和运行的“政治社团”,其活动服从于全体人民的根本利益,并以这种根本利益的存在和实现作为自己存在和活动的前提④。社会主义国家对工会的规制是通过将其纳入国家政治体制实现的,无产阶级政党与政治社团之间是领导与被领导的关系。早在 1950 年国家就颁布实施新中国第一部工会法,明确规定工会在新民主主义国家政权下的法律地位与职责,赋予“以工资收入为其生活资料之全部或主要来源之体力与脑力的雇佣劳动者及无固定雇主的雇佣劳动者”组织工会之权,同时期被立法的还有婚姻法和土地法,它们并称为新中国成立初期的三大法律。1978 年中共十一届三中全会以后,为了适应中国经济和

① 常凯:《论中国的团结权立法及其实施》,《当代法学》2007 年第 1 期

② Peter Levine. The Legitimacy of Labor Union. The Hofstra labor and Employment law Journal, vol. 18, no. 2(Spring, 2001),pp. 529 – 573.

③ Larry Rohter. Venezuelan Voters Approve Removal of Labor Leader. N. Y. Times, Dec. T, 2000, at A14.

④ 王浦劬:《政治学基础》,北京大学出版社 2005 年版,第 216 页。

社会的发展变化,第二部工会法的调研论证和起草工作开始启动,于 1992 年正式颁布施行,之后历经 2001 年、2009 年、2023 年三次修订。现行的工会法明确工会活动坚持在党的领导下依照法律和章程独立自主地开展工作,工会具有协助人民政府开展工作的责任。中国工会作为参加中国人民政治协商会议的人民团体,不必进行社团登记即可拥有社会组织的合法身份,拥有与行政机构并行的组织架构,由政府提供活动经费,组织领袖与政府体系一样享有行政级别,但其组织、活动等方面受到政府的控制或制约,需要依照党的要求建设自己的组织。

二、双重使命:集体利益与公共利益

虽然工会的价值尚存争议,但工会起源及其定义已被当前研究者普遍接受。工会绝不是单一追求成员收入报酬、劳动条件改善的经济组织,但也不能不顾集体代言人的身份。有研究者指出,工人阶级群众性运动和工人维护自身经济与政治利益的斗争,贯穿于工会产生的整个过程。[①] 这促成了工会追求的双重目标使命:会员的集体利益(collective interests)和劳工群体的公共利益(common interests)。

(一) 会员的集体利益

社会是一个国家或政治共同体内的一种介于国家和个人之间的领域,按照不同的组织方式和行为规范将单个个人组织在不同的"次级社会共同体"中。工会从产生过程来看,是纷繁多样的"次级社会共同体"的一种。英国工联主义的学者代表韦伯夫妇在其主要著作《英国工会运动史》中,论述之所以会出现工会,一方面是因为劳资之间阶级分立格局已经确立,另一方面则是因为政府奉行自由放任主义政策,不再承担维系工人基本生

---

① 冯同庆:《工会的起源与性质研究》,辽宁人民出版社 1990 年,第 86 页。

计的道义责任。在这种情形下，自由竞争导致雇佣工人的劳动条件日趋恶劣，致使工人不得不自行组织起来，以维护自身利益。《布莱克维尔政治制度百科全书》将工会定义为“工人的集体组织，其宗旨至少部分是为了‘维持或增进其成员的工作生活条件’”[①]；《非营利管理辞典：术语与概念》则定义工会是“一种社会组织，其使命是建立和提升成员的薪酬水平、工作条件、额外福利，以及其他雇佣属性与工人福利”。

工会是一种社团组织，其使命是建立和提升成员的薪酬水平、工作条件、额外福利，以及其他雇佣属性工人的福利。一些工会代表某一特定工厂或产业（产业工会）的工人，而其他一些工会则代表那些特殊工种或职业的工人（手工业或商业工会）。手工业或商业工会的会员都是相对熟练的技工（通常是手工业行业）并能独立工作，而那些产业工会的工人则包括所有特定营利组织中的低级别雇员[②]。这两部辞书都接受韦伯夫妇工联主义的定义。英国19世纪五六十年代出现的以混合机械工人联合会、混合木工协会为代表的“新模范工会”，全面系统地体现了工联主义思想。

马克思主义的工会运动，在资本主义条件下虽然不满足于维护工人的日常经济利益和一般的政治权利，但是它仍然十分注意研究经济社会问题，特别是劳工的经济状况。恩格斯认为工会能够保护工人不受资本家的欺诈并且规定工资，工会作为一种力量，集体地和雇主进行谈判，按雇主所获利润的多少来调整工资，在适当的时候提高工资，并使每一种职业的工资保持同一水平。工会还竭力用限制招收学徒的方法来维持资本家对工

① [英]韦农·波格丹诺：《布莱克维尔政治制度百科全书》，中国政法大学出版社2011年版，第664页。

② [美]大卫·霍顿·史密斯，罗伯特·A.斯特宾斯，迈克尔·A.多弗：《非营利管理辞典：术语与概念》，吴新叶译，北京大学出版社2018年版，第275页。

人的需求,从而使工资保持在一定的水平上。[①] 对于社会主义国家的工会而言,列宁认为在社会主义制度下非阶级的"经济斗争"是决定性因素,工会仍需存在,同官僚主义者斗争。

哈贝马斯认为,构成社会核心的是一些非政府、非经济的联系和自愿联合,它们使公共领域的交往结构扎根于生活世界中,组成公共领域的是那些或多或少自发出现的社团、组织和运动,它们对私人生活领域中形成共鸣的那些问题加以感受、选择、浓缩,经过放大之后进入公共领域[②]。无论是普遍接受的工联主义下工会的定义还是马克思主义理论的工会学说,都提出工会以保证和改善其成员雇佣条件为目的。工会同样被认可为会员利益型社团,以社团方式组建的会员制非营利性团体,也就是哈贝马斯所说的构成社会核心的自愿联合的社团。美国劳联本质是一家会员利益组织,Stepan-Norris 和 Zeitlin 考察了美国一家汽车厂的产业工会的兴起,他们认为工会的组织者在努力建立一个能有效解决其成员收益集体遇到困难的组织[③]。同时,各国工会在具体组织形式上,均采用会员制的方式。作为劳工社团,工会促进其成员获得可靠的普遍利益注入受雇佣和收入的使命是根深蒂固的,难以剔除集体利益的"表达工具"的身影。

信息技术与实体经济深度融合而产生的新就业形态,其从业者以共享经济平台的服务提供者为主体,已经成为一个规模巨大的新的劳工群体。新就业形态从业者在提供劳动的方式上存在共性,即自我雇佣、多重就业、独立承包、平台众包等,从业

---

① 中共中央马克思恩格斯列宁斯大林著作编译局译:《马克思恩格斯全集》,人民出版社 1975 年版,第 2 卷,第 503 页。

② 哈贝马斯:《在事实与规范之间:关于法律和民主法治国的商谈理论》,三联书店 2003 年版,第 31 页。

③ [美]大卫·霍顿·史密斯,罗伯特·A. 斯特宾斯,迈克尔·A. 多弗:《非营利管理辞典:术语与概念》,吴新叶译,北京大学出版社 2018 年版,第 167 页。

者权益保障面临的主要问题就是法律法规的滞后与制度供给不足[①]。如若新就业形态劳动者组织化,其会员的集体利益自然聚焦在规避与化解过度弹性所带来的就业和收入不稳定的风险。工会传统的会员集体利益往往通过在法律框架下基于劳资双方长期合作而进行的利益谈判来实现,对"依法维权"的超越是二者在集体利益偏好上最为突出的异质性。

(二)劳工群体的公共利益

不同国家结构和政体类型以及国家对工人运动的方式,导致各国工人运动的不同发展,不同国家的工会行动目标差异很大,同一工会在不同时期行动目标也在动态调整之中。但工会运动存有一个共性,即工会运动往往与美好生活或社会观念进步相联系,并不局限其成员的经济利益,在使命中体现公共利益取向,原因有以下两个方面。

一是成员成分庞杂,不可能局限于纯粹的会员集体利益。工会成员的成分通常比较复杂且人数庞大,一国的总工会或工会联合会其成员在整体上不分性别、民族、种族、职业、宗教、政治倾向。早期的工会通常是某一地方劳动力市场中特定职业的利益共同体,20世纪前叶工会运动的主流转向工联主义,越来越多的工会认识到合作的重要性,工会以产业、职业为纽带,组织庞大地展现在世人面前,世界三大国际工会组织均产生于那个时期。"一个大工会"的梦想指导工会运动向更广泛、多职业的劳工联合发展。福斯特曾以英国为例,说明"英国工会不是行会的直接后代"[②],工会是在一群不属于工会的工业家指挥下进行工作的雇佣工资劳动者的一种组合。福斯特对工会的定义已

---

① 林嘉:《以法律与制度供给保障新业态从业者劳动权益》,《工人日报》2020年6月15日第07版。

② 福斯特:《世界工会运动史纲》,三联书店1961年版,第32页。

经突破了职业特点。马克思曾预言工会运动趋势,认为“最初是个别的工人,然后是某一工厂的工人,然后是某一个地方的某一劳动部门的工人,同直接剥削他们的个别资本家的斗争”。成员构成的庞杂和“一个大工会”的梦想决定工会的使命不可能局限于成员的集体利益,工会通常所声称的代表范围大于其成员构成,呼吁劳工群体的整体性利益。

二是单纯追求成员集体利益,会导致工会的社会影响力低差。被共同接受的目标不一定是共同的目标。[①] 工会被创立就是为了促进成员的目标,但是在任何一种情况下,成员都要做出贡献以换取权利,但成员权利来自和取决于工会目标的达到,而工会目标的影响因素是多元的。这正是另一个原因所在:工会单纯追求成员集体利益,便难以有效干预劳动力市场,还极易被指责为狭隘的利益集团。汤普森分析英国资本主义早期社会抗争,指出政治经济必须面对植根于社会规范和义务的道义经济。政治行动的一致性可以把平时相互隔绝的工会团结起来,保证它们相互支援。[②] 承担公共责任有利于工联主义实现工会转向至普遍地提升劳工群体的社会地位、促进收入分配公平等社会正义。

新就业形态从业者作为数字经济下新增的非正规就业者,他们基于共同职业特质而形成群体性需求。从关系的视角来看,个人与组织之间的联系构成社会的核心[③],将个人利益捆包在一起,使国家机构能够有效地与他们联系。在中国,联结国家

---

① [美]彼得·M.布劳:《社会生活中的交换与权力》,商务印书馆 2012 年版,第 316 页。

② 中共中央马克思恩格斯列宁斯大林著作编译局译:《马克思恩格斯全集》,人民出版社 1975 年版,第 19 卷,第 138—139 页。

③ Huntington Samuel. Political Order in Changing Society. New Heaven: Yale University Press, 1986.

体制的组织通道与和谐稳定息息相关。传统的单位制就承载着组织关联渠道的功能，处于国家整合领域之外即无单位的农民工、家政工人等劳动者，被有组织的劳动者所歧视。因此，新就业形态下工会对公共利益更倾向于呼吁新就业形态劳动立法的建立，以及将其组织化以实现他们与国家政权的组织关联。

三、工会价值变迁与使命漂移的两种趋势

工会不同于一般的社会组织，在劳动垄断与促进社会正义之间备受争议。工会以劳工团结权的特定组织形式和促进社会整体利益的实际结果，在现代国家体制中获得法律空间，这表明工会运动既要平衡多元利益相关者之间的关系，又要应对国家规制。在来自国家和劳工成员双方的压力下，工会最初的价值会发生偏转，进而导致工会的使命漂移（Mission Drift）。美国学者赫希（Robert Franklin Hoxie）认为工会运动常常展现机会主义、实用取向的现象①。这种现象正是工会使命漂移的外在表现。

（一）公共利益趋同国家意志

国家对工会的兴衰至关重要。卡茨尼尔森从互动维度出发考察某种制度的历史进程，从国家组织及公共政策与工人阶级的互动中分析了英美工人阶级形成模式的差异②，提出两国的组织方式不同，因而对工人运动有不同的影响。国家是自由竞争的劳动力市场存在的基本前提，并对其进行某种政治政策干预。陈峰在分析西方劳工问题经典文献后得出结论，认为国家设定了工人运动的制度框架，是工业关系游戏规则的制定者，

① Robert Franklin Hoxie，Lucy Bennett Hoxie，Nathan Fine. Trade Unionisn in the United States. New York and London：D. Appleton and Company，2010.

② Ira Katznelson. Working Class Formation and the State：Nineteenth-Century England in American Perspective. In Peter Evans，et al.（eds.）. Bring the State Back in. Cambridge：Cambridge University Press，1985.

其对工人阶级的形塑作用是不言而喻的。[①]

工会运动历来不是法定的,工会在出现之初并非合法的。英国工会的不合法时期延续了四分之一世纪(1799—1834 年)且其间工会运动取得了很大的进展[②],但是合法性规制在客观上加重了工会的社会动员成本。突破法律空间的抗争,其结果不仅是雇主的反击或报复,还有可能导致极权主义崛起。20 世纪三四十年代劳工运动的高涨,导致劳动者、资本与国家三者之间社会契约的建立,劳动者状况得到稳定持续的改善:提高工资、缩短工时、改善劳动条件、建立和完善社会保障制度、有效保障劳动者的基本生活。国家吸纳和制度化的工人运动已然成为世界潮流。托马斯·马歇尔(Thomas Marshall)称工人的这种结社权为"工业公民权",由于工人的结社权在法律上被承认,工人以集体名义,拥有了与雇主进行工资谈判的权利,这大大加强了工人在资本主义生产体系中的政治权力,也使早期资本主义社会中一面倒的劳资冲突,演化为资本、国家、工人三方的政治角力。曼恩总结了西方工人阶级形成过程中所产生的六种主要抗争形式,从策略角度将这六种抗争形式分为三类,即竞争型、改良型和革命型。竞争型抗争不改变整个资本主义制度和资本主义经济的运行规则,只试图在资本主义的框架下保护自己并争取更多的权益;改良型抗争旨在改良资本主义制度和资本主义经济规则;革命型抗争以彻底打破资本主义制度和资本主义经济为目标。每一种抗争类型都可以在经济或政治层面上进行。[③] 从根本利益来讲,工人阶级可能会希望夺取政权,但这样

---

① 陈峰:《国家、制度与工人阶级的形成》,《社会学研究》2009 年第 5 期。

② 苏联科学院国际工人运动研究所:《国际工人运动:历史和理论问题(第一卷)》,工人出版社 1988 年版,第 559—575 页。

③ 赵鼎新:《社会与政治运动讲义(第二版)》,社会科学文献出版社 2012 年版,第 142 页。

做,不仅会遭到组织和资源优越得多的资产阶级以及代表着资产阶级利益的国家的镇压,而且还要克服工人阶级内部由于部门和行业的不同而造成的许多不同利益和认同感的分割[①]。同时,第二次世界大战后,各国纷纷建立了社会保障制度,为工人阶级提供基础物质保障。马克思时代的绝对贫穷工人阶级不复存在,阶级特征和阶级意识不断淡化,工人阶级正在消亡(the end of class)。但是也有学者提出工人阶级并没有消亡,而是由于阶级内部结构发生了巨大变化,工人阶级被重新塑造。总之,在国家民主法治健全和对劳工保护政策优化的环境下,突破法律空间的革命型抗争显然是不经济的选择。在组织化资本主义到来之后,以劳资群体为主的各社会团体被整合起来,并且制度化、正式化地吸纳到国家决策结构中,让它们不仅是一种社会性组织起来的利益代表团体,而且自下而上地承担维护私利职能,自上而下地承担履行公共责任、兼具公共机构的角色[②]。

理查德·海曼在《解析欧洲工会运动》一书中,以市场、阶级和社会这三个维度为依据,将工会分为三种理想型:在劳动力市场中发挥作用的利益组织;提升工人社会地位以及促进社会正义的载体;一所劳资斗争学校。[③] 同时,他提出这三种类型仅是理论层面的构想,真实的工会往往是三者之间两两的混合体,即自由集体谈判模式、社会市场模式和历史妥协模式。但如果讨论范围不是整个工会历史,而是获得法律空间之后的工会运动,阶级这个维度的影响远比想象中的更为薄弱。工会活动通常不

---

① 赵鼎新:《社会与政治运动讲义(第二版)》,社会科学文献出版社2012年版,第143页。

② 吴建平:《理解法团主义——兼论其在中国国家与社会关系研究中的适用性》,《社会学研究》2012年第1期。

③ [英]理查德·海曼:《解析欧洲工会运动——在市场、阶级和社会之间》,吴建平译,中国工人出版社2015年版,第2页。

会超出法律空间，例如在合作主义政制建构下欧洲主要福利国家的工会，学者称之为“资本主义经济繁荣的合作伙伴”[①]。

历史表明，在工会活动获得法律空间后，工会运动逐步转向温和。工会通常在合法性框架下追求成员的集体利益和劳工群体的公共利益，这时的公共利益不再以社会正义作为唯一的衡量尺度，国家意志对工会使命的形塑作用就会凸显。正如Kuhn所说，国家政权建设刺激了管制性的地方精英日益膨胀的趋向出现，在新的改革政策下建立的组织、地方教育联合会、商会、集会、会团，这些组织号称“自治”，但实际上却和国家政权的目标一致[②]。这里的“自治”组织同样包括工会。当国家对工会的影响与工会的诉求一致时，工会在政治领域的影响力会强化。英国宪章运动后出台的政策其效果意义更大。宪章运动成功争取到英国工人平等的“公民”身份，其背后逻辑是劳工群体被国家吸纳，劳工利益代表——英国工会在公共利益使命上开始屈从国家意志。瑞典工会（The Confederation of Swedish Trade Unions）与社会民主党（Social Democratic Party）的关系十分密切，被比喻成一棵大树的两根枝杈，党是工会的政治臂膀，工会是党的选举臂膀[③]。社会民主党得益于工会而成为瑞典执政时间最长的政党，同时也甘愿为工会“效劳”。如果工会所追求的劳工群体的公共利益与国家意志相左，要么将强化劳工群体对国家的疏离感，激发工会运动发展（这种情况在印度英·甘地执政时期和英国撒切尔夫人执政时期都发生过），要么将引发工会

① 闻效仪：《瑞典劳动关系中的合作主义》，《中国人力资源开发》2010年第4期。

② Philip A. Kuhn. Local Self-Government under the Republic: Problems of Control, Autonomy and Mobilization, in Frederic Wakeman and Carolyn Grant eds., The Conflict and Control in Late Imperial China, University of California Press, 1975, p257.

③ 闻效仪：《瑞典战略工联主义——工会与社会民主党的伙伴关系》，《中国劳动关系学院学报》2010年第2期。

的自身危机,即没有群体可代表或者无法通过工会实现(匈牙利在拉科西路线时期,劳工对工会不信任,认为工会是官办组织)。无论上述何种情况,在合法性框架下最终斗争和妥协的均衡都实现工会对公共利益的追求与国家意志趋同。

(二) 集体利益倾向理性选择

个别或者少量成员无法对应工会作为团结权特定组织形式的合法性,因此工会一直把招募会员作为一项重要工作,英国职工大会(TUC)把工会的组织建设列为首要任务,专门建立了一所"组织学校",用以培养专职的组织者,为招募会员掌握更多的技巧。[①] 同时,大多数工会都会自我限定成员成分,在保持会员纯洁性的前提下广泛吸纳成员,但也难以杜绝工会成员和成分泛化风险。19 世纪 80 年代,美国历史上最大的工会组织——劳工骑士团,过高地估计了雇主和雇员之间共享利益的程度[②],最终难以统合内部利益而消亡。借用涂尔干的概念,工会不断联合的结果,导致成员庞杂,成为一种不稳定的"机械团结"。美国工联主义的历史经验就是,雇佣劳动者和白领雇员最终在适当的时候形成了同样类型的工会。[③]

工会内部利益是多元的,工会官僚或者说工会精英、核心成员与大多数成员之间利益并非一致,正如裴宜理所说"劳工组织是劳工团体和准劳工组织者之间竞争与合作的场所"[④]。因此,

---

① 方剑琴:《欧洲工会当前面临的问题》,《国际工运》2001 年第 1 期。

② 小威廉·H. 霍利,肯尼思·M. 詹宁斯,罗杰·S. 沃尔特斯:《劳动关系(第 10 版)》,中国人民大学出版社 2020 年版,第 35—37 页。

③ [美]C. 莱特·米尔斯:《白领:美国的中产阶级》,周晓虹译,南京大学出版社 2016 年版,第 318 页。

④ Elizabeth J. Perry, "Labors' battle for political space: the role of workers associations in contemporary China", Urban Spaces in Contemporary China: The Potential for Autonomy and Community in Post-Mao China, (转下页)

劳工群体组织化即工会的形成须具备一定的过程和条件。奥尔森在《国家的兴衰》一书中指出工会的形成要具备两个条件:工会运动必须实现对工人利益代表的包容;因工会运动所组成的联合必须具有较成熟的共同决策能力。[①] 工会在形成集体行动的过程中必须实现对全体成员利益的包容,因此工会所追求的成员集体利益是多元加总的结果。但是,对于任何有理性的集体行动来说,利益的统合都是至关重要的,而这就涉及要在各种相互竞争的不满和期望之间做出优先选择。

工会在利益统合中往往展现出理性选择主义倾向,突出一部分利益,并且过滤甚至压制一部分利益。利益被凸显的成员自然会在工会活动中更为积极,成为其核心成员。20 世纪 50 年代至 80 年代,商业工联主义(business trade unionism)占据美国工会运动主导价值,主要关注核心成员工资和福利,仅在那些工人对组织工会比较有热情的热点工厂里开展工作,并且偏好成为一种提供利益代表服务的中介。这种"面包与黄油"的工会模式为增加工会会员数量起到显著的促进作用。除此之外,商业工联主义还倾向选择组织难度小、经费充足的行业作为核心成员。在哥斯达黎加,1997 年工会密度在私营部门是 6.2%,公共部门为 50%。在萨尔瓦多,1999 年只有 5.5%的劳动者参加工会,其中 70%的会员来自建筑业。[②] 在美国,2010 年 1.03 亿个私营部门员工中有 710 万人加入工会,占比 6.9%,而在公共部门中 36.2%的员工加入了工会。美国工会会员高度集中,

---

(接上页)eds. Deborah S. Davis, Richard Kraus, Barry Naughton and Elizabeth J. Perry, Woodrow Wilson Center Press and Cambridge University press. 1995, p. 325.

① Mancur Olson. The Rise and Decline of Nations. New Haven: Yale University Press, 1982, esp. pp. 47 - 53

② 国际劳工局:《雇佣关系的范围》,国际劳工大会第 91 会议 2003 年报告五,http://www.ilo.org/public/chinese/standards/relm/ilc/ilc91/pdf/rep-v.pdf.

主要分布在占比 2%的大型企业中,在中小企业中发展会员对工会而言费时费力。①

第二节　双重使命下工会的分类与模式选择

各国工会的使命导向都是双目标的,争取会员的集体利益和发展对象群体的公共利益,突出工会的集体劳权代言人地位,坚持在非会员中开展一定工作,不断扩大工会在群体中的影响力。工会的集体利益和公共利益不是并行不悖的两个使命,而是相互依存又相互对立的关系,这使得工会在行动中面临更加复杂的取舍问题。工会不断进行自我调适,使得工会运动具有多元性和流变性的特点。

一、使命张力与工会分类

(一) 公共利益与集体利益的张力

价值变迁促使工会的使命漂移,工会所倡导追求的公共利益与国家意志趋同,各国工会的社会动员功能在弱化。这不影响工会兼备集体利益和公共利益双重使命目标,各国工会在法律空间内固守成员中的合法地位,坚持在非会员中开展一定工作,不断扩大工会在劳工群体中的影响力。需要注意的是,公共利益与集体利益不是并行不悖的两个使命:公共利益不等于集体利益的自然加总。公共利益源于但又超脱集体利益。对于大多数劳工来说,更为眼前的物质利益远比遥远的公共利益重要,甚至他们难以理解公共利益目标。

① [美]小威廉·H.霍利等:《劳动关系(第 10 版)》,程延园,侯锦慎译,中国人民大学出版社,2020 年版,第 20 页。

工会力量与组织规模有着十分密切的关系,工会规模的大小影响其在社会系统中的地位和作用,在工会内部有着不断“联合”的动力。按照国际工会界的观点和分类,工会是一种职业组合,即联合同一职业工人的组织者,如泥水、刻字、成衣等行业工人,依其职业分别组织各行业工会①;产业工会是同一产业范围内,不论技术、职业如何,以生产的产品为基础组织。二者在联合成为一个“大工会”的过程中难以完美调和各自的集体利益。同时,工会在对公共利益的追求过程中,会对集体利益进行过滤甚至压制,就像大型制造业以男性为主的工会与以女性为主的家政工人工会在就业平等问题上难以一致。与政党相比,工会成员之间的相互约束比较宽泛,政党精英确实可以在一定程度上决定该党的使命,工会精英却很难驱使成员服从。而对于大多数工会成员来说,他们更关心的是眼前、有限的物质利益,而不是遥远、抽象和宏大的政治社会地位等劳工群体的公共利益。工会过多扮演推动社会公平的角色,会弱化成员集体利益的代表身份,致使会员流失。工会力量式微使其呼吁公共利益的使命名存实亡。当公共利益与集体利益之间张力凸显时,工会往往会转向后者,进而产生工会之间部门主义竞争,导致劳工群体的组织化分割,致使工会力量衰弱,因此不能实现其经济目标,又得回过头来重申公共利益的诉求。

(二)基于价值的工会分类

集体利益和公共利益两个方面的使命之间相互依存又相互对立的关系,使工会面临更加复杂的取舍问题:如果一味强调成员的集体利益,容易引发工会之间部门主义竞争,最终会瓦解工会的整体性力量;同样,如果追求公共利益成为其主导思维,工

---

① 黄越钦:《劳动法新论》,中国政法大学出版社 2002 年版,第 265—266 页。

会的可持续性无法得到保证，容易被成员抛弃。因此，在不同的国家制度下这种对立关系呈现多种类型。

任何工会都处在诸多张力之间，需要不断进行自我调适，使得工会运动具有多元性和流变性的特点[①]。基于历史观察，工会精英、核心成员以及大多数成员利益的非一致性，以及不同政体和市场体系对工会影响的差异，令工会多元性毋庸置疑，但其流变性存在一定的边界。冯同庆认为，由于社会历史条件的差异造成工人维护自身利益的侧重点不同，进而使工会的产生具有不同的类型，但不同类型之间的变异性受工会产生的共同规律制约，变异性是有限度的[②]。在国家结构和政体类型既定之下，工会在使命偏好上不会出现颠覆性变革。美国劳工联合会-产业工会联合会（AFL-CIO）作为美国最大的工会组织，在网站上明确主张"所有劳动人民都应该得到好的工作，有权决定他们的工资和工作条件"的宗旨。英国最大的劳工组织——英国职工大会（TUC），认为其存在是为了让每个人的工作环境更美好。以上二者作为闻名遐迩的劳工组织，虽与早期的主张有所变化，但是依旧体现鲜明的集体利益偏好。马克思和恩格斯认可工联组织存在和发展的意义，工会存在的目的就在于消除这种竞争而代之以工人的团结，但同时他们都不把工会视为简单的经济组织。马克思认为"在全国范围内把工人阶级组织起来"是摆在工人议会面前伟大而光荣的目标[③]。恩格斯在肯定工会对资本主义劳动中工资和工作时间有调节作用的同时，批评英国工人运动一直在为增加工资与缩短工时而罢工的圈子里打

---

① 吴建平：《在诸多张力之间的工会运动》，《中国劳动关系学院学报》2015 年第 1 期。

② 冯同庆：《工会的起源与性质研究》，辽宁人民出版社 1990 年，第 114 页。

③ 中共中央马克思恩格斯列宁斯大林著作编译局译：《马克思恩格斯全集》第 10 卷，人民出版社 1975 年版，第 134 页

转,拒绝参加作为阶级而行动的一般活动[①]。以马克思主义为指导的国家,其工会更加注重其在政治领域的影响力,使命偏好一国劳工群体的公共利益。

工会组织基于不同国家工会在公共利益、集体利益使命上强弱的差异,明显能够区分为四种类型,且相对稳定(图 3-1)。

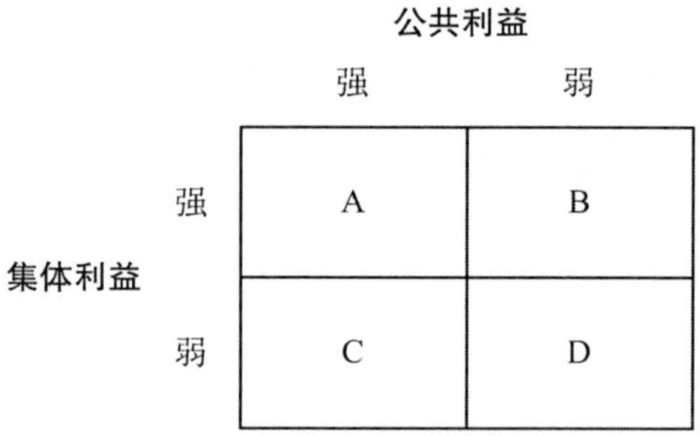

图 3-1 双重使命下的工会分类

从合法性角度来看,象限 A 是最理想状态,工会成员的集体利益和劳工的公共利益在工会使命中都能并重实现,既满足国家对工会的要求又能在成员中获得合法权威。如若兼备实现国家与劳工期许,A 类型工会是最为理想的。由于公共利益与集体利益之间存在张力,因此象限 A 仅为理想状态,现实中很难找到真实案例。与象限 A 对立的类型是象限 D,即广泛的公共利益与狭隘的集体利益之间往往难以一致,存在内在张力,两个重要的使命通过工会都无法实现。象限 D 中的工会在社会生活中的作用和影响微弱,于国家无益,而成员因无法实现其利益诉求对工会仅有微弱需求甚至无需求。象限 D 类型的工会正如人力资源学说所描述的产业关系消亡以及衍生出的工会"无用论""消亡论",既不能满足国家要求也不能实现劳动者诉

① 马克思,恩格斯:《马克思恩格斯论工会》,刘潇然译,中国工人出版社 1958 年版,第 178 页。

求,是工会建设中需要警惕的“空壳化”风险。象限B、C为常见的工会类型,在其组织使命中不是追求集体利益和公共利益的共荣,而是有所偏好。在象限B中,工会保持集体利益和兼顾公共利益,通常西方国家工会为此类型;在象限C中,工会偏好公共利益兼顾集体利益,具有社会主义取向的工会、新加坡等与政党关系紧密的工会多为此类。

受国家结构和政体类型影响,工会的类型相对稳定,除非一国劳工政治发生地震式变革,其流变性通常不会超出象限类型。因此无论象限B还是象限C,工会都是一种稳定状态,该状态下工会的价值使命所追求的公共利益与集体利益之间达到一个均衡点,而工会则是国家政治体系的一隅,在达到均衡之前则是一定时期的自由工会运动。

新就业形态在全球范围的兴起以及对劳工群体的改变,打破了原有的均衡。换言之,新就业形态虽然不会造成一国工会类型的改变,但会再一次激发流变性,英国成立“大不列颠独立工人工会”、德国五金工会允许自雇劳动者成为工会会员、美国纽约成立“独立司机同业公会”等世界工会运动的潮流,正好印证了这种流变性。在中国亦是如此,在舆情事件中骑手一方或明确或暗含地提出结社权的需求,部分区域出现“骑士联盟”等类行会组织。《劳动报》记者向快递外卖小哥介绍了上海市总工会将为灵活就业从业人员提供“五送”等关心关爱服务实事项目,几位“小哥”听后都表示:“加入了工会,各方面都能正规起来,感觉和在单位里上班的人也没什么差别了,希望能尽快加入。”[①]可以说,新就业形态从业者参加和组织工会,已成为当今国际工会运动不可忽视的主题。

---

① 裴龙翔:《“小哥”们期盼加入工会体面就业》,《劳动报》2021年5月18日第01版。

二、工会的使命偏好与组织模式

(一)两套组织逻辑:共同体与联合体

组织因行动而存在,否则仅是一种社会关系①。组织大规模的集体努力以追求被共同接受的目标,需要组织内部具备合法权威驱使行动。行动取向的差异导致内部合法权威不同的产生方式,也就是替代个体之间对利益的自由竞争和利益交换的规范不同。马克斯·韦伯依据组织的不同行动取向,将组织分为基于各方同属的主观情感的"共同体"和基于理性动机下利益平衡的"联合体"两大类②。二者的差异体现在"共同体"更加注重成员共同情感,"联合体"的稳定是建立在理性动机下下级或者成员利益平衡之上的。

本书借用马克斯·韦伯的概念,将工会的组织逻辑分为"联合体"和"共同体"两个朝向。现代工会对于实现公共利益使命和集体利益使命存在轻重缓急的差异,从而形成工会类型的多样性。同时,不同类型的工会在组织建设中会选择不同的组织逻辑。联合体通常采用科层制动员模式,因富有效率在现代国家和社会管理中得到广泛采用,越是大型组织,联合体的优势越突出。一个"大工会",在整合成员集体利益且合法性压力下不得不进行利益取舍,如果要实现行之有效的大规模行动,对其而言联合体是一个不二的选择:广泛的劳动者以各种组织化的形式参与到工会之中,以统一身份参与到工会行动中去;组织的使命目标不一定是成员目标,在联合体工会内部,成员也不需对目标发表看法,仅需执行指令,严格按照规则指令行事;其间被强

① 马克斯·韦伯:《经济与社会(第一卷)》,上海世纪出版社 2010 年版,第 141—142 页。

② 马克斯·韦伯:《经济与社会(第一卷)》,上海世纪出版社 2010 年版,第 132—133 页。

迫而丧失的成员部分利益,将通过组织整体目标的实现而获得补偿。共同体模式是基于成员主观自愿而形成的,其理想是期冀工会行动由所有成员民主决定的,工会使命由成员的集体利益主导。

共同体蕴含一种赋权的组织化路径,工会的合法权威建立在和成员平等对话与协商的基础之上,更多地调动工会成员的积极性,促使成员共同参与。如果成员做这些事情的权利被拒绝,或者他们否定自己做这些事情的权利,此时民主就被一些人加之于另外一些人的规则所取代[①],共同体也就不复存在。因此,共同体模式对成员的纯洁性有很高的要求,成员纯洁性越高越有利于集体利益的形成。工会的成员和成分泛化会不断稀释成员的集体利益,因此而消亡的工会不止一个。工会在总体上的目标群体是广泛的,但是劳工加入或组织具体的某一工会时,有很多基于"共同体"考虑的身份限制,以性别、民族、种族、职业、宗教信仰、政治倾向等作为限制条件。从已有的工会形态来看,排斥女工的男性工会、排斥异教徒的工会、排斥外籍劳工或某些种族的工会、限定成员收入层次或职业的工会,现代以来都曾出现或者正在存在。

工会使命是由以核心成员为重点的集体利益和与国家意志趋同的劳工群体公共利益交融的结果,因此纯粹的联合体工会或者完全共同体工会在现实中是不存在的,这也是工会与其他组织的差异所在。工会的最初形态以及在追求成员集体利益时更贴近以职业等劳动身份为纽带的"共同体";在突破职业界限联合化的过程中,工会逐步成为追求劳工群体公共价值的"联合体","联合体"的稳定是建立在理性动机下下级或者成员利益平

---

① 迈克尔·沃尔泽:《论非自愿社团》,刘培峰译,载于《结社:理论与实践》,吴玉章、毕小青等译,三联书店 2006 年版,第 135 页。

衡之上的。

工会成员的范围描述了工会活动的宽度,即它是集中在工作场所,还是更广泛的政治和社会领域。“共同体”与“联合体”两类组织逻辑下所形成的工会,其成员范围差异很大,因此两种组织逻辑的功能导向也存在很大的差异性。“共同体”工会好像一家保险公司,劳工前来投保因而得到工会的保护;“联合体”工会则是一种劳工参与机制,不是提供具体服务,而是通过组织让劳工自己参与到解决过程中去[①]。

(二) 组织模式的适用

图 3-2 显示两种不同组织模式的适用情况,并标识相应的组织逻辑。为了显示工会不同组织逻辑的比重,0 表示劳工群体尚未组织化、个体处于游离状态,1 表示组织策略偏好的最高值。中间区域不再标识,表示工会在此区域中使命偏好与组织逻辑不断变化和自洽的过程。“高度赋权的整合”在内部动员上既能令行禁止,组织目标的形成又十分民主化,对于具体组织个体而言,是一种理想状态,在此不作讨论。

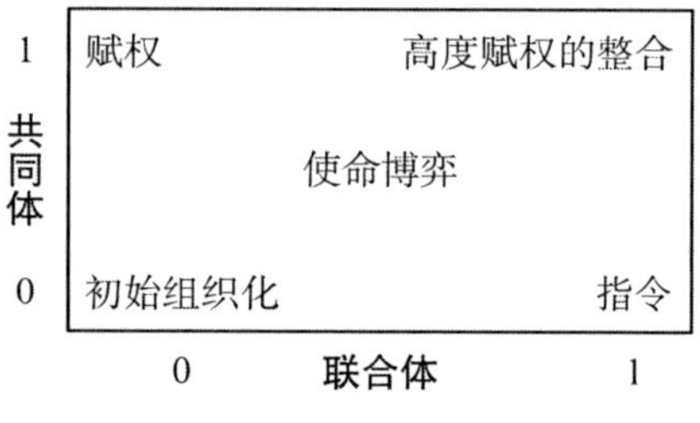

图 3-2　工会的组织逻辑与模式选择

“大工会”在社会系统中地位更高、政策影响力更强,相应地“小工会”对于公共利益使命实现度比较低。国家能力与劳工权利的关系在更高的工会密度以及更高的潜在劳工权利的国家中

① 乔健:《工会改革创新的理论思考》,《当代世界与社会主义》2010 年第 2 期。

表现得更明显[①],也就是说在这些国家中工会的合法性压力更大。与国家(执政党)关系密切的工会,其公共利益使命偏好较高(这是一种利益交换的结果),在组织模式上通常采用科层制建立一个大而统一的工会联合体,内部通过指令实现对成员的动员。如新加坡职工总会(STUC)在使命上更注重整体性公共利益,它就是在新加坡人民行动党的帮助下建立的一个强大和统一的工会。马克思主义理论认为,在政治斗争中工会与党应协同行动,要求党关心工会组织的特殊利益。因此,社会主义取向的工会也通常采取联合体组织模式。中国工会虽然使命目标与他国存异,但在外在组织模式上与西方国家并无太大差异。早在1921年,毛泽东在《所希望于劳工会的》一文中就提出对中国工会的建设设想:使命目的不仅“以罢工的手段取得优益的工资和缩短工作时间”,更应“谋全阶级的根本利益”,但是组织方式“宜依西洋工会组织”[②]。中国工会同样是大而统一的组织形态,《中华人民共和国工会法》明确规定中华全国总工会及其各工会组织代表职工的利益,依法维护职工的合法权益。因此,中国工会对内的组织动员同样采用指令式。

日本工会在使命上更加注重集体利益,从组织结构来看,日本企业劳工自发组建企业工会,大多数企业工会都加入某一行业工会,并通过行业工会加入全国工会。工会联合组织是各个工会的加盟组织,对各产业行业工会没有领导权,而是一种互相合作协商、联合行动的关系。日本企业工会有较大的自主权,在协调劳资关系过程中,企业工会与劳工联系紧密,代表其行使各

① Rudra N. Globalization and the Race to the Bottom in Developing Countries: Who Really Gets Hurt? Cambridge, UK; New York: Cambridge University Press, 2008.

② 中华全国总工会,中共中央文献研究室:《毛泽东邓小平江泽民论工人阶级和工会工作》,中央文献出版社2002年版,第3页。

项斗争权利。因此,在日本,工会力量在某一企业及其员工中更为突出。

同时,工会的组织逻辑不是一成不变的,图 3 - 2 中间的区域表示使命博弈的过程。在日本,劳工群体中非正规就业人数升高时,工会采取与原有的企业工会完全不同的联合形式,把中小企业的职工以及一定地区内从事某种职业及产业的职工组织起来,而这类工会中科层式的组织策略就较以往偏重。再比如,在美国,低收入劳动者长期被政党和劳工组织所忽视,近 20 年社区工会填补了这一空白。美国社区工会通过一揽子服务、宣传和组织动员,吸纳低收入劳动者①,以地理位置和文化身份为联结纽带的工人中心也成为组织外籍移民工人的重要形式之一。这与在美国长期占据主导地位的商业工联主义的组织模式有很大差异。

第三节　中国工会的使命及其功能拓展

工会是经济社会矛盾的产物,当工会存在的经济社会关系没有形成之前,不会有工会这样的组织出现;同样,在造成工会存在的经济社会关系没有消亡之前,工会也不会自行消亡。工会通常被认为有两条发展道路:或是成为一种自由社会运动,或是成为一种努力纳入国家框架,作为以压力集团为代表的政治社团。自由社会运动是一个中间状态,在工会普遍在法律空间内活动之后,后者往往更具主流地位。中国工会不是无本之木,而是契合工业社会发展的普适逻辑。中国工会没有超出工会的

① Janice Fine, "Community Unions and the Revival of the American Labor Movement", Politics & Society, Vol. 33 No. 1, March 2005, pp. 153 - 199.

价值争议,其使命并不违背双重使命目标,而是由于特定的国家结构和政体类型以及国家对工人运动的方式,中国工会在政治体制中并非压力集团,在实现其使命的路径选择上具有异质性。

一、中国工会的使命担当

中国工会对于自身的使命有着非常清晰的定位,现行的《中华人民共和国工会法》第六条规定:“工会在维护全国人民总体利益的同时,代表和维护职工的合法权益。”这说明中国工会的使命目标同样具有双重性,也宣示了其公共利益使命优先于集体利益使命。尽管如此,中国工会在特有的国家结构和政体类型等因素影响下,双重使命并不完全贴合学理解释,其具体表述有一定延伸与演化。

(一) 中国工会使命的学理

马克思主义经典著作特别是其科学社会主义理论中有关工会的内容,构成了马克思主义工会学说。马克思主义工会学说对中国工会特别是其早期实践影响深远。马克思主义经典作家都浓墨重彩地解释工会与党的关系,恩格斯把工会与党在政治斗争中协同动作,看成是工人运动发展的标志,是马克思主义指导工人运动的优越之处。1878 年,恩格斯在系统回顾 1877 年欧洲的工人运动时指出:“德国运动的一大优点,就是工会组织同政治组织齐心协力地工作。”[①]1855 年,恩格斯要求德国党内的爱森那赫派重视工会运动,希望他们把工会与党协同动作写入党纲。[②] 列宁认为工会应该在政治上占据最重要的地位,应该在一定程度上成为主要的政治机关。工会是武装起义的“基

① 中共中央马克思恩格斯列宁斯大林著作编译局译:《马克思恩格斯全集》,人民出版社 1975 年版,第 19 卷,第 138—139 页。

② 中共中央马克思恩格斯列宁斯大林著作编译局译:《马克思恩格斯全集》,人民出版社 1975 年版,第 19 卷,第 7 页。

地”,工人代表苏维埃(未来革命政权的雏形)作为从罢工运动中发展起来并领导武装起义的机关,其赖以生存和发展的基础当然是工会。工会必然要在工人代表苏维埃组织中占据特殊的地位。[①] 在人民政权下工会与党之间关系密切,这种密切关系被认为是社会主义取向工会的优越之处。

在社会主义条件下,工会运动在较大程度上与国家政治制度交错在一起。与西方国家制度下压力集团的定位不同,工会在社会主义国家是在社会主义经济和社会关系基础上形成和运行的,不完全独立于国家政权体系之外。马克思主义的人本思想强调对人的价值和尊严的尊重,“凡是有某种关系存在的地方,这种关系都是为我而存在的”[②],以此为基础,深刻发展了“主权在民”的国家理论,形成了让人口绝大多数的劳动人民当家作主、成为国家和社会主人的制度构想。社会主义国家属于人民,由人民掌握生产力才能把劳动者从被压迫、被奴役的状态解放出来。因此,人民是指占社会人口绝大多数的劳动者。生产资料公有制是社会主义经济关系的基本特征,正是在公有制的基础上,人民形成了根本一致的共同利益。社会主义社会中多种经济成分存在,人民按照亲缘、地缘、业缘等结成其他社会关系,又使得人民之间存在着利益差异和利益矛盾,这就需要人民可以组织起不同的政治社团,以社团方式进入政治过程。政治社团按照其所代表的利益要求,应该实现不同社会群体的特定利益要求。在社会主义国家制度中,工会就是代表和维护工人群众利益,实现党和工人群众联系的中介。

中国共产党将工运事业一直作为党的事业的重要组成部

---

① 中共中央马克思恩格斯列宁斯大林著作编译局译:《列宁全集(第三十四卷)》,人民出版社 1985 年版,第 12 卷,第 56—59 页。

② 中共中央马克思恩格斯列宁斯大林著作编译局译:《马克思恩格斯选集》第 1 卷,人民出版社 1995 年版,第 81 页。

分,工会工作是其治国理政的一项经常性、基础性工作。党对工会使命的影响十分强劲,工会公共利益的价值追求与政党国家利益高度趋同。中国共产党的根本政治立场和价值取向是以人民为中心,中国工会将自身公共利益使命表述为“全国人民总体利益”,以示其在公共利益使命表达上更贴合党和国家意志。

作为社会主义取向的工会,中国工会的使命目标深受列宁的影响。列宁分析,由于工人阶级的国家政权尚有官僚主义弊病,需要工会保护职工群众免受国家政权侵犯①。中国工会的集体利益使命在1950年新中国成立后第一次工运理论探讨中基本得到明确。② 在第一次工运理论探讨中,刘少奇、李立三等细化了这一观点。从组织的角度来看,工会与国营工厂行政“在这些关涉工人阶级基本利益的问题上,他们有共同的、一致的立场和出发点。但是,在处理有关双方的各种个别的日常的问题时,他们又各自有自己的出发点,各自站在自己的同对方相矛盾的地位与立场上来协调和调处这些问题,以至各自代表自己的一方面来签订合同等”③。从成员的角度来看,“普通的特别是政治上落后的工会,他们来加入工会并积极参加工会中的各种工作,出发点和目的是什么呢?他们既不是要来建立共产党和工人群众之间的桥梁,也不是来参加共产主义的学校和建立人民政权的社会支柱,他们通常的出发点和目的很简单,就是使工会成为保护他们日常切身利益的组织”④。

中国工会的集体利益使命,更多地像列宁所说的“工会调节部分劳动人民同干部和国家机关的摩擦”。在社会主义发展过

① 冯同庆:《马克思主义工会思想史》,中国工人出版社1993年版,第185页。

② 李玉赋:《新编中国工人运动史(修订版)》,中国工人出版社2020年版,第355页。

③ 刘少奇:《刘少奇选集(下卷)》,人民出版社1981年版,第95—96页。

④ 刘少奇:《刘少奇选集(下卷)》,人民出版社1981年版,第97—98页。

程中,中国工会应发挥调节作用,这是中国共产党关于两类矛盾论在工会运动中的具体运用。赖若愚等提出工会的调节作用,主要表现为"在解决人民内部矛盾中的调节作用"①。人民内部矛盾与敌我之间矛盾"解决的方法也不同"②,不是靠激化来解决的,而是依靠以民主和说服的办法来正确处理。这影响中国工会在实现集体利益使命时,采用"依法维权""建设和谐劳动关系"等功能手段。

(二)中国工会使命拓展的谱系

中国工会既不是马克思、恩格斯所看到的资本主义体制下的工会,也不是苏联高度集中的政治经济体制下的工会。作为国际工人运动发展史的一个特殊存在,中国工会归根到底是由中国共产党对其进行彻底再造的结果。党委领导下的工会体制,是与劳工权力有着内在一致性的政治设计,有学者提出中国工会是"党政主导的工会模式"③。

中国工会与诸多社会主义取向的工会一样,除致力于提升成员的劳动经济权益,在其使命目标上更加偏好追求公共利益。对中国工会的公共利益使命作具体解释,需回答何为"全国人民总体利益"。主体之间利益差异构成矛盾,"全国人民总体利益"不能脱离中国社会主要矛盾来讨论。从历史来看,过去较长一段时间中国社会主要矛盾惯用阶级分析范式来分析。1956 年我国社会主义基本制度确立以来,阶级斗争"已经不是我们社会中的主要矛盾"④。从中华人民共和国成立以来关于我国社会

---

① 赖若愚:《整顿工会的领导作风,密切与群众的联系,充分发挥工会在解决人民内部矛盾中的调节作用》

② 中华全国总工会,中共中央文献研究室:《毛泽东邓小平江泽民论工人阶级和工会工作》,中央文献出版社 2002 年版,第 63 页。

③ 乔健:《工会改革创新的理论思考》,《当代世界与社会主义》,2010 年第 2 期。

④《邓小平文选:第 2 卷》,人民出版社 1994 年版,第 370 页。

主要矛盾的历次重要表述来看,党的八大把人民的“需要”和“不能满足需要”作为其基本表述框架,党的十一届六中全会把人民的“需要”和“社会生产”作为其基本表述框架,党的十九大把人民的“需要”和“发展”作为其基本表述框架,都是从人民的“需要”与“如何满足需要”的矛盾出发来表述社会主要矛盾。中国共产党对社会主要矛盾的表述存在一种以“需要-实践”为基本内涵的人民利益分析范式。[①] “全国人民总体利益”与“满足人民需要”之间是辩证统一的关系。党的十九大报告明确指出,我国社会主要矛盾已经转化为人民日益增长的美好生活需要和不平衡不充分的发展之间的矛盾[②]。人民的美好生活需要,主要是指人民群众在政治、经济、文化、社会、生态等方面的多样化多层次需要。[③] “满足人民需要”的公共利益使命不是工会凭一己之力可以实现的,还要以社会的稳定和发展为前提。

劳工是各国工会的会员目标群体这一理念十分稳固,工会是劳工群体集体利益代表者的身份十分鲜明,既不会与其他社会组织混淆,更不会被其他社会组织所同化。集体利益使命与工会的产生息息相关,缺乏集体使命的工会就难以称之为劳工结社权的实现形式。因此,与西方国家工会无异,中国工会以“职工群众”作为其会员成分限制条件。“职工群众”参加或组织工会就是为了谋求一定的利益,中国工会在其成员中的合法性同样来自集体利益使命的实现,即“代表和维护职工的合法权益”。

---

① 刘旭:《我国社会主要矛盾的人民利益分析范式探析》,《探索》2020 年第 5 期。

② 习近平:《决胜全面建成小康社会夺取新时代中国特色社会主义伟大胜利——在中国共产党第十九次全国代表大会上的报告》,《人民日报》2017 年 10 月 28 日第 01 版。

③ 张明军,朱玉梅:《新时代社会主要矛盾新论断的依据、内涵及价值》,《湘潭大学学报(哲学社会科学版)》,2019 年第 6 期。

除与他国工会的共性外,中国工会的异质性在于作为成员目标群体的“职工群众”,该概念不是一成不变的。工会的成员成分即“职工群众”在新中国成立以来已多次外延扩大,能够体现中国工会在处理公共利益使命和集体利益使命之间张力时的选择。一次概念外延扩大是中国私有制的社会主义改造完成后,管理人员不再是独立的社会阶层,而是作为“职工群众”的组成。党的七届二中全会后,刘少奇认为,教员、记者、演员等文化教育工作者“都是雇佣劳动者”,应该包括在工人阶级之内;工程师、技师等职员,都是“雇佣劳动者”,从事“脑力劳动”,“是工人阶级的一部分”。1978 年邓小平在全国科学大会开幕式上的讲话中强调,我国知识分子“绝大多数已经是工人阶级和劳动人民自己的知识分子,因此可以说,已经是工人阶级的一部分”。另一次概念外延扩大是在 20 世纪 70 年代末,中国开始经济体制改革,大量劳动力人口从农村转移到城市,产生了一个新的社会群体——农民工。2003 年,中国工会第十四次全国代表大会首次提出“一大批进城务工人员成为工人阶级的新成员”。2003 年 9 月 26 日《人民日报》刊发《民工:工人阶级队伍的新成员》一文。因此,中国工会虽以“职工群众”为成分限制条件,但其成员的广泛性也决定了其集体利益使命相对较弱。

(三)新就业形态下的中国工会使命因应

列宁认为工会的主要任务是“通过顽强的、坚持不懈的、更加广泛的教育工作和组织工作来克服无产阶级和半无产阶级中某些小资产阶级的偏见,不断扩大苏维埃政权还不够广泛的基础”。[①] 同时,工会需要新的组织形式,既能用来完成工会运动的这些新任务,又能吸引更多的半无产阶级群众。其中,半无产

---

① 中共中央马克思恩格斯列宁斯大林著作编译局译:《列宁全集(第三十五卷)》,人民出版社 2017 年版,第 399 页。

阶级正是在与传统产业工会存在差异,但是又有诸多共性的群体。随着数字经济时代的到来,新就业形态领域不断成长的劳工力量,从学理上看使得社会中“半无产阶级”数量增加。中国工会与其他国家工会一样,面临全球化、私有化以及日益大量雇佣临时工、短工、替补工等带来的问题和挑战。

数字经济引领国家经济增长,包括零工在内的灵活就业人员数以亿计。中国人口数量大、人口密度高,使得数字经济时代的网络效应带来的规模经济大,可以说人口总体规模是数字经济时代新的红利。中国大城市数量多、人口密度高、网络效应大,比如在中国送外卖有规模效应,而在美国送外卖的收益和成本却难以匹配。在中国,新就业形态的激增同样对国家劳动治理的目标及其实现方式提出挑战。群团组织作为党与群众之间的“桥梁和纽带”,覆盖不到、覆盖不全的问题日益凸显。当前,新就业形态的工作时间灵活、工作场所分散,工种和行业迥异,需求不统一,难以采取一致行动,致使组织化程度低。在工会与国家的关系上,强化工会在国家治理中的中介性作用,连通政党国家与职工群众,整合新社会组织与新职业群体,工会对社会主义国家建设的政治意义将更多体现于治理实践①。从关系的视角来看,个人与组织之间的联系构成了社会的核心②,将个人利益捆包在一起,使国家机构能够有效地与他们联系。新就业形态下国家对工会的要求,是希望对不同业态劳动者都能够实现有效动员,而劳动者则期待通过工会与国家政权建立关联“渠道”,并能够将自身需求上传下达。

① 刘佳:《“工会再造”与马克思主义工会学说中国化》,《现代哲学》2020 年第 1 期。

② Huntington Samuel. Political Order in Changing Society. New Heaven: Yale University Press, 1986.

二、中国工会的功能定位

(一)中国工会功能的学理

自新中国建立伊始,全国总工会就已完全被整合进入正式的党政体系,成为党的核心组织机构之一。按照党的组织机构设计,全国总工会主席、副主席以及工会党组核心成员都是党的核心班子成员。同样,各级地方工会也被整合进入到各级党政机构当中,各级地方工会领导人也是同级党政班子的核心成员。所以,这种性质的工会组织应该称为“工会官方组织”(union bureaucracies)。政党在经济组织中的功能是思想引领和对基层工会“党性”的控制。在市场化经济下,党和国家以法律形式给予工会维护和代表职工的权利,但对其政治性的要求没有变化①。中国共产党将工人阶级政治权利整体性授予中华全国总工会,使全国总工会既能以党和国家委托代表人的身份,亦能以职工群众利益代表者的身份与资方进行谈判,从而获得管控劳资冲突与矛盾的治理职能②。

研究者对于社会主义国家工会的功能有一个较为普遍接受的认知,即“古典二元论”。陈峰在分析中国工会的实际地位时就视中国工会具有双重身份,既有国家属性又有社团性质。也有学者提出在中国现行的劳工治理体制中,中国工会必须同时实现政治控制和联系工人阶级两种功能。③ “二元论”对本书分析中国工会的功能仍具有启发意义。工会生而具有性质争议,

① 张�硕:《当代中国劳动制度变化与工会功能的转变》,河北大学出版社 2004 年版,第 137 页。

② 汪仕凯:《国家发展战略下的新工人:集体行动与权力意识》,《广东社会科学》2017 年第 2 期,第 193—201 页。

③ 汪仕凯:《中国劳工治理体制的转型与困境》,《国家治理评论》2017 年第 21 期。

为了获取更多的合法性,任何工会都是同时存在公共利益和集体利益双重使命的。在社会主义制度下,工会与党的关系更为密切,导致中国工会的公共利益使命与党和国家意志高度一致,即国家劳工治理政策与中国工会的公共利益目标合二为一。工会与政党"协同动作"地工作缘于二者的相互需要:工会产生直接利益,吸引许多平时对政治漠不关心的人参加政治运动;同时,政治行动的一致性把平时相互隔绝的工会团结起来,保证它们相互支援。① 有学者提出,在中国共产党领导下中国工会进入国家政权体系,成为党治国理政的经常性、基础性工作,以此实现马克思主义工会学说的中国化,这一过程规避了资本主义体制下工会狭隘的经济利益社团属性②。

列宁认为,工人群众自身是无法产生自己的阶级意识即社会主义的,工人群众最多只能产生工联主义。因为工人阶级的阶级意识不是仅仅从生产关系中产生的,而是必须从一切阶级与国家的关系中、从一切阶级的相互关系中才能形成,所以工人阶级的阶级意识也就是只能从工人阶级所处的生产关系外面灌输给工人阶级。这就意味着共产党必须分派自己的队伍到工人群众中去,积极地对工人群众进行整治教育,发展工人群众的阶级意识。"党联系职工群众"的功能实现,主要体现在对劳工群体的组织和思想上的教育引导。列宁提出和论证了社会主义时期工会运动的理论,认为共产党依靠工会联系、说服(或教育)、组织劳工群体并输送干部和人才,促使劳工群体学习并实际参与管理国家政权,"没有一些把先锋队和先进阶级群众、把它和劳动群众连接起来的'传动装置',就不能实现专政"。③ 从制度

① 中共中央马克思恩格斯列宁斯大林著作编译局译:《马克思恩格斯全集》,人民出版社 2006 年版,第 19 卷,第 138—139 页。

② 刘佳:《"工会再造"与马克思主义工会学说中国化》,《现代哲学》2020 年第 1 期。

③ 冯同庆:《马克思主义工会思想史》,中国工人出版社 1993 年版,第 175—176 页。

设计上看,社会主义国家工会是党和群众之间的“连接器”,但其任务就是通过党员的先锋作用和教育工作,把党的要求和工人群众的要求结合起来,把国家与职工群众不一致的利益诉求变成一致。

工会在社会主义制度下与国家政权之间有一种天然的亲和。对于工会与社会主义国家政权的关系,列宁认为“工会正在成为并且应当成为国家的组织,它首先担负着根据社会主义原则改造整个经济生活的责任”①。在中国,工运事业是党的事业的重要组成部分,中国共产党对工会工作的定位是党治国理政的经常性、基础性工作。中国工会明确了自身作为职工权益的代表者和维护者的角色,其职责结构朝向维护和服务职工转变,但更强调要回归和发展本土化的党政主导的社会化维护和服务模式②。在中国共产党的领导下,中国工会进入国家政权体系,反映了马克思主义工会学说中国化③。因此,中国工会的功能实现更多是遵从国家治理逻辑,并非完全放在社会治理框架下思考。

(二)中国工会功能拓展的谱系

在市场经济改革后,我国经济社会所有制结构发生了巨大变化:一方面,私营和外资经济的兴起,吸纳了大量的社会就业,这些就业于非公有制企业的打工者已成为产业工人的重要组成部分;另一方面,个体经济的兴起意味着个体户也可以通过自己的劳动收入为生。中国工会逐步显现在劳工领域的国家建设功

---

① 中共中央马克思恩格斯列宁斯大林著作编译局译:《列宁全集(第三十四卷)》,人民出版社 1985 年版,第 146 页。

② 吴建平:《中国工会研究 40 年——对国内工会研究基本脉络与特点的评述》,《中国劳动关系学院学报》2018 年第 5 期。

③ 刘佳:《“工会再造”与马克思主义工会学说中国化》,《现代哲学》2020 年第 1 期。

能。中国市场经济改革在一定程度上助长了国家与市场之间“社会”的衍生，而在这个领域国家和社会尚在磨合，很多学者认为国家会通过构建一些组织实现行政吸纳。任何国家的现代发展计划都要创造出国家空间，从而使政府可以改造那些“被发展”的社会和经济。[①] 在中国，国家通过中介性的功能性组织对社会实施一种分类控制体系[②]。

“群众”天然具有与正式制度相疏离的秉性，要主动争取。在现代政治制度框架下，中国共产党的执政地位决定了党必然要走上科层制的道路，但是治理需要与群众开展协商，以弥补科层制的天然缺陷[③]。在中国的劳动领域，工会被党寄予期望成为争取群众的通道。奥罗姆（Orum）和格拉姆利克（Gramlich）认为，城市中最重要的政界人士与经济界人士构成了城市联盟，而街坊邻里组织、当地的民间协会、工会是城市联盟与其市民之间沟通的中介要素。[④] 康晓光认为，除了行业性的功能性组织以外，在街镇之下的社区层面，由于较难建立起行业性的功能性组织，因此国家不得不通过建立一种地域性的功能替代组织进行治理，这就是城市社区居民委员会。居委会与工、青、妇、科协等行业性功能替代组织一起，共同构成了国家治理社会的全覆盖的行政吸纳机制。[⑤] 妇联、共青团等群体组织其工作侧重思想引领，主要侧重在思想上与群众建立联系。工会与之不同，在

---

① [美]詹姆斯·C. 斯科特：《国家的视角》，王晓毅译，社会科学文献出版社 2004 年版，第 249 页。

② 康晓光，韩恒：《分类控制：当前中国大陆国家与社会关系研究》，《开放时代》2008 年第 2 期。

③ 曹沛霖：《制度的逻辑》，上海人民出版社 2019 年版，第 310 页。

④ Anthony M. Orum and James Gramlich. Civic Capital and the Construction (and Reconstruction) of Cities. Colloqui: Cornell Journal of Planning and Urban Issues, XIV, 1999, pp. 45 - 54

⑤ 康晓光：《分类控制：当代中国大陆国家与社会关系研究》，《开放时代》2008 年第 2 期。

市场经济改革后新生的劳动社会领域,需要建立大量基层组织,承担起"组织起来"的任务。

在经济体制经历市场化转型之后,中国开启社会重构:国家权力改变了过去对社会的控制和动员方式,从由国家力量构建起来的基层社会秩序结构转变为以国家的规范性权力为主,并且以非规范性权力以及基层社会规范为辅的秩序形态和组织形式。而在劳动领域,国家试图建立这样一种结构:由工会来替代劳工群体中的非规范性权力,并以此为纽带与国家建立联系,以便使它们的间接控制得以持续。在国家规范性权力产生作用的体制内,劳动者与国家权力之间拥有组织关联并产生对体制的政治认同;相反,则会削弱劳动者对体制的政治认同。在市场经济体制下,"体制外"大量的社会个体失去了拥有组织渠道连接国家体系的结构身份,他们构成了中国社会转型与社会主要矛盾转化而形成的"新群众"①。在现代国家建设中,工会首先是进入中国共产党的组织体系,与工人阶级先锋队形成政治革命联盟;其次,与妇联、共青团、农会等群众团体共同编织成覆盖社会各阶层、各职业、各领域的组织网络,实现政党对社会成员的全方位整合。

无论是工业化发展导致的劳工群体规模扩大,还是城市化进程所带来的劳动人口转移,都会产生强大的新生劳工群体。他们通过单位制被吸纳到国家体系之中,就不会是独立于国家体系的社会阶级,相反他们是与其他职业群体一起构成"工人阶级"而与国家体系同一化②。党期待以改革中国工会的方式重

① 汪仕凯:《"新群众"和"老传统":新时代中国共产党治国理政中的群众路线》,《探索》2020 年第 2 期。

② 黄宗智:《中国的"公共领域"与"市民社会"》,程农译,载邓正来、亚历山大主编:《国家与市民社会》,中央编译出版社 1998 年版。

新将工人阶级组织到国家设定的轨道上来[①]。党和国家逐步赋予工会以公共管理的职能,并促使把这样的组织引进决策领域,实行广泛的政策授权并制度化。通过合作,工会以这样的方式承担公共管理职能,政府直接提高了工会的影响,增强了工会的公共效能,因此,也就提高了工会在"职工群众"中的合法性,进而鼓励其成长。[②]

中国工会的成员广泛性决定了凝聚成强有力的集体利益目标是非常困难的,如果能够很好地实现公共利益目标,则有利于其提升在劳工群体中的影响力。对中国工会而言,广泛联系全体劳动者更符合工会的理性选择逻辑。《中国工会章程》开篇写道,中国工会"是党联系职工群众的桥梁和纽带,是国家政权的重要社会支柱,是会员和职工利益的代表"。中国工会对国家政权的支持,或者说实现政治控制的功能,不是双重使命目标直接作用的结果,而是使命漂移的外在表现。有学者认为工青妇等政治组织已经突出行政化特点,或者说某种意义上已经转变为行政性组织[③],也就是说是国家政权建设的一部分。从使命价值的视角来看,中国工会的国家建设功能缘于其内生使命价值的叠加,其表现只是其被生产出来之后的副产品。

(三)新就业形态下工会功能因应

工会密度即工会会员人数与国内就业总人数之比,是衡量工会力量的重要指标。中国工会一直非常重视基层组织数量和会员人数,这是工会与党"协同动作"的基础。1957 年中国工会八大对工会组织原则做了两项重大修改,其中一项是将新中国

---

① 汪仕凯:《中国劳工治理体制的转型与困境》,《国家治理评论》2017 年第 21 期。

② 斯图尔特·怀特:《自由主义国家中的工联主义》,王雪梅译,载《结社:理论与实践》,吴玉章,毕小青等译,三联书店 2006 年版,第 284 页。

③ 储建国:《当代中国行政吸纳体系形成及其扩展与转向》,《福建行政学院学报》2010 年第 2 期。

成立前按照产业组织工会的原则,修改为按照产业和地区相结合的原则。作出这样修改的原因之一就是为了与党和国家的领导体制相一致。[①] 中国工会八大以后,中国施行以地方为主、产地结合的一元工会体制,产业工会经过几次起落,在组织规模和影响力上远逊于按照行政区划在省市县区建立的地方工会。

受革命战争时期“三人团”企业领导体制影响[②]和 1950 年工会法对工会基层组织的规定,整个计划经济年代的中国工会没有基层建设的压力。中国工会依托体制优势,在组织规模和工会会员人数上有较大的稳定性。但是,中国工会的会员人数远没有想象的乐观。考虑到 1978 年以来中国城市化进程的提速,工业人口基数增大,2000 年之前中国工会密度处于较低位置。

20 世纪 70 年代末,中国开始了经济体制改革,大量劳动力人口从农村转移到城市,非公有制企业占经济体数量逐渐增多。按照全国总工会政策研究人员的观点,让工人自发组织甚至是非法组织乘虚而入,吸引工人参加,这将是一个大的灾难。[③]

中国工会在“体制内”公有制经济中有着丰厚的基层组织资源。但是,在“体制外”的非公有制经济,为了保持较高的工会密度和完成“党联系职工的桥梁和纽带”的功能,中国工会在 2000 年左右开始启动大规模的基层组织建设,在非公有制企业职工和进城务工人员中组建工会,防范工会会员大量流失。至 2003

---

① 李玉赋:《新编中国工人运动史(修订版)》,中国工人出版社 2020 年版,第 415 页。

② “三人团”是 20 世纪 30 年代中国共产党建立革命根据地时期执行的企业民主管理制度,成员是由“厂长、党支部书记和工会委员长”三人组成,同时也进一步规定了“三人团”的职责范围和具体任务,那就是“实行经济核算、建立生产讨论会、完成生产计划和降低成本”。

③ 陈骥:《改革中的工会和工会的改革》,中国工人出版社 1999 年版,第 145—146 页。

年6月,全国工会基层组织数累计达到171.25万个,发展工会会员累计13397.77万人,均创历史之最。之后,2003年12月,全总十四届三次主席团(扩大)会议明确了2004年工会工作的指导思想和两方面的重点工作,即"组织起来、切实维权"的工作方针。2004年2月全国总工会召开大调研部署会议,关于非公有制经济单位和进城务工人员工会组建工作更加清晰化和准确化。

全国总工会及各级地方工会通常将基层工会委员会的成立数量作为对下级工会考核的重要指标(表3-1)。劳动者人数超过100人的企业被定义为规模型企业,作为工会增建的重点。2011年1月全国总工会出台《2011—2013年推动企业普遍建立工会组织工作规划》,要求至2013年底全国企业法人建会率达到90%以上。[①]

表3-1　中国工会密度(1980—2020)

年份	就业人数(万人)	工会会员数(万人)	工会密度
1980	42361	7448.2	17.58%
1985	49873	9643	19.34%
1990	64749	11156.9	17.23%
1995	68065	11321.4	16.63%
2000	72085	11472.1	15.91%
2005	75825	15985.3	21.08%
2010	76105	25345.4	33.30%
2015	77451	30707.6	39.65%
2020	75064	27189.8	36.22%

数据来源:根据2021年《中国统计年鉴》相关数据整理

① 中华全国总工会:《2011—2013年推动企业普遍建立工会组织工作规划》(总工发〔2011〕3号),2011年1月18日。

中国工会经历了几次大规模建会行动,工会密度激增,工会系统对建会指标落实了层层考核机制。基层治理本质上是社会秩序形成的问题,其中有两种存在相对区别的方式,即社会自发形成秩序和国家为社会订立规则,权威国家的社会治理显然属于后者。在市场经济下,劳动力和生产资料的结合方式灵活多样且复杂多变,不同劳动者与同一生产资料所有者的结合方式可能存在差异,表现为用工与就业模式多样化。随着市场经济体制在中国的建立,劳动力市场逐步形成,多样化就业模式开始显现。其间,中国工会遭遇了组织建设的压力。

21 世纪初,正规就业劳动者即法人单位工作的人群是劳工群体的主体部分。因此,在相当长的一段时间里,中国工会的体制外增建是围绕外资、民营等非公有制企业开展的,将农民工视为非正规就业的劳动者,没有看作是自己的维护对象。有学者指出,在当时,中国工会不仅没有给予他们应有的关心,还随意损害他们的利益,尤其是他们在就业方面的利益[①]。但是,在农村工业化过程中,在产业比较利益和地区比较利益的驱动下,从传统农村农业转移出来,从事非农产业并以工资收入为基本生活来源的劳动者[②],也就是长期为学术界所讨论的农民工群体,在改革开放以来的快速工业化进程中进入工业生产领域,成为产业工人但尚未获得城市户籍,其规模已经远远超过传统产业工人,成为工人阶级的主体部分。[③] 如果中国工会依旧回避农

① 石云:《非正规就业的发展与工会运动的变革》,《工会理论与实践》2003 年 4 月第 2 期。

② 沈琴琴,高爱娣:《农村工业化以来新兴工人阶级的发展状况》,《工会理论研究》2006 年第 1 期。

③ 汪仕凯:《国家发展战略下的新工人:集体行动与权利意识》,《广东社会科学》2017 年第 2 期。

民工加入工会问题,这不仅在理论上与工会的性质相违背,而且在实践上也不利于工会的生存和发展①。

2003年全国总工会下发《关于切实做好维护进城务工人员合法权益工作的通知》,该通知要求各级工会把“维护进城务工人员合法权益作为工会的一项重要工作”,同时要求“凡与用人单位建立劳动关系(含实事劳动关系)的职工,不论其户籍是否在本地区或工作时间长短,都有依法组织和参加工会的权利”。在具体的组织策略上,公有制企业工会不得拒绝农民工入会,非公有制企业特别是农民工较多的企业要尽快建立工会组织。由此可见,组织农民工的主要责任在用工单位。2005年国家劳动和社会保障部出台《关于确立劳动关系有关事项的通知》,规定“建筑施工、矿山企业等用人单位将工程(业务)或经营权发包给不具备用工主体资格的组织或自然人,对该组织或自然人招用的劳动者,由具备用工主体资格的发包方承担用工主体责任”。2008年《中华人民共和国劳动合同法》正式颁布实施。国家法律将农民工劳动保护的责任同样归属于用工单位,这也助力中国工会在组织农民工入会的策略起效。之后,在劳务派遣工问题上,中国工会采用同样的策略。依据2009年全国总工会《关于组织劳务派遣工入会的规定》,劳务派遣工首先选择加入劳务派遣单位工会;劳务派遣单位没有建立基层组织的,劳务派遣工直接参加用工单位工会。

过去人们还在追求持续性的稳定工作,而现在越来越多的人渴望弹性工时,甚至自主创业。数字经济是继农业经济、工业经济之后的一种新的经济社会发展形态,对劳动就业的影响更为显著,形成一支极具规模的新就业形态大军。2015年中央党

① 石云:《非正规就业的发展与工会运动的变革》,《工会理论与实践》2003年4月第2期。

的群团会议揭开了工会、共青团、妇联等群团组织的改革序幕。依据《中国工会章程》,新就业形态类属于非正规就业,在会员资格条件上存有瑕疵,并非工会发展会员的合规目标群体。中国工会在改革伊始却瞄准了新就业形态的工会建设,在《2014年全国总工会关于新形势下加强基层工会建设的意见》中提出,对"在非公有制企业职工和进城务工人员中组建工会"的既行增建策略进行了调整。然而,全球化的盛行与数字经济的兴起,传统的标准劳动关系在减少,无组织关联的非正规就业者数量快速增加,从就业规模和发展趋势来看,未来新就业形态或将替代传统就业,成为中国主流就业模式。新就业形态背景下工会如何增建以实现其使命与担当,对中国工会而言是又一次挑战。

三、"中心-外围"结构与工会建设路径

在中国,国家政权对于"小共同体"选择了分类控制的治理原则,并且根据自身利益建立起一套对不同社会组织实施不同控制的策略。经历过市场化转型后,中国的劳工领域基于群体分化形成了"中心-外围"的分层控制策略。在计划经济年代,国家与劳动者之间是基于"单位制"的行政关系;改革开放以后,"街居制"替代"单位制"成为社会治理的另一种空间治理的制度选择。当下的中国劳工治理体制中,"单位制"和"街居制"同时存在、相互影响、相互嵌入,二者在治理机制上构成一种独特的"中心-外围"良性互动关系①。

如图3-3所示,劳工分层控制的"中心",是指以公有制经济为主体,包含机关、事业单位内的"体制内"劳动者。与之相对,"外围"则是指"体制外"劳动者,这些人员是在市场经济改革

① 李威利:《新单位制:当代中国基层治理结构中的节点政治》,《学术月刊》2019年第8期。

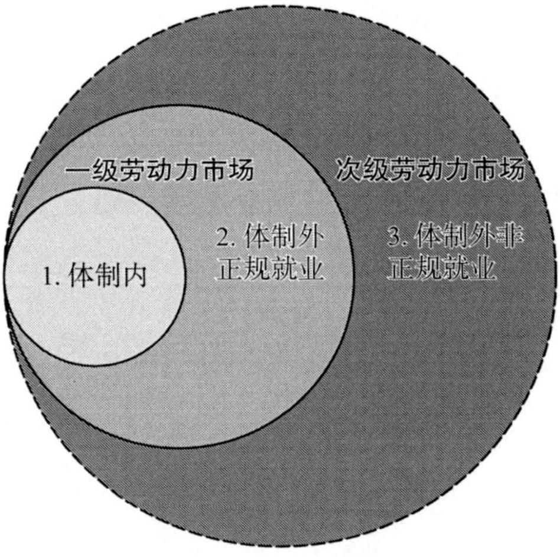

图 3－3　中国劳工分层控制结构

后新生的经济组织、社会组织的就业人员以及大量的非正规就业人员。学界通常将劳动力市场分为两个部分：一级劳动力市场(primary labor market)即核心部分，由具有长期雇佣关系且影响企业发展前景的全时员工组成；次级劳动力市场(secondary labor market)即市场边缘(periphery)，由技术含量低、替代性强、流动性高的岗位的全时员工，以及部分工时、定期合同工、派遣工和转包工组成。[①] 各国政府以及包括国际劳工组织在内的国际性劳动组织，都希望通过提高正规就业的占比解决公平问题。在中国，“中心-外围”劳工分层与劳动力市场二级结构交融，体制内的劳动者和体制外非公有制经济构成一级劳动力市场，次级劳动力市场主要是非正规就业的劳动者。因此，在分层控制的“外围”，“体制外”劳工群体又分为两类：第二层级的“体制外”一级劳动力市场即非公有制经济中正规就业劳工群体和第三层级的“体制外”次级劳动力市场即非正规经济的

① 汪仕凯：《全球劳工治理：议题、机制与挑战》，《世界经济与政治》2015 年第 8 期。

就业劳工群体。

20世纪90年代中期以前,“单位制”是社会整合得到维系的基本原因。单位不是自发成立的“民主”机构,是公共组织承认的正式“办事”方,对其成员负有全面“责任”。劳动者有单位意味着有制度渠道与国家政权关联,又在很大程度上有利于个人权益的实现。单位广泛的覆盖性及其在个体和国家之间的中介联结地位,是国家“整合能力”存在的结构性基础。“单位制”成功“消解”了社会冲突进入(单位以外)公共领域的动力,即使在国家层面发生政治动荡时期,比如“文革”时期,基层秩序的治理机能也没有全面瓦解,这正是由于“单位制”的作用大体存在。

20世纪90年代中期以来,有两项社会变迁推动劳工与国家的关系发生新变化。一次是在城乡之间广泛发生的社会流动,离开典型“单位”的人数日增,劳工治理结构的“外围”从无到有,再到规模化。中国社会第二次社会变迁正是在当下,基于合约同意与资源交换展开合作,呈现出职业类型、就业形态多元化发展。

在“中心-外围”分层控制体系中,国家与劳动者之间的“单位制”在第一层级的“中心”仍然有效。“单位制”具有更强的组织化特征,国家在“体制内”公有制经济的社会整合仍然通过各类组织化的影响方式展开。国家可以通过各类公有制经济法人单位,特别是通过公有制经济法人单位中的政治组织对其职工群众(劳动者)施加影响。

第二层次虽然处于分层控制“外围”的经济组织,独立于政权体系,与公共部门不存在单位那种上下隶属关系,也不享有这种组织关联带来的资源分配特权,但是在“外围”的一级市场,使用正规就业的经济体、社会体把承担“政府代理义务”的多寡作为向其靠拢的表现。游正林基于浙江诸暨的调查,提出国家直接干预私营企业的劳动关系并且在私营企业中形成了“类单位制”的体制。卡琳娜-芭芭拉·法兰西斯在研究北京海淀区高科技行业时,强调了组织制度的继承性①。她的研究发现海淀区高科技企业在企业福利、人际关系,以及对企业依赖等方面“再生”了中国单位制度的特征,政府将其管理控制的机制赋予私有企业的管理人员并将原有机制延伸于私营企业。“在不少私营企业,尤其是那些规模较大的制造企业,已具备了类似单位性质的特征”②,换而言之,在“外围”的正规就业中,“单位制”部分奏效。虽然国家与“体制外”经济体、社会体之间的关系不会完全复制高度一元化的单位制,但体现了这些组织对国家意志的迎合以及对国家政权的顺从。

对第三层级的非正规就业劳工的整合,街镇与居委会通过网格化治理在规模经济体以外发挥“兜底”责任。周黎安在考察中国基层分权治理的研究中,提出“行政发包制”③,街居等基层政权是行政发包制末梢的承接者。康晓光认为,在街镇之下的社区层面,由于较难建立起行业性的功能性组织,国家不得不通过建立一种地域性的功能替代组织进行治理④。街镇与居委会通过网格化治理将非正规就业者囊括进来,并成为他们与国家政权组织关联的制度通道。

“兜底”是劳工治理退而求其次的选择,这种治理方式的本质是一种空间治理,与组织化方式相比,空间治理的效能比较低,即便在新经济组织和新社会组织等体制外单位中,国家通过

---

① Corinna-Barbara. Reproduction of Danwei Institutional Features in the Context of China's Market Economy: The Case of Haidian District's Hitechsector. The China Quarterly, 147,1996.

② 游正林:《私营企业“类单位化”:党和政府软性调控劳资关系的一种综合性后果》,《学海》2015 年第 1 期。

③ 周黎安:《行政发包制》,《社会》2014 年第 6 期。

④ 康晓光:《分类控制:当代中国大陆国家与社会关系研究》,《开放时代》2008 年第 2 期。

组织化方式进行治理的机会和能力也仍然比空间治理要强得多。数字经济下新就业形态从业者人数爆发式增长,第三层级的"体制外"次级劳动力市场不断壮大。非正规就业正逐步从就业人数、经济体量诸多方面取代正规就业的主体地位,与原有的"中心-外围"结构相比,在经济体数量和就业规模上有演化为"中心"与"外围"倒挂的趋势,这大大加重了街镇与居委"兜底"的压力,凸显空间治理的劣势(图 3-4)。

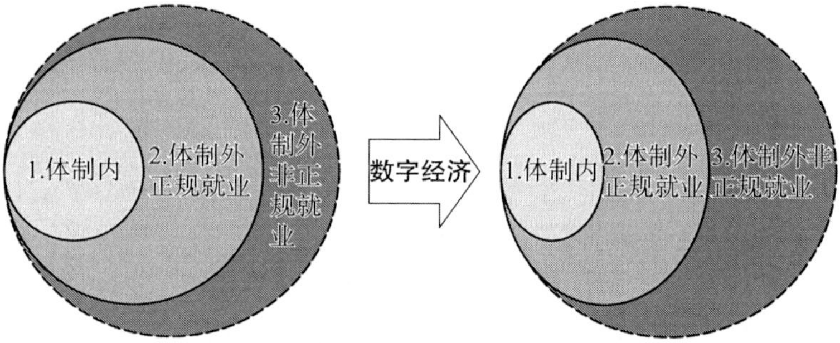

图 3-4 数字经济下中国劳工群体的结构变化

第四章
中国工会增建行动的策略选择

数字经济是中国经济发展的新引擎①,基于大数据技术及应用而产生的新就业形态不断涌现。中国是全球第二大数字经济体。在中国,以外卖送餐为代表的新就业形态满足了从业者时间自由、权衡工作与家庭、补充家庭收入等多方面的需求,已成为社会就业的重要组成部分,由此而形成一支极具规模的从业者队伍。与此同时,新就业形态因用工形式新颖、收入水平较高、劳动争议高发,而屡屡成为舆论焦点,从业者组织和加入工会在中国已然成为劳动领域不可回避的话题。

中国工会对新就业形态的关注由来已久,2015 年 7 月党的中央群团工作会议召开,要求工会等群团组织向“新兴群体”延伸组织体系,全国总工会作为试点单位、上海作为试点地区,在工会改革方案中都将新就业形态列为增建工作的重要目标。2018 年 3 月全国总工会启动“八大群体”②入会行动,重点吸纳“三新”经济中的农民工群体,新就业形态建会行动开始成为中

---

① 王一鸣:《数字经济启动发展新引擎(新论)》,《人民日报》2020 年 07 月 28 日 05 版。

② 人民日报:《全国总工会将推动快递员等八大群体入会》,http://politics.people.com.cn/n1/2018/0411/c1001-29917885.html,2018 年 4 月 11 日访问。

国工会的重点工作。经历外卖骑手“系统之困”舆情事件后，2021 年 3 月工会界别向全国政协十三届四次会议提交《关于加强对新就业形态劳动者权益保障的建议》，建议从完善立法、加强监管、行业自律三个方面保障其权益①。2021 年 7 月人社部、全国总工会等八部门共同出台《关于维护新就业形态劳动者劳动保障权益的指导意见》②，对新就业形态劳动者的劳动报酬、合理休息、社会保险、劳动安全等方面权益提出明确要求，这标志着国家开始立法规范平台用工关系。2021 年 9 月全国总工会出台《关于推进新就业形态劳动者入会工作的若干意见（试行）》③，并指出加强以覆盖新就业形态劳动者为主的行业工会联合会建设，作为吸收新就业形态劳动者入会和管理服务的重要载体。2021 年 12 月，十三届全国人大常委会第三十二次会议通过了关于修改《中华人民共和国工会法》的决定。修改后的工会法的第三条增加一款规定：“工会适应企业组织形式、职工队伍结构、劳动关系、就业形态等方面的发展变化，依法维护劳动者参加和组织工会的权利。”该规定明确了新就业形态劳动者参加和组织工会的权利，为工会组织新就业形态劳动者建会入会提供了坚强的法律保障。2022 年 11 月全国总工会下发《关于深入推进“兜底建”工作的指导意见》，要求各级工会以实现“兜得住、兜得牢、兜得好”为目标，推行“重点建、行业建、兜底

---

① 郝赫：《全国政协总工会界别提交界别提案，聚焦新就业形态劳动者权益保障》，http://acftu.people.com.cn/n1/2021/0305/c67583-32043675.html，2021 年 3 月 5 日访问。

② 人社部等：《关于维护新就业形态劳动者劳动保障权益的指导意见》，http://www.mohrss.gov.cn//xxgk2020/fdzdgknr/zcfg/gfxwj/ldgx/202107/t20210722_419091.html，2021 年 7 月 22 日。

③ 全国总工会：《关于推进新就业形态劳动者入会工作的若干意见（试行）》，https://www.acftu.org/xwdt/ghyw/202109/t20210927_786441.html?7OkeOa4k=qAq8qarHgYYLMXYdvdo5rVeNxiKJsrBJ7Bh1LqsxS37qqtxci6RZqAqqxG，2021 年 9 月 27 日访问。

建”新就业形态劳动者建会入会模式。

上海作为特大型城市和经济先行地区，新就业形态对劳动社会的影响较早显现。上海作为群团改革的试点地区，最早启动增建行动，探索吸纳从业者加入工会，以图将新就业形态从业者组织化。上海工会在向新就业形态组织延伸之初，同样存在群体对象不清晰的问题，采用“企业体制外职工”“两非一无”①等概念，将尚未加入工会组织体系的所有劳动者都纳入行动范围，借助政府力量对群体规模进行排摸。随着新就业形态从业者在灵活就业人员、非正规就业者群体中的比例不断提升，工会行动对象开始逐渐聚焦。2018 年上海两会期间，上海市总工会向政协提交了《加强新业态企业就业形态法律研究落实新型用工模式下职工权益保障》的提案②。上海工会在基层建设方面长期得到全国总工会的认可，有关新就业形态工会组建案例被作为样本推广。2021 年 9 月上海市总工会与九个部门联合出台《关于上海推进新就业形态劳动者入会和服务保障工作的指导意见》，旨在推进新就业形态劳动者权益保障③。工会的使命价值影响其行动策略的选择，上海工会在不同行业、不同资源下，对推进新就业形态工会成立，达到“建起来”的目标，所选择的行动策略呈现出多元化和权变性的特征。

---

① “两非一无”是上海市总工会的政策文件用词，指非正规就业、非标准劳动关系和无单独建工会的企业的职工。

② 上海市总工会:《规范新业态企业用工，保障灵活就业人员权益》，http://acftu.people.com.cn/n1/2018/0129/c81955-29792163.html，2018 年 1 月 29 日访问。

③ 上海市总工会:《关于上海推进新就业形态劳动者入会和服务保障工作的指导意见》，http://www.shzgh.org/zghimg/2021-09-27/pdf/65d8740ee7c04d01b92f9ba538beb4e3.pdf，2019 年 9 月 27 日访问。

第一节 学习策略:工会企业体制的改造与创新

数字经济带动传统行业转型升级,电商特别是网络购物的爆发式增长,大大促进了电商物流服务业的发展。与传统的邮政快递相比,电商物流服务业已然发生颠覆性变化,成为社会商品流通的重要渠道。电商物流服务业的兴起创造了大量就业机会,为农民工、传统过剩产业的人员转型服务业提供有效路径。以商品代理和配送为主要特征的电商物流,有效带动专业的电商仓储企业、专业的落地配送公司、小型合作配送门店等电商物流生态链的发展。长三角快递物流业发展迅猛,产业在上海青浦地区高度聚集。上海的快递企业普遍较早成立了工会组织,具有代表性的"三通一达"总部均有工会。随着数字经济时代的到来,原来的"三通一达"纷纷实现从传统物流公司向物流网络平台转型。基于前期工会基础,在新就业形态增建行动伊始,上海就选定青浦区快递行业作为新就业形态建会的"突破口"。2017 年 4 月,上海市青浦区快递物流行业工会成立。

一、学习与转化:早期酝酿和策略选择

(一)建会早期酝酿过程

快递物流业深受数字经济影响,成为国内增长最快的现代服务业之一。国家邮政局数据显示,2015 年全国快递服务企业业务量累计完成 206.7 亿件,同比增长 48%,业务收入在 GDP 中占比为 0.41%。在行业大发展的背景下,快递物流行业的劳工数量快速增长。依据互联网发布的行业研究报告,2016 年全国电商物流从业人员总数达 203 万人,5 年间从业人员增

长3.4倍[①]。2018年全国总工会在《推进货车司机等群体入会工作方案》中将“快递员”作为新就业形态代表性职业之一。2018年中国国防邮电工会与国家邮政局、中国快递协会召开联系会议，推进快递企业工会组建。虽然多家知名快递公司都已在其总部成立企业工会，但由于业务分包、转包等经营方式在快递行业被广泛使用，快递行业加盟店（门店、网点）的建会率不高，不具备标准劳动关系的快递员大都游离于工会组织之外。这些快递劳工是新就业形态增建行动的重点群体。

根据国家邮政局公布的2019年邮政行业运行情况，上海在全国快递业务量城市排名中位居第四，业务收入位居全国第一[②]。同时，快递物流业在上海有着较为鲜明的区域聚集效应。早在2016年，青浦区就成功创建“全国快递行业转型发展示范区”，国内60%以上的品牌快递物流企业的全国或区域总部（全国总部7家、区域总部4家）落户青浦。此外，区内还有业务经营许可加盟店、快递网点62家，快递从业人员近1.5万人。2017年，青浦的快递业务收入占全市行业总收入的70.8%，占全国的12.4%。全国共有7家快递物流企业实现上市，其中5家总部归属青浦。除了基于产业集聚的考量，青浦区在快递物流业还具备较好的组织基础。早于此次增建行动，多家快递企业在青浦区已成立工会组织。2008年圆通总部工会、申通总部工会率先成立，2009年中通总部工会成立，2011年韵达总部成立工会。这标志着具有代表性的“三通一达”总部全部建立工会。因此，在上海组建快递物流行业工会首选在青浦区。

① 央广网：《电商物流从业人员研究报告出炉 人才储备和基础设施配套亟待解决》，http://finance.cnr.cn/jjgd/20160505/t20160505_522072197.shtml，2016年5月5日访问。

② 国家邮政局：《2019年邮政行业运行情况》，http://www.gov.cn/xinwen/2020-01/16/content_5469617.htm，2020年1月16日访问。

(二) 快递物流业的用工模式

快递物流业用工模式与企业经营模式高度相关,各快递公司的运营模式各不相同。有的快递公司为全部直营,有的为加盟和直营兼备,也有部分快递公司实行完全的加盟体制。电商物流服务从业者主要分为一线人员(包括站点快递员、站点仓库操作人员、基层管理人员)、二线人员(包括仓库分拣人员、客服人员、货运司机)、三线总部职能人员。一线和二线人员中又有公司员工、加盟商员工、众包工之分。通常来讲,直营公司的一线员工是与公司签订劳务合同,加盟公司的一线员工与加盟商签订劳务合同;运转中心和仓库等生态链企业同样是直营公司和加盟公司共存,二线人员与一线人员用工情况雷同;三线总部人员与公司建立标准劳动关系员工。每个快递公司规定加盟商所负责的工作内容也不尽相同。在主流快递公司中,除顺丰、京东物流、EMS 等网点全部属于直营模式外,德邦快递、极兔速运在核心城市、核心环节采取直营的混合模式,其他快递公司以品牌加盟的经营模式为主。加盟商会对超额业务量进行分包转包,进而又因业务衍生出承包承揽的企业或者个体劳动者。当生态链监管不到位时,可能会出现个人承包委托经营的快递网点,这本质上属于无证经营。品牌加盟模式下的快递业用工较为松散,多为非正规就业,存在与标准劳动关系捆绑的社会保险福利缺失问题。当地工会干部在谈到自己走访快递站点的经验时说:“假设某个加盟店签劳动合同的人员有 20 人,实际快递员可能达 60 人。这 40 个没有签劳动合同的快递员,实际是这 20 名在册员工将业务量层层划分、转包后的业务承包人员,这种现象在加盟店十分普遍。”

(三) 建会策略:延续“企业体制”

中国工会对于“体制外”的增建都采用科层制的思路,即围绕企业建工会。组织严谨、制度规范的企业法人治理结构是一种强有力的组织化资本，中国工会希望将基层组织嵌入企业法人治理结构，借助科层制的力量，快速形成组织化劳动。企业内部至少有两种协调机制：一种是实现资源配置的价格机制；另外一种是依托科层制实现权力对资源的再配置机制。正如科斯所说，当“一个工人从Y部门流动到X部门，并不是因为相对价格的变化，而是因为有人命令他这样做”时，就区分出了企业①。2006年全国总工会颁布的《企业工会工作条例》第四条规定，企业工会贯彻促进企业发展、维护职工权益的工作原则，协调企业劳动关系，推动建设和谐企业。从企业工会工作原则不难看出，在实践层面中国工会在制定基层组织规章制度中也尽量淡化自己的权利，将自己的角色定位为工作机构，其参与职能不是作为某一群体的利益代表，也不是作为监督力量，而是联系职工群众的桥梁纽带，目的就是为了更好地借助“组织化资本”实现国家建设的功能。而科层制的组织化偏好正是由于中国工会的双重使命强弱差异导致的。对于劳动力市场化初期出现的农民工、劳务派遣工等非正规就业群体，中国工会同样沿用了科层制的组织策略，将组织化责任放在用人单位工会。

上海工会在通过建立企业工会实现扩大组织密度方面，有着长期的探索。为适应在市场经济发展中国有和集体企业数量减少、外资和私营企业大量涌现的发展态势，20世纪90年代后期，全国总工会启动一场“建会运动”②，中国工会十三大提出“最大限度地把职工组织到工会中来”的要求。上海工会为实现对体制外企事业单位的广泛覆盖，使工会组织体系向外资、私营

① ［美］温特主编：《企业的性质：起源、演变与发展》，商务印书馆2010年版，第19页。

② 吴建平：《从企业参与治理到地方治理参与——从国家治理模式转变看中国工会组织与制度变革》，《学海》2011年第1期。

等非公经济、新兴经济领域拓展，自 20 世纪 90 年代中期开始，上海市总工会就提出“哪里有企业、哪里有职工，哪里就应有工会组织”的口号，发动各级工会以外商投资企业、私营企业为重点，大力推进非公企业工会组建。2003 年全国总工会确定了关于非公有制经济单位和农民工的工会组建工作，提出“组织起来，切实维权”的口号。各地工会开始探讨适应农民工的工会组织模式：源头建会模式、项目建会模式、覆盖兜底模式①。上海工会在“组织起来，切实维权”的运动中，提出兼顾在国有及国有控股企业、外商投资企业、非公有制企业等各种类型经济形态中组建工会，发展会员。2010 年全国总工会在十五届四次执委会上向各级工会提出“两个普遍”的组织建设要求。在这场“建会运动”中，上海工会紧抓企业特别是规模型企业建会，致力成为全国表率。2014 年上海市总工会出台《关于推进实地实体型企业工会建设若干问题的意见》，将组建工会、夯实工作的重心集中在实地实体企业，即具有实际从业人员和经营地址的正常开业经营企业法人，以此作为加强基层工会建设最重要的阵地。

新就业形态增建行动与之前几次的建会行动，在行动目的方面并无质的区别，旨在提升从业者群体中的工会化程度。在快递物流业从业人员的用工性质方面，青浦区总工会持保守态度，承认相当一部分快递员属于数字经济下激发的新增非正规就业，但认为快递物流业看起来是一个新业态，其本质是劳动监管不到位或者说“违法”用工造成的。当时青浦区总工会对 62 家快递企业进行了从业人员的情况调查。快递平台企业总部和

① 源头建会模式，即在农民工外出打工之前，先组建工会再外出打工，或者已外出打工的农民工在自己的家乡所在地加入工会，例如当时涌现出的安徽信阳模式；项目建会模式，主要适用于建筑行业，以工程项目为单位和周期成立临时工会，例如上海滨江建设者之家；覆盖兜底模式，按照区域化党建思路，在楼宇、街道、社区、乡镇乃至行政村建立工会联合会，吸纳分散的农民工。

直营网店劳动用工相对规范，超过 85％的从业者与公司签订了劳动合同。基于对用工关系的判断，青浦区快递物流行业工会延续了农民工入会行动的工作模式。

二、学习与创新：快递物流行业工会的成立及运作

中国工会实行产业和地方相结合的组织领导原则，产业工会体系与各企事业单位和相关社会组织的工会之间是工作指导而非领导关系。新就业形态灵活化的用工模式与中国工会组织体制契合度较低，上海工会在增建过程中逐步探索，对新就业形态的工会架构进行了调整。青浦区总工会举全会之力，在原快递企业总工建会的基础上，快速突破快递企业、加盟店、门店网点企业建会和从业者入会。

（一）行业工会的成立路径

与其他新业态不同，快递物流业的蓬勃发展态势和人员聚集情况，在中国工会启动新就业形态增建行动之前就已被地方工会所关注，并且在部分快递品牌开展建会试点。2015 年 12 月，申通快递作为第一家，成立了上海片区工会联合会，探索以“网点属地建会、片区二次覆盖”的模式，推动旗下 36 家网点公司建立工会组织，全部覆盖各个网点公司快递员。

2017 年新就业形态增建行动启动后，青浦区总工会一位主要负责快递行业工会的工会干部认为增建是为了“完成对没有签订劳动关系的快递员的吸纳”，在建会路径上提出快递企业本身有工会组织，不应回避企业工会而另辟蹊径开展组建。正如他在访谈中所说：“2017 年成立这个工会联合会的时候，相当于快递公司已经建了工会，快递公司总部都有工(会)委(员会)，职工的入会率在(百分之)七八十左右，为什么要成立这个行业工会？因为当时最主要是要解决快递加盟店、网点的快递小哥入

会问题,也就是现在所说的新兴就业群体。”

基于上述判断,青浦区总工会分四步完成行业工会建设。第一步,通过召开机关全体干部和党组扩大会议的方式,将快递物流企业建会推进步骤和实现路径确定为重点工作,并明确改革启动、改革深化以及总结、持续推进三个阶段的时间节点和工作任务。第二步,青浦区总工会对区内快递业劳工状况进行全面摸底。为摸清家底,青浦区总工会发挥总部平台企业工会作用,并且主动联系邮政行业主管部门,获取了全区具有执业许可证的加盟公司基本信息。通过对比筛选,并经街镇总工会上门核实,青浦区总工会梳理形成了“快递物流企业加盟店(门店、网点)信息表”。第三步,区、街镇两级工会按照清单,推动快递企业成立工会。青浦区总工会区内11家快递物流企业的经营模式各不相同,直营、加盟并存,门店、网点遍布全国各地。其中,以顺丰为代表的直营企业,下属营业网点工会组织基本全覆盖,但由于员工流动性较大,入会率不是很高。以“三通一达”为代表的快递物流企业,其经营模式为网点独立法人加盟,总部与加盟店之间为松散型管理模式,在工会组建问题中无管辖权、各自为阵。区、街镇两级工会多次召开快递物流总部企业工会主席和加盟店负责人等座谈会,凝聚起成立快递物流行业工会的思想共识,努力完成平台公司总部、加盟店、门店网点等不同规模的快递企业建会。第四步,在此基础上区级成立行业工会联合会,实现对快递物流企业工会和会员的第二次组织覆盖。

(二) 行业工会的运作模式

在中国工会体制中,产业(行业)工会相比地方工会在功能上存在部分缺失,2016年全国总工会《关于深入推进产业工会工作创新发展的意见》列举了六项产业工会重点工作,但不包括会员管理与组织化。青浦区快递行业工会作为新就业形态的工会，在功能上延续且未突破传统的行业工会功能，即实现对业内企业工会和会员的"二次覆盖"。行业工会建立后，所覆盖企业工会的组织领导关系、经费拨缴关系和会员会籍关系保持不变。

1. 业务指导为主兼推组织建设

青浦区快递物流行业工会的成立，实现了中国工会组织体系在快递业工会的延伸，快速有效地提升了一线、二线快递从业者的工会化水平。按照全国总工会《关于加强和规范区域性、行业性工会联合会建设的意见》，在行业工会成立后，行业内的基层单位仍应当分别单独建立基层工会组织。快递行业工会提出"职工有需求、工会有能力、企业乐参与"的工作原则，由此可见快递行业工会没有突破既定的组织功能，企业体制工会而非行业工会是快递劳工工会化的主体。行业工会推动和指导本行业的企业成立工会、发展会员。在行业工会成立后的三年内，所辖的 11 家总部平台企业工会平均入会率近 70%，最高已达到 98%；在"信息表"的 62 家加盟店门店网点中，57 家实现单独建会或加入行业工联，加盟店建会率和职工入会率分别达到 91% 和 83%。加盟店、品牌网店中的非正规就业劳工通过加入综合分工会或社区、街面工会等路径，属地化实现其组织化权利，行业工会与管理非正规就业快递员的街镇综合分工会或社区、街面工会基于某项具体工作而合作，无任何组织领导关系。

2. 提供行业工会专属服务和奖励

行业工会精心设计"服务快递物流行业职工实事项目清单"：聚焦行业职工急难愁问题，在工会基层服务站、村（居）、服务窗口等建设一批"快递员驿站"，为穿梭在大街小巷、楼宇小区的快递小哥辟出一个歇脚的地方，为他们无偿提供茶水、医药箱、手机快充、应急雨衣等贴心服务；发挥"驿站"、工会法律援助工作中心（站）以及"网上工会"等各大载体作用，倾听呼声、反映诉求；举办快递行业技能大赛，快递员参加扫码和红酒包装等技能比武;组织快递员心理健康等方面的培训;送文艺演出、体育活动到快递业的企业工会;高温期间开展工会传统工作“送清凉”,走访快递物流企业、门店,慰问劳动者;工会会员服务卡、职工体检、职工疗休养等项目全面覆盖快递物流企业职工。2020年,青浦区总工会举办了首届“最美快递员”评选,由基层推荐、评选领导小组审核,最终10名一线快递员脱颖而出,通过活动让更多的快递员了解工会。

3. 促进行业劳动关系和谐稳定

青浦区快递物流行业工会从功能定位上说,除提供工会服务、技能提升、荣誉评选等工作外,还应推动建立行业劳动标准以及开展行业工资集体协商,履行工会维权职责。为此,青浦区快递物流行业工会在行业内宣传法律小常识、工会法律援助服务信息;调查行业不同工种职工的工资报酬、福利待遇等信息,研究快递行业劳工特殊利益,探索推进行业集体协商;联合区人社部门开展快递行业用工情况及对策措施的课题调研,为政府部门完善快递行业劳动用工政策提供依据。

三、学习策略的弊端与运行困境

(一) 创新不足,难以匹配新业态发展

中国工会在基层组织实行会员制,是以法人为单位建立基层组织,一个企业法人即成立一个工会,在无法人资格的企业派出机构,可设立分工会或工会小组作为最基本的工作单元。会员会籍按照全国总工会的解释是指工会会员资格,是否办理入会手续是建立会籍的评判依据。中国工会的地方组织不是作为组织的团体会员加入总体组织,而是作为地方的一级组织存在。[①] 青

① 何国祥:《全国性群团的性质,组织及其会员制的比较研究》,《企业科协》2005年第7期。

浦区快递物流行业工会以加盟店、网点、门店为基本单位建构工会小组，在街道（镇）的行政区域内建立具备行业特色的联合工会，由这些联合工会组合成立区（县）范围的行业工会联合会，其组织架构未显示出明显的创新。

技术对劳动的替代在电商物流业的发生发展较其他行业更加深刻。青浦区作为全国快递业发展的高地和市场风向标，区内各总部快递企业在信息化建设方面投入不断加大，信息化建设投入位居全国首位，积极开发核心信息系统，应用大数据服务、云服务平台服务等新兴科技，提升产业能级和经济效益。一些产业升级项目还获得国家、市、区各级财政的资金扶持。因产业升级而产生的新就业形态通常是基于业务的松散的人员联系，学习策略遵从工会传统组织模式并加以改造，但与新就业形态愈发灵活的用工模式相比略显不足。

（二）维权和行业协商功能受限

为切实推进快递行业规范健康转型发展，促进地方快递物流行业劳动关系的和谐稳定，2020 年 9 月青浦区快递物流行业劳动争议调解委员会成立。行业工会以此为契机，期待推进快递业集体协商制度、签订行业集体合同，但在该工作上遇到瓶颈问题。一是行业工会缺乏独立运作能力。行业工会委员会由快递企业（包含快递企业总部和加盟店）工会主席、地方工会的工会干部构成。该区级快递物流行业劳动争议调解委员会吸纳了地方工会干部而非快递行业工会的劳工精英。由于管理层内部缺乏劳工精英，维权和协商功能的实现在一定程度上依赖地方工会外部推动，这说明虽然行业工会“建起来”了，但未形成劳动组织化的合力。二是难以突破“组织化劳动 VS. 组织化资本”的工作惯性。区级行业工会代表行业职工作为职工协商主体，行业协会应该代表企业行政方的协商主体，而区域未建立快递行业协会,由于缺乏主体开展行业集体协商工作,难以进一步推进。上海市邮政管理局层面建有快递物流行业协会,而各区邮政管理局未设监管机构,只设片区派出机构。行业工会认为需要推动自己的"对手"区域成立快递行业协会,才能对行业协商有所突破。

第二节　协商策略:平台公司工会与资本组织化

新就业形态是一个数字经济时代阶段性的概念,虽然很难列举说明其概念外延,但是平台经济作为数字经济的一种代表性形态,依托互联网平台产生的就业属于新就业形态的观点被广为接受。为科学界定"三新"经济范围,2018 年国家统计局发布《新产业新业态新商业模式统计分类(2018)》并与《国民经济行业分类》建立对应关系,其中互联网平台(互联网+)作为其中一个大的统计分类,包括互联网生产服务平台、互联网生活服务平台、互联网科技创新平台、互联网公共服务平台和其他互联网平台等。平台就业多采用"平台+个人"的用工模式,与"用人单位+个人"的标准劳动关系有较大差异,这是新就业形态的典型样态。

城市完全为一个由商业利益而结成的利益集团所掌握,也不见得意味着它们一定会简单地采取一些用于促进增长和增进商业利益的措施。城市政治的实际过程会导致工商界领袖和其他一些团体之间的妥协和磋商①。在数字经济时代,大量服务业被互联网技术渗透、改造,通过平台提供服务的劳动者人数激

① Feagin R. Regime Politics: Governing Atlanta, 1946 - 1988. by Clarence N. Stone, Contemporary Sociology, 1990, pp. 409 - 410.

增，成为城市政治不可忽略的群体。餐饮行业的数字化转型滋生出网上送餐行业，并迅速发展为巨大的行业规模。上海是全国外卖经济最火热的城市之一。在上海，大量劳动者从事外卖送餐工作，上海屡居送餐员数量城市排名首位，美团和饿了么两大网上外卖品牌均在上海设有总部。2018 年美团外卖在沪注册骑手已超 15 万人①。上海工会在增建行动之初就瞄准网上外卖行业，在普陀区建立了全国第一家外卖送餐行业工会——普陀区外卖送餐行业工会联合会。

一、劳资对话与分歧：建会早期酝酿和策略选择

（一）建会早期酝酿过程

截至 2018 年 12 月，中国外卖送餐就业人口已达 300 多万人，市场覆盖扩至全国 1 300 多个城市，生产总值达到 4 000 万美元②。2017 年 8 月，市场保有量第三位的百度外卖被饿了么收购，至此网上外卖行业由“三分天下”变成为“二雄争霸”，形成了以美团和饿了么为主的两大主营网上外卖平台，中国网上外卖行业历经多轮洗牌和重组，市场经营趋于稳定。2017 年上海工会启动在新就业形态中建立基层组织的增建行动，要求每个区（县）至少成立一个新就业形态门类的行业工会。普陀区位于上海市中心城区的西北部，是网上外卖业务两大品牌之一——饿了么平台公司的实际运营地。

在此次增建行动伊始，普陀区就被确定为网约送餐员的建会和入会试点。中国工会的基层组织是设立在企业内部的，企业工会是中国工会最小的组织单位。出于对效益分配的对立

① 美团研究院：《城市新青年：2018 外卖骑手就业报告》，美团点评公司调研数据。

② CNNIC, Statistical reports on the Internet development in China, Beijing: CNNIC, 2018.

性,企业往往掣肘工会增建。由于饿了么平台公司与地方政府之间联系密切、关系良好,普陀区总工会选中网约送餐员试点。饿了么平台的实际运营公司为上海拉扎斯信息科技有限公司,2008年创设于上海,后又增设一个港资公司,即一个平台品牌由两个主体公司实际运营。上海拉扎斯信息科技有限公司作为新兴互联网企业,从创立之初就得到普陀区政府的重点扶持。政治安排的目的就是通过给予各阶层的精英人士以政治上的荣誉,甚至公共职位的方式,达到团结扩大更多同盟者的目的①。地方政府较早就给予该平台公司精英一定的政治安排,特别是2018年平台公司创始人张旭豪在普陀区当选政协上海市第十三届委员会委员。普陀区对于政府重点扶持的非公有制企业要求其党工团组织齐备。在中国工会改革的背景下,普陀区总工会得到地方党政的大力支持,该区委副书记曾多次带队到饿了么平台公司沟通设立党工团的基层组织问题。

一位历经此事的普陀区总工会干部回忆:"当时(饿了么平台公司)建会挺困难的。在区委领导的支持下,区总工会、文明办、社工委、人社局、市场监管局、科委、金融办、长风生态商务区从组团式服务入手,介绍人事人才服务、互联网企业发展扶持、金融并购、园区配套管理等相关政策和服务内容,开展企业工会组建、劳动用工管理、食品安全管理、文明城区创建等工作对接,分层分类对公司本部、送餐员进行调研。针对送餐行业现状,我们决定先成立上海拉扎斯信息科技有限公司工会,完成法人资格登记,开设独立账户。"2014年12月饿了么平台公司成立了党支部,2017年6月组建了平台公司工会,此时的工会会员为平台公司部分员工(在沪员工共有4000余人,其中工会会员

① 陈家喜:《改革时期中国民营企业家的政治影响》,重庆出版社2007年版,第66页。

100 多人)，但不涉及庞大的网约送餐员队伍。

(二)“平台+个人”劳动过程

平台化组织是一种松散的组织结构，打破了传统自上而下的层级结构，将权力分散到各个小团队或小组织与单个个体，[1]它们是独立经营与核算的最小经营主体。由于经济和人身依附特征逐步淡化，平台与劳工之间不再是传统雇主和雇员之间的劳动关系。

网上外卖是典型的“平台+个人”用工模式，它是餐饮行业与互联网技术的叠加(图 4-1)。外卖平台将城市从空间上划分为若干个大区、团和营，营级单位的负责人是片区配送经理，这些都是网上外卖业务的管理部门。平台公司逐步与送餐员脱管，不自雇送餐员，而是通过业务发包的方式完成外卖配送，这里包括众包和代理商承包两类，网约送餐员分为专送骑手、众包骑手两类。专送骑手(代理商骑手)是指各代理商招录的送餐员，主要承担大型商圈、连锁餐饮的配送订单；平台公司与外卖配送业务代理商签订合作协议，明确双方经济利益；配送代理商在不同区域设立配送站点，站点设置站长、储备站长、队长和配送员四个职等，承担招募送餐员职能并负责相关培训、日常管理。众包骑手是劳动者以个人身份在平台注册账号，自主完成接单派送任务的送餐员；注册时平台不审核其是否已有劳动关系。依据饿了么平台提供的数据，众包骑手在上海地区注册人数 8 万人，超过 99%的骑手兼职从事送餐工作，大多数服务于多个平台。无论专送骑手还是众包骑手，平台强制性要求其在接单时购买意外保险，每日平台从骑手第一笔配送服务费中扣除购买人身意外险和第三方责任险的费用，保障期为 24 小时。

外卖平台通过算法管理实现对数字劳动的规训，平台公司

---

① 忻榕，陈威如等：《平台化管理》，机械工业出版社 2019 年版，第 55—56 页。

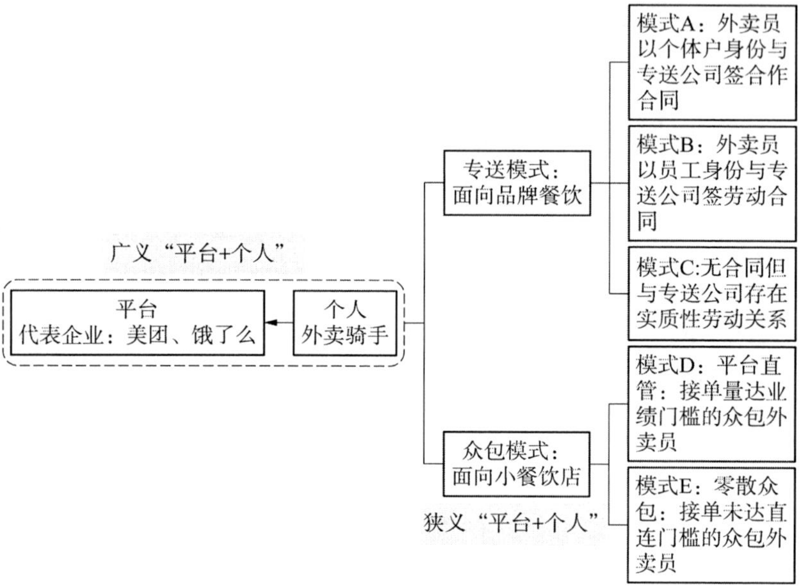

图 4-1　网上外卖的“平台+个人”组织结构

常以“打游戏”来形容骑手的配送工作，甚至借用玩家装备、等级、排行榜等游戏中的元素来包装骑手在现实世界的工作，把送餐看作是“一路打怪与闯关”的冒险游戏。[①] 众包骑手类似游戏中的单兵作战，专送骑手则是以站点为单位的组队模式。平台算法对送餐员实行“差序格局式”的管理方式，外卖员可以通过不断积累分数升级到算法评定的更高层次，从而享受更高的订单奖励。[②]

骑手收入主要来源于“跑单量”提成，跑得越多赚得越多，劳动报酬均以服务费的形式按送单数结算。专送骑手与众包骑手在服务费发放方面的差别之处，主要为站点对专送骑手服务费

---

① 陈龙:《平台经济的劳动权益保障挑战与对策建议——以外卖平台的骑手劳动为例》,《社会治理》2020 年第 8 期。

② 孙萍:《“算法逻辑”下的数字劳动:一项对平台经济下外卖送餐员的研究》,《思想战线》2019 年第 6 期。

发放具有一定控制权。平台依据跑单量、好评率和出勤率划分骑手身份等级，而提升等级就必须以长时间的出勤为基础。为了鼓励骑手多跑单，平台系统每周会自动给予全勤骑手一定奖励。此外，系统还设计了一系列跑单奖励活动以“黏住”骑手，例如周奖励计划、夏季战役、年中奖励。等级较低的众包骑手在平台系统中更为原子化，只有达到较高等级后，负责众包的配送经理才会通过平台与之联系。换言之，只有专送骑手、全时众包骑手才与平台公司发生真实用工关联。

（三）策略选择：联合工会设想失败

为了实现增建行动的目标，上海市、普陀区两级工会在饿了么平台公司成立公司工会之后，向平台公司提出吸收网约送餐员加入工会的想法，并筹划了三种设想。

第一种是平台公司工会扩大会员范围，直接吸收网约送餐员入会。依据全国总工会《工会会员会籍管理办法》第七条，非正规就业人员可以申请加入所在单位工会，不一定与所在单位存在法律意义上的劳动关系。外卖送餐作为数字经济下新增非正规就业，“平台＋个人”的用工模式在劳动关系的认定上本身就存有诸多争议。网约送餐员长期室外作业，极易发生意外伤害。在发生意外伤害时，送餐员通常认为自己是饿了么平台的员工，要求平台承担劳动法的雇主责任。为了撇清与网约送餐劳工之间的关系，饿了么平台公司已于2018年全部消解了自雇骑手（2017年平台公司工会成立时还有100多名正式签订劳动合同的自雇骑手）。之后，饿了么平台公司专门注册了一个子公司——蜂鸟配送公司，承接原有的配送发包业务，使得劳工与平台公司之间又多了一层间隔。对于送餐员加入公司工会的设想，平台公司以与网约送餐员无劳动关系为由表示拒绝。

第二种是工会希望平台公司发挥对关联公司的影响力，逐步推进外卖配送公司建会,实现送餐员入会。据饿了么工会提供的信息,众包和代理商的骑手数量各占半壁江山,但是专送骑手(代理商骑手)完成的配送订单量要比众包骑手多,对网上外卖营业收入贡献值大。在管理专送骑手的代理商企业实现建会,可以有效覆盖网约送餐员队伍的核心部分。然而,普陀区总工会经摸底调查后发现,配送代理商成立工会的组织资源条件不佳:代理商大多数为小微企业,劳动用工十分不规范,公司注册地在本市或外地(没有一个公司注册地在普陀区),站点分散在本市多个区,难以通过劳动法律监督实现对其规制作用。同时,配送代理商所属行业性质不定,有信息公司、劳务公司、咨询公司等,除承接外卖配送业务外,一些代理商还有其他经营业务门类。

第三种是最具可行的模式,由平台公司工会牵头成立平台送餐员联合工会。联合工会的运作比照上海现行的产业工会,这需要平台公司承担一定的行业管理责任。作为新商业模式,基于扁平组织架构和轻负担运作的理念,平台公司更为推崇精简高效的公司运作,故而第三种模式也流产了。

二、妥协与共识:网约送餐员行业工会的成立及运作

(一)网约送餐员行业工会的成立路径

1. 发动送餐员"个人行为"入会

虽然饿了么平台公司不同意送餐员成为平台公司工会会员的建议,但普陀区总工会提出"先工作覆盖,服务覆盖、后组织覆盖"的推动网约送餐员入会的工作策略。普陀区总工会按照饿了么平台公司提供的信息与配送站点联络,针对送餐员的特点,提供线上线下多种服务:线下到站点对送餐员开展"高温慰问",主动了解送餐员工作情况,帮助送餐员解决实际困难;开展"送

餐员入会”集中宣传，通过“给小哥的一封信”宣讲加入工会的好处；线上借助“蜂鸟送餐员之家”微信平台推送会员服务内容；区总工会微信公众号推出送餐员专享“1 元抢西瓜”等活动，吸引送餐员关注；联合交警大队开展线上直播交通文明专题讲座。

在平台公司和配送站点的默许下，送餐员以个人身份加入工会，办理会员登记。截至区级外卖送餐行业工会联合成立时，普陀区已有 400 名骑手加入工会。其中，100 多名骑手会员履行会员义务，交纳当年度的工会会费。

2. 探索建立街道(镇)网约送餐员联合工会

数字经济下新业态企业通常破除科层制，按照事业集群搭建扁平化组织架构。工会在新就业形态中增建受制于科层制组织框架，难以寻求一个与之相匹配的企业主体：互联网技术使得大企业不再是大规模，网上外卖平台从理念到制度，均不认可送餐员是企业员工；代理商的配送站点不具备企业法人资格，不符合工会法对基层工会委员会设立对象的要求。最终，地方工会将工作落脚点放到了街道(镇)，希望街镇总工会承担属地管理的责任。2017 年 9—11 月，普陀区总工会陆续在石泉、真如、长征、桃浦、万里五个街镇分别建立送餐员联合工会，将“个人行为”成为工会会员的送餐员归口到街镇送餐员联合工会管理。在组建时，在送餐员群体中选树劳动者精英担任工会干部。五个街镇送餐员联合工会的负责人中，3 人是街道工会干部、2 人是送餐站点站长。

3. 循序渐进建立区级行业工会联合会

2017 年 11 月 29 日，普陀区网约送餐员行业工会联合会成立，这是全国首个网约送餐行业工会。行业工会依规召开了工会会员代表大会并选举产生第一届委员会，设立工会主席 1 人(由区总副主席兼任)，副主席 3 人，分别由饿了么平台公司工会主席、代表性街镇的网约送餐员联合工会主席和市场监管部门

(食药监局)负责人担任,委员会还包括普陀区总工会、已建立送餐员联合工会的街镇总工会以及其他市场监管局的工作人员。行业工会联合会的全体工会委员均为兼职。在成立大会召开之后,行业工会向上海市总工会申请组织机构代码,办理了社团法人证书。

(二)网约送餐员行业工会的运作模式

1. 区级行业工会承担主体功能

多数的工会功能是由区级行业工会实现的,区级行业工会联合会在成立之后尝试开展一系列除维权以外的工会常规工作:与平台公司工会合作,组织开展送餐技能劳动竞赛比赛;做好关心关爱工作,为外卖骑手送上雨衣、护膝手套、充电宝等必需用品;春节前夕,为骑手举办行业工会春节联欢会;对因病因伤住院的送餐员,由行业工会给予探望慰问;培育挖掘送餐员中的先进典型并进行推荐和宣传。时任凯旋路站点站长的宋增光荣获"上海市劳动模范"荣誉称号,2021 年被中华全国总工会授予"全国五一劳动奖章",成为网约送餐员中第一位劳模。

2. 街镇级联合工会联络单体会员

从制度来看,各街镇的送餐员联合工会是作为基层工会设立的,以个人身份加入工会的送餐员是该工会的会员,但在实际运作中街镇级行业工会没有独立运转和承担工会基层组织的功能,主要进行会费收缴、慰问物资发放等会员日常管理。当街镇联合工会组织人员参加所在安全知识竞赛、手机摄影比赛等活动时会遇到较多困难,向送餐站点及送餐员发送活动通知,常常遭到配送代理商的反感甚至抵制。从功能作用的角度来看,街镇级联合工会在身份定位上,难以说是一级工会组织,更多地是区级行业工会的工作执行者。

3. 平台公司工会成为运行连接点

饿了么平台公司工会是一家标准的企业工会,以公司名称命名，100余名会员均为与平台公司建立法律劳动关系的员工，约占公司员工总数的2.5%。虽然会员比例不高，但平台公司工会作为中国工会的基层组织，接受地方工会的领导，在企业与中国工会之间起到了很好的连接作用。为了与平台公司建立更加密切的联系，区级行业工会联合会副主席由平台公司工会主席出任，以期未来平台公司工会能以行业骨干企业工会的身份支持行业工会工作。平台公司工会在平台公司首肯的情况下，配合行业工会实现工会功能，例如提供送餐员基本信息，合作开展送餐员劳动技能竞赛等。行业工会开展活动也是由平台公司工会协调，依靠平台公司通知站点和送餐员（图4-2）。

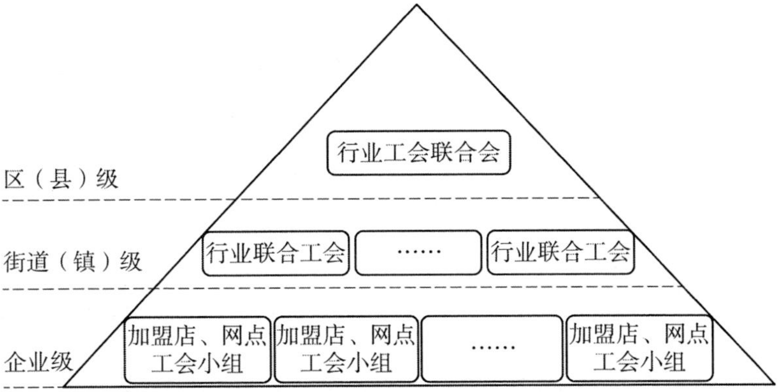

图4-2　新就业形态工会组织框架

三、协商策略的弊端与运行困境

网约送餐员行业工会虽然在组织体制上已突破中国工会的现行制度，但是在运行模式上不断尝试向传统靠拢，没有跳出“企业体制”工会对组织化资本的依赖。行业工会传统的运行方式，通常借助行业协会或者行业骨干企业的力量。为了利用企业内部的科层制权利，中国工会在基层组织设立上通常选择在行业协会组织健全、发育成熟的行业,已经形成以骨干企业为龙头的上下游产业链、企业联系紧密的行业,或者政府行政约束力强、管理规范的行业。然而,网约送餐行业作为新业态,行业形态尚未成熟。网约送餐员行业工会的功能主要是由区级行业工会联合会承担,在街镇一级虽设有分支机构但能效甚微;以平台企业工会为连接,寄望外卖平台公司承担行业龙头企业的社会责任。在行业归属上,网约送餐因其与餐饮行业的天然联系暂且作为其一个“互联网+”的分支。该行业虽有骨干企业,但外卖平台公司拒绝行业管理责任,最后形成仅在平台公司成立工会、地方工会负担新就业形态会员管理的协商策略。这种做法的弊端,是将主动权交给了平台这个组织化资本。

(一) 组织建设因缺乏平台公司工会支持而乏力

网约送餐员行业工会联合会(以下简称“行业工会”)虽然已经成立,但缺乏稳定的工会工作者队伍,一直没有形成运行实体。经过一年的挣扎前行,行业工会与新就业形态的不契合性凸显,组织运行出现困难。

1. 行政区划的组织体制难以匹配辐射状群体分布

中国工会与大多数全国性的群团一样,根据多层次行政区划形成了各自的地方组织,街镇级工会是最基层一级的地方工会。新就业形态往往根据业务辐射区域划分,从业者数量分布由业务中心向外围呈辐射状分布,网约送餐行业就是以商圈、大型居民区设定业务片区,一个站点通常管理多个业务片区,且片区之间可能跨街镇级甚至区级行政区。普陀区长寿和长风两个街道所辖的近铁城市广场和月星环球港活跃着大量的网约送餐员,但并没有设立街道级行业工会,其主要原因是这两个商圈的送餐团队归属真如街道的站点。真如街道行业工会需跨行政区划开展工作,有悖中国工会的工作惯例。

2. 上级工会的指令频繁被“软”拒绝

2019年8月，普陀区外卖送餐行业工会尝试与辖区内美团站点对接，对于一些工会服务工作，配送站点表示愿意配合开展，例如参与工会组织的活动、协助向送餐员发放慰问品等。当行业工会提出希望他们也能加入行业工会，帮助推动办理会员入会程序等工作，但由于缺乏平台公司支持，配送站点基本上都表示自己做不了主。2020年5月，笔者通过普陀区总工会再联系平台公司工会在行业工会中的代表时，对方以公司内部事务较多、高管集中培训等为由，婉拒了访谈，普陀区总工会对此也表示无奈。

（二）工会精英严重缺失

中国工会在行业工会建设中通常对行业协会或者骨干企业中的工会工作者加以培育，充当行业工会精英。这种在传统行业较为成功的精英培育，在新就业形态中遭遇了滑铁卢。新就业形态高度灵活化，人员流动性高，因此工会工作者高频更替，工会精英不断流失。网约送餐员行业工会虽然建立了，但是缺乏工会精英对其运作管理，目前行业工会的运转由区、街道工会工作者承担。笔者在调研中发现，行业工会的铜匾无处悬挂，一直暂存在区级总工会。

1. 平台公司工会难以承载精英输出责任

科斯认为，企业本质上是对市场机制的替代，节约交易成本是企业组织存在的原因。企业的竞争是资源优化配置效率的竞争，而并购重组是企业资源优化配置最为重要的战略实施手段。数字经济以数字化的知识和信息作为关键生产要素，加速重构了经济发展与治理模式。在数字经济高速发展背景下，企业“热衷”于并购重组，而并购重组必然引发人员调整，造成工会干部队伍稳定性不足。饿了么外卖平台公司于2018年被阿里巴巴集团收购,成为阿里巴巴集团全资子公司,此间进行了一轮大幅人员调整。即使不遭遇并购重组,新业态企业人员流动率较传统行业也要高很多,饿了么平台公司年流动率为10%至20%,3年内流动率超过50%。普陀区网约送餐行业工会成立不足一年,平台公司工会主席及多名工会工作者便更换了工作。之后很长一段时间,平台公司工会以“无合适人选”为由没有进行工会主席的增补,而是由新任政府事务部负责人与区总工会保持联络,维持平台公司工会的日常运作。中国工会在行业工会建设中通常对行业协会或者骨干企业中的工会工作者加以培育,充当行业工会精英。网约送餐员行业工会的运行对平台公司的支持有较大的依赖性,平台公司工会工作者实际承担了行业工会精英的角色,饿了么公司工会主席及多名工会工作者相继离职,在传统行业较为成功的精英培育模式,却在新就业形态中很难复制(表4-1)。

表4-1 平台公司前后任工会负责人情况对比

	前任工会负责人	现任工会负责人
工作职务	政府事务部总监、党委副书记、工会主席	政府事务部总监(无工会职务)
工作背景	本地招聘,有体制内工作经历	集团派驻
与上级工会联系	对接顺畅	保持联络
对行业工会工作的参与情况	与行业工会合作开展送餐技能竞赛	公司自行开展送餐技能竞赛;行业工会拟在骑手中选树“五一奖”获得者、劳模的计划被其搁置

2. 从业者高频流动抑制精英培育

外卖送餐作为新就业形态的代表,具备灵活化、去雇主化、平台化等特征,一直以来人员流动率居高不下。根据2019年饿了么平台提供的数据，送餐员（包含专送骑手和众包骑手）的每月流失率达到30％左右，能够做满半年的骑手不足10％。[①] 送餐员高流动性大致使工会无法进行会员统计，无法常年投入大量精力对新入行的送餐员进行入会宣传，负责行业工会的区总工会干部感慨“一直在入会的路上”。由于人员变动较大，精英培育也很难进行，其中一个街道行业联合工会在一年的时间内已换3任工会主席。精英培育对象尚不了解工会就已经离开送餐员队伍。

（三）会员与工会的组织黏性很低

1. 行业工会依旧“找不到人”

与工商注册的企业不同，外卖送餐站点不是法人组织，通常设在经营成本较低的商铺甚至居民区房屋。站点管辖的网约送餐员日常不需要去站点；负责某一配送区域的团队会选择相对便捷的地点，在每天开工前会组织一次晨会，这是同一团队专送骑手每天唯一的一次碰面，之后就不停歇地接单和送餐。行业工会每次活动需要平台公司提供骑手名单和编号，如果没有平台公司提供送餐员的信息，就根本“找不到人”。众包骑手们无任何正式组织，因此行业工会与之联系尚无有效联络途径。网约送餐员群体流动性较大，“今天送餐明天换行”极为常见，人员信息需要及时更新，在缺乏平台公司支持的情况下，行业工会很难正常运转。

2. 工会功能对送餐员群体缺乏吸引力

权利来源于人们的日常需要。[②] 非正规就业的收入构成中存在一定比例的风险贴水，从业者对失业风险有着一定的预期，工会在传统、稳定的劳动关系下的功能，对就业高风险偏好的新就业形态从业者而言缺乏需求。为了吸引网约送餐员加入工

---

① 资料来源：2019年7月饿了么平台政府事务部负责人在接受访谈时提供。

② 程燎原，王人博：《权利论》，商务印书馆2014年版，第53—64页。

会,上海工会在行动之初就争取财政支持出台了灵活就业人员专项保险,保险期为1年,保障范围主要是重大疾病,享受保险的唯一条件必须是缴纳固定金额会费的工会会员。网约送餐员作为灵活就业人员,在适龄群体中鲜有参加社会保险,但长期室外作业导致职业危险度高。工会开展的灵活就业人员专项保险意在作为无社会保险人员的临时补充,但该保险却意外遭到冷遇,网约送餐员参保热情特别低,或认为对己无益或认为手续复杂,行业工会仍将其作为重要的工作任务努力推行。行业工会根据送餐员的工作特点,在夏季高温慰问期间开展“一元抢西瓜”等活动,可通过微信公众号参与活动。2018年第一次“抢西瓜”活动吸引2000余名送餐员参加。行业工会对活动效果十分满意,但是2019年第二次开展“一元抢西瓜”活动时,参加人员已不足1000人。

第三节　妥协策略:身份松绑后的职业联合

“试点-推广”是最广泛和遍及的政策扩散程式,2019年上海工会在新就业形态增建行动中完成初期试点探索阶段,要求试点经验在全市进行推广,启动对新就业形态增建政策的扩散。每个区县根据自身行业聚集特点,在“八大群体”中选择成立1～2个职业类型成立工会。

新虹街道地处上海虹桥商务区的核心区域,辖区内大型居民社区聚集,兼备商务写字楼和住宅区两大外卖消费场景,区域内外卖配送站点相对集中、网约送餐员聚集。新虹街道总工会最初设想通过平台公司组建工会,带动签约代理商建立工会,并推动网约送餐员加入工会。与平台公司驻地的普陀区不同,平台公司的实际运营地均不在新虹街道的行政区内,与之无法实现对话，最终选择能够规避企业支持的职业联合的组织形式。2020 年 7 月 24 日，新虹街道网约送餐员联合工会第一次代表大会顺利召开，辖区内近 60 名网约送餐员代表参加会议。

一、经验学习与“试点-推广”

（一）增建行动的“试点-推广”

新虹街道地处上海虹桥商务区的核心区域，2010 年由原龙柏街道和华漕镇部分区域组建设立，以加强虹桥商务区和虹桥枢纽地区的社会综合事务管理。新虹街道行政区域面积 19.26 平方千米，常住人口 9.9 万人，辖区内有航华、华漕、爱博家园等多个大型居民社区。该区域兼备外卖最大的两个消费场景——商务写字楼和生活住宅区，区域内外卖配送站点相对集中。

网约送餐在新就业形态中颇具代表性，因其入行门槛低、行业发展势头强劲，乐观估计月收入可达万元，大量劳工涌入该行业。在一个城市的网约送餐市场成熟之前，送餐员队伍一直保持着高速增长。网约送餐员又因“月入过万”和交通事故多发，几度成为社会舆论焦点。在上海市、区两级总工会启动“试点-推广”过程之际，新虹街道党建服务中心、文明办、团工委等部门也开始关注网约送餐员群体。新虹街道总工会主动与上述部门对接，联合开展摸底调查，重点了解区域内网约送餐员数量和站点分布情况。依据当时调查情况，街道区域内网约送餐员有近 3 000 人。相比网上送餐行业，其他新就业形态在区域内没有显露出高度的聚集性。新虹街道总工会根据区域新就业形态状况，慎重选择网约送餐员作为落实增建行动的方向，试水新就业形态工会建设。

（二）会员资格制度的“松绑”

会员或者成员，是指隶属于或组成某一团体或议事机构的人。有些非营利性团体的会员十分“活跃”,即他们以某种方式参与团体事务。其余成员则被认定为“名义上的”或“只是纸上的”成员。正式会员系指那些在团体会员名册上列出的会员,这些人在需要的时候会缴纳会费。在非营利性团体中,有些活跃会员也可能是非正式会员,他们既没有被列入会员名册,也没有缴纳会费。在美国,非营利性团体的正式会员数量在下降,他们本应与非会员进行经常、直接的互动,事实上却对此知之甚少或一无所知。① 会员资格是指成为某一非营利性团体成员所需具备的资格或条件。此类团体的资格标准可能是正式的、非正式的或者混合的,可能是极为窄仄的,也可能是极为宽泛的。② 各国通常以立法的方式限定工会会员资格,作为设定团结权的实施要件之一,防范工会的劳动垄断性。在某一群体未被法律赋予团结权也就是允许加入和组织工会之前,工会不会将其纳入会员范围。

中国工会以“职工”身份来界定则直接关系到参加和组织工会的主体资格限制条件问题。根据 1992 年《中华人民共和国工会法》赋予的权利,凡是以工资收入为主要生活来源的劳动者都可以参加和组织工会,③因此,《中国工会章程》对会员的要求也仅仅是“以工资收入为主要生活来源的体力劳动者和脑力劳动者”。这种情况一直延续到 2008 年,当年的《中国工会章程》修改为“凡在中国境内的企业、事业单位、机关和其他社会组织中,

① [美]大卫·霍顿·史密斯,罗伯特·A. 斯特宾斯:《非营利管理辞典:术语与概念》,迈克尔·A. 多弗,吴新叶译,北京大学出版社 2018 年版,第 166 页。

② [美]大卫·霍顿·史密斯,罗伯特·A. 斯特宾斯:《非营利管理辞典:术语与概念》,迈克尔·A. 多弗,吴新叶译,北京大学出版社 2018 年版,第 167 页。

③ 1992 年《中华人民共和国工会法》第三条规定:“在中国境内的企业、事业单位、机关中以工资收入为主要生活来源的体力劳动者和脑力劳动者,不分民族、种族、性别、职业、宗教信仰、教育程度,都有依法参加和组织工会的权利。任何组织和个人不得阻挠和限制。”

以工资收入为主要生活来源或者与用人单位建立劳动关系的体力劳动者和脑力劳动者”。这是为了适应自 2008 年 1 月 1 日起实施的《中华人民共和国劳动合同法》，即对职工身份的界定从“主要生活来源”转向“是否建立劳动关系”。

从理论上讲，每一名中国公民都有结社的自由，具体到劳动者而言，便是有参加和组建工会的权利。现行《中华人民共和国工会法》规定：“中国境内的企业、事业单位、机关中以工资收入为主要生活来源的体力劳动者和脑力劳动者，不分民族、种族、性别、职业、宗教信仰、教育程度，都有依法参加和组织工会的权利。”虽然劳动者可依此法加入和组建工会，但实际上这一条款设置了三个限制性条件。一是就业部门的限制。能够参加和组建工会的劳动者应当就业于企业、事业单位及机关。也就是说，只有在正规部门中就业的劳动者才有主体权利，隐性地排除了通过互联网平台实现就业的非正规部门的劳动者。二是收入性质的限制。通过互联网平台就业的劳动者获得的收入可称之为“劳动收入”，但很难被称为“工资收入”，因为并没有用人单位给他们发放工资。三是劳动关系的限制。按照传统理论，与用人单位建立劳动关系是劳动者加入工会的一般原则，会员关系需随劳动关系建立和流转。平台从业人员显然难以满足以上三个隐性限制性条件。

2016 年中华全国总工会《工会会员会籍管理办法》新增非全日制等形式灵活就业的职工的入会规定，废止 2000 年《中华全国总工会关于加强工会会员会籍管理有关问题的暂行规定》中的“凡是符合《中国工会章程》规定的入会条件，与用人单位建立劳动(工作)关系(含事实劳动或工作关系，下同)的职工，均可以申请加入工会，取得中华全国总工会会员会籍”。会员资格并未与“建立劳动关系”捆绑，而作为主要生活来源的“工资收入”更不限于劳动关系中的“工资”，并没有以“建立劳动关系”作为组织工会的依据,而是以相同或类似行业作为组建依据。2021年《中华人民共和国工会法》修订,在参加和组织工会权利方面,增加了第二款:"工会适应企业组织形式、职工队伍结构、劳动关系、就业形态等方面的发展变化,依法维护劳动者参加和组织工会的权利。"会员资格在制度方面与劳动关系实现明确脱钩。

(三)行动策略:退而求其次的"地推"工会

地方工会采取的"地推"等行动策略是一种被动的选择。美团、饿了么等网上外卖平台在区域内服务站点多、旗下送餐员规模大,且在行业内具有行业规范、标准的制订和引领作用。新虹街道总工会最初设想通过这些公司组建工会,带动签约代理商建立工会,并推动网约送餐员加入工会。但由于非正规就业的雇主责任承担主体不明,新就业形态的工会建设很难得到平台公司的支持。美团、饿了么平台公司的实际运营地均不在新虹街道区域内,街道总工会与之无法实现对话;在代理商方面,与普陀区网约送餐员行业工会面临同样情况,存在小微企业居多且公司注册地不在街道辖区等问题。基于现有资源的考量,新虹街道总工会被动选择能够规避企业支持的行业工会建设途径。上海工会将前期试点经验总结为"三先三再"①建会工作法,倡导注重服务保障和工作上的覆盖,淡化法治途径,新虹街道总工会据此制定了自己的"地推"策略。

1. 在送餐员聚集区域进行工会推介

从业者鲜有工会会员经历,这是在新就业形态中发展工会会员遇到的较大困境。为了扩大网约送餐员群体对中国工会的知晓度,街道总工会利用上海工会为新就业形态从业者提供的专享保障和服务项目政策,定期在送餐员聚集商圈开展推介活

① "三先三再"是上海市总工会针对建会行动总结的工作法,即先服务职工再发展会员、先活动覆盖再组织覆盖,先体制外入会再单独建会。

动，向网约送餐员提供工会会员同等的普惠服务，从中宣传推介工会。普惠服务内容包括：提供日常生活、休闲娱乐、文化体育等方面的便利和优惠；开展“冬送温暖”“夏送清凉”等工会慰问，定期发放小型慰问品；举办他们关注度高、喜闻乐见的线上线下活动；发放宣传折页和服务手册“进城务工入工会、有了困难找工会、维护权益靠工会、提高技能到工会”。2017 年新虹街道总工会还组织过一次“快闪”活动，在他们晨会的时候把手套、围巾等保暖用品送给他们。为了确保推介效果，推介活动选择下午两点至四点送餐低谷时间或者外卖骑手的晨会时间。

2. 委托非营利性组织发展工会会员

按照上海工会推广的成熟经验，行业工会建设途径的第一步是网约送餐员以“个人行为”成为工会会员，再通过成立网约送餐员行业联合工会的形式，直接吸纳网约送餐员入会，当会员数量达到一定规模，再迫使用工企业即平台公司或者配送代理商提供合作。行业联合工会成立的前提是需具备一定数量的工会会员。为了在网约送餐员群体中发展会员，街道工会选择以购买服务的方式，委托多个非营利性组织在区域内宣传工会和发展会员。非营利性组织按照街道工会提供的站点信息，挨家登门推介工会专项保险，发放头盔等劳动保护用品，对于有意愿加入工会的送餐员协助其办理入会程序。2018 年新虹街道区域内通过这种途径加入工会的网约送餐员有 400 多人。由于这些非营利性组织与新就业形态从业者之间在前期并无关联，所以这种发展会员的方式进展十分缓慢。

二、制度的妥协：网约送餐员联合工会

（一）网约送餐员联合工会的成立路径

1. 培育工会精英

2017 年底街道总工会开展“新虹团”冬季送温暖活动，内容

是为白领点外卖咖啡,而工会工作者就等在下单的咖啡店,为前来取货的外卖小哥们送上保温杯、暖宝宝等保暖用品。在这次"地推"送温暖活动中,街道总工会有机会与外卖骑手取得联系,也顺势联系上了他们的片区负责人G先生。现在担任网约送餐员联合工会主席的G先生回忆起当时结识新虹街道总工会的情景,说:"当时感觉很温暖。因为在一个陌生的大城市里,其实很少有人能够关心外卖骑手群体的。大家看到一些讲述外卖小哥工作不容易的微信,随手转发一下,我们都会很感动的。但是,这也是我们第一次遇到有'政府单位'把关爱外卖小哥的事情落到实处。当时我赶到咖啡店,主要是怕我手下的兄弟们上当受骗,想不到是街道总工会在送温暖,说实话,真的感觉到了很温暖。"G先生及其带领的公益团队更加了解网约送餐员的思想动态、工作状况及心理需求,且一直围绕有关外卖送餐员群体开展公益活动。正如G先生在访谈中所说:"严格来说,我现在已经不是外卖小哥了,但是外卖小哥的经历,在我身上留下了不可忘却的记忆。我现在做的事情,也是和外卖小哥们紧密联系的。"G先生本人有很强的公益动机,在访谈中他言语真切地说:"希望做一些事情,等到自己年老去世的时候,没有血亲关系的人也有能为自己送行,因为自己的去世而掉泪。"从2017年起,G先生的团队组织网约送餐员积极投身于新虹街道倡导培育的"小'虹'伞公益项目""新青年公益联盟"①"为老送餐志愿服务""城市文明志愿者团队""垃圾宣传分类""服务进博会"等公益活动项目。2018年8月,他们组织外卖小哥参与为老送餐,至2019年10月已经为老人送餐6万余份,被上海新闻综合频道采访报道。2019年9月,进博会50天网约送餐员群体加入城

① 小"虹"伞公益项目:帮助解决雨天白领忘记带雨伞出行不便的问题。新青年公益联盟:志愿服务团队,是街道党建服务品牌。

市文明志愿者团队，并整装待发为进博会做出自己的贡献。截至 2018 年 9 月，网约送餐员行业新青年公益联盟志愿服务队以 8 601 小时公益时长位居志愿汇签到平台上海市第二名，仅次于团市委的公益时长。

当 G 先生与新虹街道总工会“偶遇”后，作为从网约送餐员中生长出来的草根组织，他们与地区总工会一拍即合，共同承担起该地区工会会员发展和推动行业工会成立的任务，地区总工会乃至区级总工会则负责资源供给。

2. 发展会员，扩大影响

为了有效扩大在网约送餐员群体中的影响，街道总工会在 G 先生团队的帮助下，做实前期调研摸底，主动与街道党建服务中心、文明办、团工委等部门再次对接，重点了解和掌握区域内网约送餐员的数量、站点分布以及加入工会情况，力求做到“底数清、情况明”。在掌握第一手资料后，街道总工会明确工作目标，实施发展会员“精准定位”、服务职工“按需施策”。街道总工会整合资源、搭建平台，通过 G 先生及其团队开展有针对性的服务活动，提高工会组织的吸引力、凝聚力；充分利用工会宣传阵地，开展多形式宣传发动，借助微信公众号等新媒体，大力宣传《中华人民共和国工会法》《中国工会章程》等有关法律法规；走访相关企业和职工，发放工会宣传折页和服务手册，宣传工会组建和职工加入工会的好处以及便捷的网上入会通道。通过上述途径，街镇总工会希望让网约送餐员记住工会组织，认识到“进城务工入工会、有了困难找工会、维护权益靠工会、提高技能到工会”，提高网约送餐员的入会积极性和主动性。

街道总工会全力开展面向网约送餐员的普惠性服务，G 先生及其团队承担推广到站点的工作。所提供的普惠性服务内容包括：推广网上入会通道，为他们办理和发放“上海工会会员服务卡”；提供日常生活、休闲娱乐、文化体育等方面的便利和优惠；开展“冬送温暖”“夏送清凉”等慰问，举办送餐员群体关注度高、喜闻乐见的线上线下活动，使他们同等享受到工会会员的服务，真正感受到加入工会的好处和实惠；积极开展法律宣传和维权服务，依法维护网约送餐员在安全卫生和劳动保护等方面的合法权益。在G先生看来，工会是“政府单位”，因为有“政府单位”把关爱外卖小哥的事情落到实处，所以他愿意在外卖送餐员中宣传工会。“工会在经费和物资上给了我们很多关心。比如当时总工会有一项政策叫‘两非一无’工会会员，就挺实在的。”G先生及其团队依靠自身在区域网约送餐员队伍中的调动能力，2019年一年就在外卖骑手群体中发展了2 600多名会员，即交纳一年120元的会费并登记办理会籍，占区域群体总数的86.7%。

3. 成立网约送餐员联合工会

2020年7月24日，新虹街道网约送餐员联合工会第一次代表大会顺利召开，辖区内近60名网约送餐员代表参加会议，当时辖区内办理入会手续和享受工会服务的外卖送餐员有逾3 000名。新虹街道网约送餐员联合工会委员会按照《基层工会选举工作条例》召开会员代表大会选举产生，工会委员会候选人名单5人，均为外卖骑手出身，G先生当选为街道网约送餐员行业联合工会主席。这与普陀区网约送餐员行业工会不同，虽然行业联合工会的核心成员均为兼职。

行业联合工会成立后，新虹街道总工会与行业工会约定所承担的日常工作内容，主要包括以下六个方面。一是网约送餐员新型就业群体会员互助保障计划的理赔及跟进。上海市总工会2019年推出了“灵活就业群体工会会员专享基本保障”，作为这类人群无法参加社会保险制度的有益补充，参保费用由工会经费支付，无需个人承担。入会参保人员可以享受到住院补助金、特种重病保障、意外伤害和重残保障、疾病身故保障，个人最高保障金额为 8.08 万元。因网约送餐员每日超过 8 小时在电瓶车上骑行，交通事故率较高，工会新型就业群体互助保障计划恰好解决了网约送餐员事故理赔额度少、报销流程烦琐的情况。除此之外，骑手每天“接单”前需要交纳 4 元商业保险费(2019 年以前是 2 元)，但是大多数不知道如何申赔。行业工会专人负责处理网约送餐员在出现交通事故后的理赔，解决新型就业群体社会保障的缺失。二是定期寻访辖区内网约送餐员站点，帮助解决遇到的法律困难。网约送餐员学历普遍偏低，法律保护意识不足。行业工会借助街道总工会的爱心律师团队，为网约送餐员解决工作及生活中遇到的各类法律问题。三是承担连接街道总工会和平台公司之间的沟通渠道，定期开展素质技能提升。通过人生规划讲座、office 办公软件培训、新骑手入职培训、站点早上晨会培训等多种类型的培训，使得网约送餐员明确目标、端正态度、积极工作。四是对家庭特别困难的送餐员进行帮困送温暖活动。网约送餐员多出身于贫困家庭，家里经济压力较大，许多从业者因为家里突发事故急需用钱，而外卖送餐行业门槛低、来钱快才加入这支队伍，有的网约送餐员因身患大病重病或突发意外等原因致使家庭困难，甚至有单亲家庭网约送餐员背着孩子送餐的情况，行业工会定期开展帮困送温暖活动，切实解决特别困难的从业者生活问题，增加他们对工会的归属感。五是协助交通部门开展交通安全教育和相关法律法规培训。网约送餐行业打交道最多的就是道路、交通，交通事故也多发于公路上，故行业工会联系交通部门协同开展对网约送餐员事故交通培训，减少交通事故率，增强外卖骑手的劳动保护能力。六是组织会员参加上级工会活动，定期在会员中开展文体团建活动。网约送餐行业从业者工作时长较多，工作强度较大，基本没有文体娱乐活动。行业联合工会组织行业内优秀骑手及行业内积极参与志愿活动的会员，参加上级工会给予的体检和疗休养活动，并且定期开展文体团建活动，增加从业者的团队凝聚力，丰富工作之余的生活，加强他们对工会的归属感。

（二）外卖送餐员行业工会的运作模式

1. 劳工精英主导

上海工会增建行动因为有“党政背书”，吸引了劳工中的精英主动承担工会工作。其间也体现了该群体中劳工精英对党政的信赖。新虹街道网约送餐行业联合工会主要是由该群体中的劳工精英来主导运行，工会委员会全体成员都出自该群体且在外卖送餐员中有一定的影响力和号召力。在工作衔接上，街道总工会主要发挥地方总工会的功能，在组织体系中发挥上传下达和资源支持的作用；网约送餐行业联合工会在功能上更为贴合基层工会作用且有鲜明的行业工会特点，即完成街道总工会布置的任务和自主开展一定的活动。例如，行业工会安排专人负责处理网约送餐员在出现生病住院、意外伤害、大病重病后的理赔，缓解灵活就业群体在社会保障方面的缺失，将外卖送餐员中的困难人员纳入街道总工会三级梯度帮扶体系，建立经常化、日常化、常态化帮困送温暖的工作机制，使网约送餐员切实享受到工会的关心和温暖。

2. 站点建立工会小组

中国工会实行产业（行业）和地方相结合的组织领导原则，上海工会在行业工会建设中对新就业形态的工会架构进行了突破和创新。在传统的工会建设中，企业工会是中国工会组织体系最基础的单元，《中华人民共和国工会法》第十条规定：“企业、事业单位、机关有会员二十五人以上的，应当建立基层工会委员会。”这显然不适应在新兴就业群体中开展工会建设。2018 年《中国工会章程（修正案）》丰富了工会基层组织形式，为新兴就业群体的工会建设提供了组织基础。其中第二十五条规定："企业、事业单位、机关和其他社会组织等基层单位，应当依法建立工会组织。社区和行政村可以建立工会组织。从实际出发，建立区域性、行业性工会联合会，推进新经济组织、新社会组织工会组织建设。"新就业形态通常是基于业务的松散的人员联系，外卖送餐配送业务通常采取寻找合作商代理业务，内部又多为转包、分包、委托、承包、承揽等业务形式。因此，外卖送餐员很难匹配工会科层制的框架体系。新虹街道网约送餐行业联合工会在组织架构设置上与普陀区外卖送餐行业工会非常一致，以送餐站点为基本单位建构工会小组，在街道（镇）的行政区域内建立具备行业特色的联合工会，规避新就业形态用工关系的争议。新虹街道总工会在区总工会的指导下联系辖区内网约送餐行业公司5家，主要是协调开展技能培训等活动，而非将行业工会架构与送餐行业公司捆绑。

3. 项目化补贴

随着城市化建设的不断深入推进，经济核心区产生了许多以灵活就业人员为主的新就业形态从业者群体。如何将他们吸纳入会，给予他们"娘家人"的温暖和保障，成为地区工会聚焦的重点工作。网约送餐行业联合工会成立后，解决了网约送餐员会籍关系问题，实现了组织覆盖和服务覆盖。由于没有劳动关系的存在，行业联合工会只能独立于用人单位之外。由于缺少企业拨缴工会经费的支撑，行业联合工会在运作资金上主要依靠项目化补贴，无其他经费来源。上海市总工会、上海市财政局对工会经费筹集做出了规定，采用由个人、市总和市、区两级政府按照1∶1∶1.5的比例筹集，网约送餐员（会员）年人均工会经费为420元，专项用于服务灵活就业人员的专享保障、帮困送温暖、开展技能培训和文体活动。此外，上海市总工会加大项目化定向补助，针对新就业形态中新建立的区级行业工会给予每家10万元的经费补贴,统筹各级工会资源,以事权确定经费配置,使行业工会有地方办公、有经费保障。同时,区、街镇两级工会设立相应的专项工作经费,用于新就业形态行业工会等开展工会服务。在上级工会的资源支持下,行业联合工会目前的运作资金相对充足。

三、妥协策略的弊端与运行困境

新虹街道网约送餐行业工会的成立是被动选择能够规避企业支持的行业工会建设的结果,在吸纳入会、提供精准工会服务方面取得一定成效,但也暴露出诸多弊端,在运行中同样遇到了许多困难。

(一)会员对工会缺乏认知度和归属感

网约送餐员主动入会的意愿并不强烈,街道总工会对此做过专门的问卷调查。从原因分析来看,“对工会不了解,不知道有什么用”“要每月交10元会费”“工作不稳定,会籍频繁迁移很麻烦”等因素占前三位。这说明工会组织在灵活就业群体人员中的吸引力、影响力还不够大,社会认知度还不是很高。工会传统的组织形式与灵活就业方式不匹配。“企业体制”工会这一传统的组织形式根深蒂固,基层工会多依附在实体单位中。但随着互联网、人工智能等技术带来共享经济的发展,传统的就业方式也在发生改变。自由灵活的就业方式让劳工的工作生态越来越自由,劳工对于用人单位的依附性下降,人员流动率也越来越高。据饿了么平台检测,网络送餐员的每月流失率达到30%左右,能够做满半年的不足10%。在这种情况下,原来传统的企业组建工会并吸纳劳动者加入工会的建会入会模式,已经完全不能适应数字经济,工会亟待推出全新的入会以及会员管理模式。一方面,网约送餐员缺乏工会经历,对工会了解不深,感到

“入会不入会一个样”，对工会的获得感、认同感不强，没有意识到加入工会的益处。有些网约送餐员认为，即使加入了工会，也不一定能落实工资集体协商制度，不一定能进行薪金谈判，也不一定能开展工作内容谈判。网约送餐员中大多数是外出务工人员，常年在外打工，没有组织化经历，对加入工会组织有则接受，没有也无所谓，甚至有消极的态度。同时，他们多数以同乡关系、亲缘关系等粘合在一起，一旦利益受损，可能会抱团以集体行动的方式来“维权”，容易被恶意炒作和利用，甚至出现过激行为，从而给劳动关系协调、社会安全稳定等带来挑战。

（二）遭到雇主组织的威胁和抵制

行业工会契合的资源不足，框架性意义远大于实体化功能。网约送餐行业工会的理想架构是有 1～2 名专职工作人员，每个街道有 1 个组织联络人，市容、城管等行业主管部门可以加入行业工会并担任一定职务，对站点配送代理商有一定威慑力。新虹街道总工会规避企业支持成立行业工会的做法最终取得成功，但是当平台公司得知行业工会在筹建时，通过私下渠道告知配送代理商统一行动抵制工会建设。在行业工会建设过程中，地方党政部门的参与并不直接。在这一群体被组织化之前，地方党政看来与市场经济条件下的个体经济、小微经济无异，对其而言助力行业工会建设主要是基于在社会主义政治体制下对中国工会的支持。网约送餐员感受不到党政的作为，认为“政府不太重视”，这也制约了行业工会建设的实效。

（三）依法维权功能受限

“平台＋个人”的用工模式打破了传统的劳动关系，用人单位和劳动者之间是商务协作关系、承揽关系，用人单位与劳动者不签订劳动合同、不缴纳社会保险，这些情况令双方在劳动关系认定方面也变得较为模糊，对此，理论界和司法界也有较多争议。目前,劳动争议仲裁和法院的判例也都不支持劳动关系的存在。

2006 年 12 月,全国总工会十四届十一次主席团(扩大)会议从中国的国情出发,首次鲜明地提出“以职工为本,主动依法科学维权”的中国特色社会主义工会维权观。工会为新就业形态从业者依法维权面临许多新情况和新挑战。从实际发挥的功能来看,行业工会主要利用现有组织资源发挥“服务”功能。与集体利益使命非常贴合的维权功能,因缺乏法律环境而停滞,以期通过行业集体协商实现该群体的集体劳权的设想更是无从谈起。行业工会如果不能通过法律保障与利益调整来激发会员的归属感和凝聚力,那么不但会削弱行业工会对会员的吸引力,而且行业工会自身的法律意识和行为,其自身功能作用及其与政府的关系也都将受到影响。

第四节　捆绑策略:行业协会与行业工会

家政业是较早进行数字化转型的传统服务业,家政劳工成为新就业形态中产业数字化转型的代表性群体。全国总工会列举的新就业形态“八大群体”中就明确包含家政服务员。上海的家政市场被誉为我国家政服务行业的风向标,家政行业在上海十分成熟,行业组织齐备。在新就业形态增建行动中,家政行业以其行业功能完备的优势,引起了地方工会的普遍关注。与其他业态相比,家政劳工的组织化十分迅速,在上海增建行动的启动之年,就快速成立了浦东、徐汇、长宁、普陀 4 个中心城区家政行业工会。2020 年 8 月,闵行区家政服务行业工会联合会成立,从地方工会关注这个群体到行业工会成立,其间用时仅有 15 个月。

一、业态关联:早期酝酿和行动策略

(一) 建会早期酝酿过程

家政劳动历史悠久,与现代社会发展同步。通常认为,家政工人是在私人住所提供清洁、照护、饮食服务等劳动的群体。然而,由于家政劳动具有亲密接触性的特点,加上各国文化传统和发展状况的差异,家政工人究竟包括哪些工种,与雇主之间是否存在亲友关系,在各个国家存在很大差异。在中国语境下家政工人取用的是相对广义的概念,依据2000年中国劳动和社会保障部出台的《家政服务员国家职业标准》,家政工人是指"根据要求为所服务的家庭操持家务,照顾儿童、老人、病人,管理家庭有关事务的人员"。

中国的家政行业受人均消费能力提升、家庭结构变化、生活质量需求提升等因素影响,需求高频、刚性,蕴藏巨大的市场空间。互联网技术瞄准了蕴含巨大市场的家政服务业,家政OTO应运而生。早在2013年,庞大的家政市场需求就吸引了一系列创业者的关注,在过去的几年中先后出现了云家政、家家在线、阿姨来了等家政OTO公司,阿里巴巴、美团点评等互联网企业都在生活领域积极布局,通过自营或第三方合作的方式进入家政OTO市场。"互联网+"改造了传统家政业的生产方式和产业结构,家政OTO打破家政劳动传统工作状态,使之成为生活领域新的经济增长点。2018年我国家政服务业的经营规模达到5 762亿元,从业人员总量已超过3 000万人。家政行业已经变成一块创业与就业的热土,其从业者成为受产业数字化转型影响较为深刻的劳动者。

2019年,国务院办公厅印发《关于促进家政服务业提质扩容的意见》,指出家政服务业作为新兴产业,对促进就业、精准脱贫、保障民生具有重要作用,要求各地要把推动家政服务业提质扩容列入重要工作议程,确保各项政策措施落实到位。该意见提出 10 项重点任务,工会在其中 5 项任务中具有主体责任。该意见明确要求:“保障家政从业人员合法权益。最大限度把家政从业人员组织到工会中,探索适合家政从业人员特点的入会形式、建会方式和工作平台。完善家政从业人员维权服务机制,保障其合法权益,促进实现体面劳动。”

家政行业在上海历史悠久,自上海开埠之初就已形成现代家政业。随着数字技术渗透传统行业,上海涌现一批从事家政业的互联网科技企业,还有一些传统家政企业重新改组注册开展互联网业务。家政劳工队伍庞大,截至 2018 年底上海 800 多万家庭中,正在使用或者有家政服务需求的家庭超过三分之一,家政劳工高达 50 多万人,其中在行业协会登记注册的家政人员为 219 070 人。① 因此,家政劳工的组织化也成为此次上海工会增建行动的主要目标。

(二) 家政行业的用工模式

家政行业用工关系存在员工制、中介制和自雇制三种样态(图 4 - 3)。员工制是指有从业资质的家政企业招聘、雇佣劳动者作为其员工,双方签订劳动合同、建立劳动关系,因此员工制的家政工人属于拥有标准劳动关系的正规就业者。执行员工制的家政企业对家政工人进行技能培训,为其交纳社会保险。家政工人作为企业工作人员被指派到付费家庭工作,以企业名义向家庭提供服务,定期从家政企业中领取工资。中介制主要存在于家政工人、中介型家政企业与私人家庭之间。中介型企业的主营业务是收集整合市场供需信息,作为居间人向付费家庭推荐家政工人并且收取介绍费,而非直接从业。中介制的家政工人实质上是

① 资料来源:2019 年 4 月上海市家政行业协会副会长在接受访谈时提供。

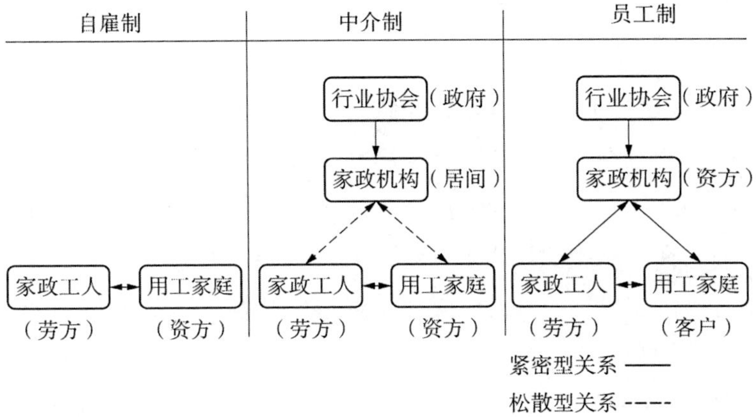

图 4－3　家政行业的用工模式类型

受雇于私人家庭而非中介型家政企业。自雇制的家政工人在用工关系上与中介制无本质区别，同样是受雇于私人家庭，但双方之间通过亲友推荐等非市场化途径缔结协议，并且无企业参与。

依据我国劳动法律制度，私人家庭作为雇主与工人之间的关系不接受劳动法调整，即排除自然人直接雇佣家政工人而产生的法律关系之适用。1994 年颁布的《中华人民共和国劳动法》明确对家庭与家政工人之间的关系不予调整。同年 9 月，劳动部制定的《关于〈劳动法〉若干条文的说明》第二条明确规定家庭保姆不适用劳动法。2007 年 7 月，最高人民法院发布《关于审理劳动争议案件适用法律若干问题的解释(二)》，在第七条中仍将家庭或者个人与家政工人之间的纠纷排除于劳动争议案件之外。2007 年 6 月《中华人民共和国劳动合同法》颁布，依然不调整雇主和家政工人之间形成的法律关系。

（三）建会策略：捆绑行业工会

在群团改革后，全国总工会对于产业(行业)工会建设的意见，是在产业经济发展较好、产业职工较多的地方，按照地域相近、行业相同、管理服务便捷的原则，积极推进县级以下区域成立行业工会联合会,覆盖不同所有制企事业单位和相关社会组织[①]。在上海,家政行业是一个十分成熟的传统行业,由商务委、人社局和妇联等多方共同管理,早在 2009 年就成立了市级行业协会,并且行业聚集的区县均建立了协会办事处等协会分支机构。在对家政企业的监管上,政府与行业协会的权责分配明确。在政府提供资源扶持的基础上,家政行业协会实现对本行业自治监管。行业协会在市场监督管理局、人力资源和社会保障局等政府部门指导下,长期推行市场准入门槛、指导性收费标准、三方示范合同、诚信档案、"黑名单"与退出淘汰机制等监管手段,建立了上海家政公共服务网,主管部门搭建了家政服务网络中心,对会员单位的从业人员登记造册,对家庭服务争议解决具有官方调解权。

上海市家政行业协会在闵行区设立了办事处,区内有会员单位 51 家,大型家政企业和知名品牌的分支机构均为行业协会的会员单位。按照上海市家政行业整体情况估计,在行业协会登记注册的家政工人约占市场从业者的 50%。通常认为工会吸纳 30%以上的从业者入会才有权成立冠以行业之名的工会。就上海的家政行业而言,只要行业协会的会员单位都实现入会,就大大超出此标准。在闵行区家政行业工会成立之前,已建会的 4 个地区行业工会就是通过该模式实现的。因此,在掌握区域行业情况之后,闵行区总工会选择了通过行业协会成立行业工会的路径。

二、组织同构:家政行业工会的成立及运作

(一) 行业工会的成立路径

闵行区在上海城市布局中属于中心城区拓展区,产业结构

---

① 中华全国总工会:《关于深入推进产业工会工作创新发展的意见》,https://www.acftu.org/wjzl/wjzlzcwj/qzwj/202105/t20210525_780901.html,2021 年 5 月 25 日访问。

具有典型的近郊工业特征，因此地方工会预判区域家政工人数量不显著，在增建行动启动之初，未将该行业作为行动的“突破口”。2019 年 5 月，上海市总工会拟对近两年的增建行动情况进行摸底，并且根据市级家政协会的办事处分布向相应城区的地方工会下达了调研的指令。闵行区总工会在接到调研指令后，对区内家政行业进行接触并且与家政协会建立稳定的工作联系，通过上门走访、召开座谈会和发放调查问卷等形式，对全区 5 个街镇的 25 家家政企业和家政服务员开展调研。世界各国家政劳动迄今都没有突破非正规就业的这一归属，其主要原因是家政劳动的私人从属性高、标准化程度低，劳动形式灵活多样。从当时的调研情况来看，企业运营模式采取直营、加盟和平台，同时存在非正规就业和正规就业，二者人数之比高达 9∶1。不签劳动合同或签订合作协议、家政合同及与少部分总部职工签订劳动合同在行业中较为普遍。“职工流动性很大，难以组织”是企业尚未组建工会的首要原因，其他企业认为未建会的原因是“职工组建工会意愿不强烈”和“本企业人员紧张，难以指派专人负责工会工作”。

此次调研任务完成后，闵行区总工会觉察到成立家政行业工会的可行性，便召集家政业集聚的街镇总工会，会同行业协会在区域分支机构，紧密地召开几次闵行区家政服务行业工会联合会筹备工作会议，推进家政服务行业从业人员入会。当时家政行业协会在该地区共有会员企业 51 家，由行业协会主导与会员企业负责人协商，首批完成了其中 39 家企业的工会建设。其余 12 家企业多为不具备独立经营管理权限，区域经营负责人无权力决定，少部分为经营者在成立工会问题上持观望态度的企业。闵行区总工会基于上述情况，联合家政行业协会，在家政行业聚集的 7 个街镇成立区域家政服务业联合工会，主要负责已建家政企业工会不愿意接纳的会员和所属企业没有成立工会的会员;在此基础上,推动组建区级家政服务行业工会联合会。

(二) 行业工会的运作模式

1. 工会范围局限于行业协会会员单位

家政行业用工关系存在员工制、中介制和自雇制三种样态,其中只有员工制和中介制模式存在企业主体,而自雇制模式的家政工人规模比例更高。在上海,约一半的家政工人不在行业协会登记注册范围。家政行业工会的会员来源全部为登记注册的行业协会会员单位,自雇制家政工人与工会组织之间并无建立联系的渠道。

2. 行业工会领导机构人员来自行业协会

家政行业工会的领导机构为工会联合会委员会,该委员会设立 31 名委员,其中包含 1 名工会主席和 5 名副主席,并且按规定配备了工会经费审查委员会和女职工工作委员会。在行业协会会员单位中首批建立工会的家政服务企业有 39 家。按照联合制、代表制原则,由已建立工会中 28 家规模大、会员人数较多的家政企业的工会主席(干部)作为行业工会委员会成员。同时,“根据工作需要,可吸收政府有关部门代表参加”的原则,闵行区总工会、区妇联和区经济委员会相关人员一并纳入该行业工会的委员会中。

3. 区分家政企业工会与家政工人工会

2020 年实施的《上海市家政服务条例》强调家政行业员工制的推行,招聘并派遣家政工人到家庭提供服务的家政服务机构,应当与员工制家政工人签订劳动合同或简易劳动合同,执行家政服务劳动标准,家政服务机构应当与家庭签订家政服务协议。虽然有此倡导,但是家政行业用工模式中的中介制和自雇制工人数量还是远远高于员工制。在中介制之下,他们与家政企业之间都不是劳动法律制度下的劳动关系,不受劳动法保护,一旦发生劳动纠纷，工会责任重大。家政企业工会拒绝中介制家政工人加入企业工会。闵行区行业工会依据劳动关系区分为家政企业工会和家政工人工会两类，为家政企业工会“减负”，由街镇工会“兜底”。

三、捆绑策略的弊端与运行困境

家政工人队伍往往面临着就业灵活、流动性强、分散游离，劳动关系或复杂或不明确，地位相对弱势，权益得不到保障的状况。与此同时，行业工会面临工会传统的组织方式和入会方法难以适应、工会经费难以保证等诸多新情况、新问题。

（一）工会传统的组织发展模式不适应

新就业形态从业者聚集的企业有很大一部分是小微企业，这种类型的企业更迭速度快，企业从成立到消亡的周期短，对于工会组建的速度提出了新要求。新就业形态从业者“跳槽”现象相当普遍，流动性大。由于缺少固定的劳动人事关系，家政企业与网约家政工人之间关系松散、约束力小，加之入会渠道少，造成新就业形态从业者的会员发展难问题。

根据已有的建会入会模式来看，目前仅仅依靠街镇地方工会或行业工会作为入会“接口”；家政企业建会与家政工人入会“双线并行”，没有很好的衔接模式。传统的发展劳工建会入会的模式已经不适应当前实际的需要，在一定程度上限制了新就业形态从业者入会的便利度。由于没有明确的工作管理主体，工作抓手少、管理界限不清，家政工人陷入企业工会不愿管、行业工会管不了的境地，工会的运转陷入停摆状态。

家政行业协会登记注册人员仅为市场从业者的50%，存在大量的自雇型服务者。他们无任何组织关系，通过私人推荐的方式获得工作机会，从事劳动时通常居住在雇主家里，在沪居住地因更换雇主而随时变动。就工会组织工作而言,无论是按照劳动关系还是居住地都无法实现工会组织覆盖。因此,工会需要探索契合家政服务人员零散状态的组织化模式。

(二) 会员专享服务激励性不足

中国劳动法排除自然人直接雇佣家政工人而产生的法律关系之适用。1994 年颁布的劳动法对家庭与家政工人之间的关系不予调整。2008 年颁布的劳动合同法更是明确不调整雇主和家政工人之间形成的法律关系。在社会保险参保问题上,2010 年国务院办公厅印发的《关于发展家庭服务业的指导意见》提出,以灵活方式鼓励从业人员参加社会保险,并非强制参保。非员工制城镇户籍家政工人可以灵活就业人员身份,自愿参加城镇企业职工基本养老保险和城镇职工基本医疗保险或城镇居民基本医疗保险。非员工制农业户籍家政工人可以自愿参加新型农村社会养老保险、新型农村合作医疗,或以灵活就业人员身份自愿参加城镇职工基本医疗保险或城镇居民基本医疗保险。如若让家庭服务机构及其从业人员按规定参加社会保险、缴纳社会保险费,工伤保险及其他有条件的社会保险险种亟待要针对家政工人的特点,实现灵活便捷的参保缴费方式,并做好转移接续工作。《财政部、国家税务总局关于员工制家政服务免征营业税的通知》(财税〔2011〕51 号)规定的员工制家政服务营业税免税政策,家政服务业在实施营业税改征增值税改革之日前继续执行。可见,国家通过税收政策引导,加快家政行业员工制的发展进程。

虽然有诸多政策扶持,但是家政工人依然面临劳动合同签订率低、超时工作现象普遍存在、收入稳定性差、社会保险覆盖低、劳动法律救济渠道不畅等方面的问题。家政工人有着强烈的健康医疗需求,希望工会提供更优质的服务资源,吸引他们入会。根据大树保[1]提供的数据，家政工人风险主要来自交通事故、第三者财产损失、工作期间摔跤、工作期间大病、第三者人伤和猫抓狗咬。其中，由于家政工人通常购买的是意外险，工作期间大病缺乏保障，而从业人员年龄大都在40岁以上，患病风险较高。上海市总工会在2018年底和2019年初先后出台了《服务灵活就业群体工会会员项目经费使用管理办法》和《10万名灵活就业群体参加工会会员专项基本保障》两项福利政策，旨在做好灵活就业群体的服务资金保障工作，帮助这一群体切实提高抵御和防范疾病、意外风险的能力，增强入会吸引力，扩大工会组织对新产业新群体的覆盖面。在实际操作中，工会确实吸纳了部分因福利政策而入会的家政工人，但距离政策提出的期望仍有很大差距。

家政工人的劳动合同签订率低、社会保险参保难，除工会提供的小额保险外，他们更希望工会作为职工群体的代表者和维护者，针对上述问题多渠道开展建议建言，在建立劳动关系、参加社会保险和加强职业技能培训等方面予以支持。但推动非正规就业的社会保险制度出台并非一时之功。

① 大树保是一家开展家政服务人员保险业务的公司，成立于2016年，聚集了来自保险行业与互联网行业的众多专业人士，是国内领先的职业社群保险经纪服务平台。大树保率先以职业为标签，为不同职业人群提供风险分析、方案咨询、产品设计、理赔协助等一站式保险服务。

第五章
新就业形态下工会建设的路径突破

中国工会在改革伊始就将增建目标瞄准了新就业形态，然而关于新就业形态从业者是否具备合法会员资格在理论上仍存有争议。新就业形态在劳动用工上模糊了劳动者个人与所就业企业之间的组织隶属关系。《中华人民共和国工会法》第三条规定：在中国境内的企业、事业单位、机关中以工资收入为主要生活来源的体力劳动者和脑力劳动者……都有依法参加和组织工会的权利。由此可见，中国工会会员资格需要兼顾"以工资收入为主要生活来源"和隶属企业的劳动者身份。新就业形态"去雇主化"的就业特质与之悖离。更重要的是，新就业形态多以职业为纽带集结形成"共同体"，而中国工会执行产业与地方相结合的"联合体"组织逻辑。因此，采用现行工会组织模式吸纳新就业形态劳动者，在理论和实践上都存在困难[①]。

中国工会在"中心-外围"分层控制结构中，其资源禀赋差异性大。工业社会的经济结构以正规经济为主体，无论"内外"都是劳工治理的核心。在劳工治理的核心区，中国工会形成了密集的组织体系和建设资源。在 20 世纪 90 年代中期以后，中国工会依靠政治资源可以实现在企业等经营部门开展"布点"，国

---

① 闫永飞：《论"工人阶级""产业工人""职工"概念的历史演变》，《工会理论研究》2020 年第 5 期。

家为了建立一个能对劳动者有效动员与监控的政权体系，在非公有经济特别是规模型经济组织中，协助工会不断建立基层组织，以图借助中国工会的组织体系及其代表者、维护者身份，实现劳工的组织关联，完成群体再组织化过程。

非正规经济属于“兜底”范畴，在数字经济到来之前，中国工会对于非核心的第三层级非正规就业，在组织化上采用的是放任策略。非正规就业劳动者主要由街镇与居委会承担，表现为非正规就业的劳动政策与户籍制度捆绑、街居行政开设社会保险、职工互助保险等的代缴事务，工会在基层组织建设中设定“工会不进社区”的红线，对非正规就业的治理责任定位为配合和支持。全球劳动就业灵活化趋势和中国劳动友好型数字经济的发展，使得个体工商户等非企业法人占经济组织的比例快速增长，新就业形态从业者数量占劳工总数比例逐步增加。2015年中央党的群团会议揭开了工会、共青团、妇联等群团组织的改革序幕。改革要求工会等群团组织向“新兴群体”延伸组织体系。

配合和支持的功能定位被群团改革所改变，放任策略转为“集中行动”。工会针对新就业形态所开展的增建行动，对于不同层次运用不同的路径，在中心区域利用体制本身的强制力，在远离中心的外围或以行业协会充当权力中介，或进行工会资源主动输出，使得工会组织体系得以向外围延伸，并为新就业形态从业者订立规则，确保他们遵从。

第一节　工会体制刚性：强制性权威路径

科层制作为经典高效的组织模式，在中国工会的组织构建中被深刻运用。1953 年中国工会第七次全国代表大会修改通过了新中国成立后的首部工会章程,一改之前的团体会员制,确立了中国的一元工会体制。1957 年中国工会的组织原则由产业为主改为产业和地方相结合。至此,中国工会的组织体制基本形成,各级各地产业工会、地方工会是中华全国总工会的下属机构,而非松散的联合。这就决定了上级工会对下级工会有充分的强制力,对其行动产生影响。在组织体制上,中国工会分为全国组织、地方组织、基层组织三大层级。基层组织又可以分为长期匹配党和国家的领导体制所形成的乡镇(街道)一级的地区总工会和在组织体系最末端、极具特色的企业工会。除了非公有制企业工会和近几年得到较快发展的区域性、行业性工会联合会,中国工会其他各级各类组织形式都属于体制内工会,处于劳工分层控制的"中心",构成中国工会组织体制的主体、组织动员力较强的部分。中国工会在新就业形态中建立组织时,充分运用自身的组织资源,下达指令要求体制内工会参与行动。

一、增建指令与体制内工会的建设责任

(一)党的指令:向新就业形态延伸

2015 年中共历史上第一次中央党的群团工作会议召开,要求工会等群团组织向"新兴群体"延伸组织体系。这次关于加强和改进党的群团工作会议指出,工会等群团组织基层建设存在"基础薄弱、有效覆盖面不足、吸引力凝聚力不够问题突出,特别是在非公有制经济组织、社会组织和各类新兴群体中的影响力亟待增强"①,"尽管这些年作了很多努力,挂了不少牌子,有数据,有报表,实际上还存在大量没有覆盖的盲区和'飞地',工作

① 中共中央:《关于加强和改进党的群团工作的意见》,2015 年 1 月 8 日,http://www.xinhuanet.com/politics/2015-07/09/c_1115875561_3.htm,访问时间 2020 年 8 月 7 日。

没有成气候，不少基层群众感觉不到群团组织的存在”[①]，并且明确提出群团事业要向新就业形态延伸[②]和加快群团组织在新领域新阶层的组织建设。[③] 会议还下发了《关于加强和改进党的群团工作的意见》，文件要求“各级党委要明确对群团工作的领导责任，健全组织制度，完善工作机制，从上到下形成强有力的组织领导体系”，还要求由同级党委专职副书记分管群团工作。对中国工会而言，在新就业形态中开展增建行动，是一把得到地方党政支持的“尚方宝剑”。2018 年 10 月，习近平总书记在同全国总工会新一届领导班子成员集体谈话时指出，工会要通过多种有效方式，把快递员、送餐员、卡车司机等灵活就业群体、各类平台就业群体吸引过来、组织起来、稳固下来，使工会成为他们愿意依靠的组织[④]。遵从党的指令要求，中国工会提出

---

① 习近平：《在中央党的群团工作会议上的讲话(2015 年 7 月 6 日)》，载于中共中央文献研究室编：《习近平关于社会主义政治建设论述摘编》，中央文献出版社 2017 年版，第 334 页。

② “现在很多青年人在新经济组织、新社会组织、社区里，在网络空间里，在农民工、个体工商户、网民、‘北漂’、‘蚁族’里，尤其是那些自由职业者、网络意见领袖、网络作家、签约作家、自由撰稿人、独立演员歌手、流浪艺人等种类繁多的新兴群体，里面有很多有本事的人，有的甚至可以一呼百应。对他们的工作做不好，他们可能成为负能量；对他们的工作做好了，他们就可以成为正能量。随着社会发展，这类人群将会越来越多，群团组织必须适应这个发展趋势，努力去做他们的工作，而不要排斥他们、拒绝他们、疏远他们，不要让他们游离于群团组织之外。”详见《在中央党的群团工作会议上的讲话》(2015 年 7 月 6 日)，出自《习近平关于社会主义政治建设论述摘编》，第 335 页。

③ “群众流动频繁、分布不断变化，群团组织设置必须及时调整。要巩固已有的组织基础，加快新领域新阶层组织建设，形成完善的组织体系，实现有效覆盖。工会、共青团、妇联要探索以多种方式构建纵横交织的网络化组织体系，做到哪里有群众、哪里就要有自己的组织，怎么有利于做好工作、就怎么建组织。”详见《在中央党的群团工作会议上的讲话》(2015 年 7 月 6 日)，出自《习近平关于社会主义政治建设论述摘编》，第 336 页。

④ 中华全国总工会：《有关负责人就〈关于切实维护新就业形态劳动者劳动保障权益的意见〉答记者问》，https://www.acftu.org/xwdt/ghyw/202107/t20210720_783540.html，2021 年 7 月 20 日访问。

健全联系广泛、服务职工的工会工作体系,并将其作为工会改革的重要方向。

(二) 全总指令:“八大群体”入会行动

在 2015 年群团改革启动后,全国总工会作为试点单位、上海作为试点地区,在工会改革方案中都将新就业形态列为增建工作重要目标。在落实《关于加强和改进党的群团工作的意见》的实施方案中,工会将“依法推动企业普遍建立工会组织,加快新领域工会组织建设,促进工会组织向非公有制经济组织、社会组织延伸,形成完善的组织体系,实现有效覆盖”作为其中一项重要举措①。2015 年 11 月中央全面深化改革领导小组审议通过的《全国总工会改革试点方案》共有 7 项改革措施,其中在加强基层建设方面提出“实现对非公有制企业职工、科技工作者和灵活就业人员等有效覆盖”②。

之后,中国工会逐步落实这一改革举措。2016 年中国国防邮电工会组织了关于非公快递企业近万份问卷调查。同年,北京、上海等地总工会先后开展了网约工队伍调查。2017 年全国总工会组织开展“第八次全国职工队伍调查”,“新技术新业态新模式蓬勃发展对职工队伍和劳动关系的影响及应对举措”作为八个分课题之一列入调查方案。除了对从业者群体的状况开展调查,自 2018 年起全国总工会将新就业形态的建会入会上升为工会重点工作。2018 年 3 月全国总工会启动“八大群体”③入会行动,要求全会上下作为“一把手”工程来抓。“八大群体”中除

① 《全国总工会关于落实〈中共中央关于加强和改进党的群团工作的意见〉的实施方案(2015 年 7 月 31 日)》,上海市总工会内部资料,2019 年 10 月。

② 李玉赋:《中国工会改革创新实录(2015—2017)》,中国工人出版社 2018 年版,第 59 页。

③ 人民网:《全国总工会将推动快递员等八大群体入会》,http://politics.people.com.cn/n1/2018/0411/c1001-29917885.html,2018 年 4 月 11 日访问。

农民工集聚的传统行业，重点包括快递员、网约送餐员等新就业形态，后续学界对“新就业形态”外延做列举时也广泛采用了这八个群体。全总新闻发布会的宣传也认为此次行动是中国工会向新兴群体发展。2018 年 10 月中国工会第十七次全国代表大会召开，提出“推动建立适应新业态的用工和社保制度，建立健全互联网平台用工等新就业形态劳动标准体系”，作为今后五年工会工作的主要任务。2019 年被全国总工会定为“货车司机、快递员等群体入会工作推进年”，设立了群体入会专项资金 500 万元，期许年底企业建会率和职工入会率分别达到 50％以上。在两年的时间内，中国工会已新发展货车司机、快递员等“八大群体”会员约 654.7 万人。① 2021 年 7 月全国总工会启动“新就业形态劳动者入会集中行动”，提出到 2022 年底全国新建各类基层工会组织 24 万个以上、新发展工会会员 1 600 万人以上②。2023 年 5 月全国总工会下发《深入推进新就业形态劳动者工会工作三年行动计划（2023—2025 年）》，持续巩固拓展深化新就业形态劳动者工会工作③。

（三）上海工会的增建指令

上海、重庆与全国总工会一起被确立为全国群团改革试点单位，但上海与重庆在对新领域新阶层“有效覆盖”的破题思路上存在差异。重庆采取较为松散的覆盖形式，通过在群团组织难以覆盖的盲区和“飞地”设立群团服务站，作为联系群众的一

---

① 人民网：全总召开 2020 年第三季度新闻发布会，http://acftu.people.com.cn/n1/2020/0827/c67560-31839538.html，2020 年 8 月 27 日访问。

② 国务院新闻办公室：《全总启动“新就业形态劳动者入会集中行动”》，http://www.scio.gov.cn/32344/32345/44688/46592/46599/Document/1710740/1710740.htm，2021 年 7 月 30 日访问。

③ 中工网：《深入推进新就业形态劳动者工会工作三年行动计划来了！》，https://www.workercn.cn/c/2023-07-24/7919245.shtml，2023 年 7 月 24 日访问。

线窗口和工作平台[①]。上海尝试以多种方式把新就业形态从业者纳入工会组织体系,《上海市总工会改革实施方案》的第二部分提出“建立实施以职工为主体开展工作的制度办法”,探索企业体制外职工入会方式,“通过这种方式不断扩大对农民工、非正规就业者等群体的组织和工作覆盖”。[②] 而上海对企业体制外职工入会的探索,更加契合党提出的“哪里有群众、哪里就要有自己的组织”基层建设要求。

上海工会通过对新就业形态增建破题工会改革,与全国总工会“八大群体”入会行动高度契合,认为该工作“非常切合上海的实际”[③],把推进“八大群体”的入会工作作为上海工会围绕中心、服务发展的重要内容。因此,与其他省市相比,上海工会推进“八大群体”入会行动更加坚决。从概念外延来看,“八大群体”不尽都是新就业形态的范畴,但上海工会乃至整个中国工会对“八大群体”的理解是新经济形势下诞生的就业群体,提出推进以“八大群体”为代表的新就业形态企业建会和从业人员入会[④]。

2017 年伊始,上海工会就启动了在新就业形态中的增建行动,提出“加强对包括‘网约工’等各类新兴群体在内的上海职工队伍整体规律的调查研究力度,高度重视研究新型用工方式和劳动关系对工会组织形式和工作方式带来的新机遇和新挑战”[⑤]。

---

① 重庆市总工会:《重庆市群团改革试点答记者问》,《中国工运》2016 年第 2 期。

②《上海市总工会关于〈上海市总工会改革实施方案〉的说明》,上海市总工会内部资料,2019 年 10 月。

③《上海市总工会关于推进货车司机等“八大群体”入会工作的情况汇报》,上海市总工会内部资料,2019 年 10 月。

④ 上海市总工会:《上海市总工会聚焦八大群体入会建会工作纪实》,http://gov.eastday.com/renda/node5902/node5904/node5913/u1ai6219316.html,2018 年 9 月 11 日访问。

⑤ 莫负春:《在市总工会十三届九次全委(扩大)会议结束时的讲话》,http://gov.eastday.com/renda/node5902/node5911/node6582/u1ai6127819.html,2017 年 3 月 17 日访问。

以第八次中国职工队伍状况调查为契机，上海工会对新就业形态开展了调查摸底工作：在调查方案中专设以外卖送餐、快递员为主体的网约工调查设置，借助党政资源，与平台公司、行业龙头企业、行业协会建立正式调查联系；指派工会干部以个人身份注册加入网约司机、网约送餐员群体，在街头分发调研问卷等方式开展民间调查。为了实现对新就业形态从业者的“有效覆盖”，2018 年上海两会期间，上海市总工会劳动关系工作部向政协提交了“加强新业态企业就业形态法律研究，落实新型用工模式下职工权益保障”的提案。上海市工会第十四次代表大会提出聚焦各类流动、分散、灵活就业群体，开展新领域新型群体集中行动。上海工会在行动中目标逐步清晰，在用词方面开始统一使用“新就业形态”“灵活就业群体”的称谓，明确指向数字经济下新增非正规就业者，两年时间内已有 10 万名左右的登记会员。随着平台企业、头部企业逐步建立工会组织，2021 年 9 月上海已有新就业形态会员 25.6 万余人①，并提出 100 万人的会员目标，②期冀新就业形态劳动者所涉行业企业普遍建会。

二、地区总工会的“兜底”责任

依据《中国工会章程》，“同一企业、事业单位、机关和其他社会组织中的会员，组织在一个工会基层组织中”，基层委员会承担“会员的发展、接收、教育和会籍管理”的任务。因此，中国工会基层组织形成了极具特色的“企业体制”。工会基层增建通常

① 工人日报：《上海 25.6 万名新就业形态劳动者实名走进“工会大家庭”》，https://www.acftu.org/xwdt/dfdt/sj/202109/t20210928_786508.html?7OkeOa4k=qAktkqq_iOL_iOL_iOftHXS33sjjTniOwlMCekr1vzLqqHeytMpe-qAqqiG，2021 年 9 月 28 日访问。

② 上海市总工会等：《关于上海推进新就业形态劳动者入会和服务保障工作的指导意见》，http://www.shzgh.org/zghimg/2021-09-27/pdf/65d8740ee7c04d01b92f9ba538beb4e3.pdf，2021 年 9 月 27 日访问。

是先以地方工会筹建企业工会,劳工再向企业工会申请加入的模式。新就业形态的本质是非正规就业,即无劳动法意义上的标准“劳动关系”,也就无法通过成立企业工会将其组织化。2021 年 9 月全国总工会出台《关于推进新就业形态劳动者入会工作的若干意见(试行)》,指出:不完全符合确立劳动关系情形及个人依托平台自主开展经营活动等新就业形态劳动者,属地化入会,即加入工作或居住地的乡镇、开发区、村工会或区域性行业性工会联合会、联合工会等。2022 年 11 月全国总工会下发《关于深入推进“兜底建”工作的指导意见》,要求各级工会以实现“兜得住、兜得牢、兜得好”为目标,推行“重点建、行业建、兜底建”新就业形态劳动者建会入会模式。

区域性、行业性工会联合会作为新就业形态从业者加入工会的主要形态,按照全国总工会的要求,其行政层级设定在县级及以下。在上海,区域性、行业性工会联合会的主要建设责任在区县、乡镇(街道)两级的地区总工会。区域性工会联合会比照党政网格化治理模式,遵循“横向到边、纵向到底、全面覆盖、不留死角”全域覆盖的网格化治理内涵。行业性工会联合会则是在区县、乡镇(街道)的行政区划内,按照行业将劳动者组织化。从内部分工来看,区县、乡镇(街道)两级的地区总工会及其建立的工会联合会,是新就业形态从业者组织化责任的主要承担者。上海工会开通企业体制外入会渠道,在官方 APP“申工社”上设置了网上申请入会接口,在入会申请端口规避了企业工会体制,但是后台的会员管理依旧保留属地原则,街镇等地区总工会主要承担无用人单位会员的管理工作①。这正好与国家分层控制体系中起到“兜底”责任的街镇与居委会极大吻合。

① 《关于在企业体制外组织职工加入工会的试行办法》,上海市总工会内部资料,2019 年 10 月。

与全国其他省市相比，上海工会在吸纳新就业形态入会方面十分紧迫。作为国际化大都市，数字经济对经济社会的影响在上海较早显现。2018 年 1 月，上海外服集团发布《2017 灵活用工业务现状与趋势报告》。报告显示，上海、北京和广州的灵活用工比例最高，全国一半以上的灵活用工出现在这三座城市，其中，又以上海最高（占比 35.9%）。在数字经济的强力驱动下，第三产业在上海经济结构中的比重不断提升，2019 年第三产业增加值占全市生产总值的比重达到 72.7%，互联网业务收入较上年度增长 30%以上[①]。与此同时，上海市政府十分重视"三新"经济发展，计划到 2022 年末"将上海打造成具有国际影响力、国内领先的在线新经济发展高地"[②]。上海工会要求每个区县根据自身行业聚集特点，在"八大群体"中选择成立 1～2 个行业成立区级行业工会，并在 2019 年已完成 10 万名登记会员的基础上，提出 2020 年完成 20 万人的入会目标[③]。2021 年 4 月上海市总工会发布《关于进一步加强上海工会组织体系建设激发基层活力的工作意见》，提出用 3 年的时间，实现新型就业群体和灵活就业群体服务覆盖超过 100 万人。

2017 年上海工会启动在新就业形态中建立基层组织的增建行动，行动要求每个区（县）至少成立一个门类的行业工会且行业类型围绕新就业形态。上海各新就业形态工会从成立动机

---

① 应勇：《应勇市长在上海市第十五届人民代表大会第三次会议的政府工作报告（2020 年）》，https://www.shanghai.gov.cn/nw12336/20200813/0001-12336_1423630.html，2020 年 8 月 13 日访问。

② 上海市人民政府办公厅：《上海市促进在线新经济发展行动方案（2020—2022 年）》，https://www.shanghai.gov.cn/nw48979/20200929/0001-48979_64862.html，2020 年 9 月 29 日访问。

③ 上海市总工会：高度关注新就业形态 全年将"吸引"20 万灵活就业群体入会，http://www.sh.xinhuanet.com/2020-07/18/c_139221821.htm，2021 年 1 月 10 日访问。

上看,都是源自此次增建行动。体制内的利益与目标不一致、权力不对等的行动体之间,通过指示和分配展开合作。上述指标被分解拆解,每个街镇级总工会都有较为明确、数量不一的组织化任务目标。例如,闵行区总工会提出在各街镇级工会中开展"八大群体"建会入会集中行动和立功竞赛,希望多个新就业形态在本区实现建会突破。各区级总工会为了完成上级布置的任务,结合区域资源挑选适合的业态进行建会突破,同时在增建行动的大旗帜之下,更容易获得地方党政在资源上的支持。例如,松江经济技术开发区(简称"松江经开区")为上海工会改革试点地区,建立了开发区党政领导工会组建包干责任制,每名中层以上干部负责跟进 6 家企业。松江经开区的 65 名中层以上干部,定期联系园区企业,将未组建工会组织的企业落实到具体负责人,将工会组建与各科室、区块、直属公司中层干部和单位挂钩,制定考核标准,细化、量化各项指标,纳入年度单位和个人考核体系。

由此可见,此轮新就业形态行业工会的成立,其推动力主要来自上级指令,从建设伊始就是一次自上而下的"布点"任务,并非自下而上的新就业形态从业者团结权的实现。

三、体制内单位工会的引领责任

中国工会在体制内的基层组织,除长期匹配党和国家的领导体制所形成的乡镇(街道)一级的地区总工会,另一主体构成国有企业、机关事业单位等体制内单位的工会,它们对劳动领域的"外围"有很强的影响力。在开展农民工入会行动时,工会基层增建有这么一条组织经验:体制内经济体、社会体与农民工集聚的企业在产业链上有或多或少的交集与联系,中国工会就利用体制内影响力,推动组织建设。体制内单位在其所主导的重大项目建设、重点产业合作、园区投资运营中,支持地区工会按照属地原则，推进各类合作、入驻企业做好建会、入会及服务各项工作。体制内单位的工会要将劳务派遣工、项目外包工、农民工等特殊职工群体纳入本单位工会管理体系中，做好这类群体的维权服务保障工作。在新就业形态增建行动中，上海工会对这些体制内单位的工会提出“坚持示范引领，履行社会责任”，并发文要求其执行[①]，发挥体制内经济体、社会体与“三新”经济在产业链上有交集与联系的资源优势，先后在机场、国有商场、医院等单位联合建立了行业性联合工会，吸纳了一大批物流货运司机、商场信息员等群体人员入会，发挥了体制内工会在推进新就业形态从业者入会中的影响和辐射作用。

上海机场（集团）有限公司是经上海市委、市政府授权，负责统一经营管理浦东、虹桥两座国际机场的国有企业。但是除机场集团的员工，机场区域还有大量体制外劳动者，数量规模超过机场集团的员工，其中部分职业属于新就业形态。浦东新区总工会与上海机场集团工会联手，成立区域非公有制企业工会建设领导小组，建立浦东机场区域性基层工会联合会，围绕加快建设世界级航空枢纽，拓宽服务职工的覆盖面，因地制宜创新工会组织体制，建立与之实际相适应的运行机制，下设浦东机场航站区、场区和商业经营等区域划分建立 3 个联合工会，为服务推动航空经济集聚区发展发挥重要作用。一年后，虹桥机场仿照浦东机场同样成立了非公有制企业工会联合会成立。机场工会联合会的性质为区域性工会，组织关系隶属所在地街镇总工会，具体负责机场区域内“外围”劳动者（体制外正规就业和非正规就业）的组织化，其工会运行被纳入机场集团工会管理体系之中。

机关事业单位的工会同样如此，具体指导本系统劳动者依

① 上海市总工会：《关于进一步加强上海工会组织体系建设激发基层活力的工作意见》，http://tu. shqp. gov. cn/tu/tu/upload/202105/0507_162518_742. pdf，2021 年 5 月 7 日访问。

法参加和组织工会。护工护理行业以非正规就业为主,随着互联网技术对传统业态的渗透,护工护理行业开始出现网约工,他们属于新就业形态的范畴。在上海,工会和卫生健康行政部门联合推动,卫生健康行政部门所管辖的医院等公立医疗机构都为其单位范围内的非正规就业者包含新就业形态从业者,单独成立工会,实现其组织化。公立医疗机构工会通过干部互相兼任的方式,实现对其管理。

第二节　行业协会嵌入:权力中介路径

贾西津等人在《转型时期的行业协会——角色、功能与管理体制》一书中,将行业协会定义为由会员自发成立的会员制的、在市场中开展活动的、以行业为标识的、非营利的、非政府的、互益性的社会组织[①],但是在中国,虽然行业协会是由同行业有关企业自愿组成的民间组织,但它们是在政府的推动和指导下产生的,是政府和企业之间对话的桥梁。换言之,行业协会作为准政府组织而存在。

中国工会在国家政权与市场之间地带、自身体制无法涉及的劳动领域,即体制内工会难以覆盖或产生影响的新就业形态,采取与行业协会捆绑的策略,借助协会的力量完成新就业形态劳工的组织化。

一、新就业形态与行业工会的新征程

中国作为世界第二大数字经济体,在数字产业化、产业数字

① 贾西津,沈恒超,胡文安:《转型时期的行业协会——角色、功能与管理体制》,社会科学文献出版社 2004 年版,第 11 页。

化过程中出现了大量的新就业形态。近年来，法学、社会学、经济学等领域对新就业形态开展了诸多研究，提出通过工会创新组织形式作为保护网约工的途径之一[①]，“让工会成为新业态从业者们寻求救济、维护合法权益的重要媒介”[②]。然而，中国工会在基层的组织形式遭遇来自新就业形态的巨大冲击：新就业形态企业具有存在生命周期短、组织变化快的特点，工会的“企业体制”显露出适用性问题。上海工会在向全国总工会的汇报材料中写道：“上海新建(新就业形态)企业平均生命周期为 2 至 2.5 年，企业成立与消亡和工会组建与撤销变得十分频繁，由于工会的力量从总体上说还相当薄弱，从某种意义上说，工会组建跟不上企业的建立与消亡的速度。”[③]一些学者开始关注工会联合会制度的研究，从应然角度论证工会联合会的功能作用[④]，以期破解新就业形态与工会组织体制之间的张力。

中国工会的增建实践选择行业性工会作为新就业形态工会最为重要的组织形态。行业(Industrial)与产业在英语世界同义，在传统手工业向现代工业变迁的过程中，行会工人、工场手工业工人以及被迫转入现代工业的农民构成了现代工人阶级，其结社组织在经历早期的行会(或帮会)、秘密结社组织之后，形成现代意义上的工会。换言之，从团结权的实现主体来看，行业与产业并无差异。行业工会在中国同样如此。在中国工人运动初期，曾经出现过按照职业原则组织的搬运工会、三轮车工会等

① 王全兴，王茜：《我国“网约工”的劳动关系认定及权益保护》，《法学》2018 年第 4 期。

② 邱婕：《灵活就业：数字经济浪潮下的人与社会》，中国工人出版社 2020 年版，第 135—152 页。

③《上海市总工会关于推进货车司机等“八大群体”入会工作的情况汇报》，上海市总工会内部资料，2019 年 10 月。

④ 赵乾：《新形势下完善我国工会联合会制度的法律思考》，《工会理论研究》2020 年第 5 期。

行业工会,新中国成立后,不再以相同或类似职业作为组建工会的依据或条件而建立工会。一个产业可以分为若干行业,由于行业和产业之间的隶属关系,中国的行业工会本质上都属于产业工会,行业工会在中国实际上是产业工会的一种组织形式。① 在新就业形态中,中国工会选择行业工会模式而非职业工会模式开展基层建设,其原因是想继续在现有的中国工会组织体系内,将新就业形态从业者吸纳进来,而非创新性探索职业工会在中国的可行性。

在全国总工会提出“八大群体入会行动”后,2017—2018年上海首批成立的区县级行业工会共有9个。对这9个行业工会进行业态分析,以数字经济为标尺并且去除建立法律意义上标准劳动关系的行业(用工企业与劳动者签订劳动合同),符合本书讨论范畴的新就业形态行业工会共6家,涉及行业主要包括网约家政OTO、快递服务业、网约送餐行业、互联网物流货运等较为典型的新就业形态(表5-1)。

表5-1 上海首批“八大群体”行业工会成立情况(2017—2018年)

“八大群体”	建立行业工会的区(县)
家政服务员(含家政OTO)	浦东、徐汇、长宁
快递员	青浦
网约送餐员(外卖送餐员)	普陀
护工护理员*	杨浦
货车司机	嘉定、宝山
房产中介员*	徐汇

注:*表示该群体不属于新就业形态的外延范围

诚然新就业形态与传统就业存有差异,但是作为数字经济

① 李玉赋主编:《产业工会工作概论》,中国工人出版社2018年版,第6页。

激发的新增就业，有相当比例新就业形态不是凭空出现的，而是来自传统行业的业务数字化创新发展。首先，互联网技术助力传统行业焕发发展潜力，新增大量就业岗位，例如网约家政OTO促进了家政行业从业者数量的增长，网约车行业不仅催生了顺风车司机，滴滴等平台公司还与多家汽车服务公司合作招募专职司机，用工模式与传统出租车行业趋同。此外，有些新就业形态是传统职业的互联网化，例如网络写手、网络营销员、网络主播等。以网络写手为例，作为新闻出版行业的互联网化，虽然数字技术颠覆了行业惯例，但是并没有改变其文化行业的本质。这些传统行业在业务数字化转换之前，国家已有较为成熟的行政监管渠道，多数行业已设立监管局、行业协会等行业管理部门，例如网约快递行业归属邮政管理局管辖。对此类新业态的监管，不宜抛弃已有的法治基础，而应侧重于对现有法律进行有针对性的修订完善，提升监管的技术性、有效性。例如，可探索研究将区块链技术引入数字经济下传统行业，包括劳动者身份信息认证、交易行为记录、版权认证、内容传播的全过程追溯、维权举证和利益归属划分等多个方面，可以将区块链技术作为监管手段写入法律。

从市场监管角度来看，如果国家重设监管，无疑会增加行政成本且与传统业态的监管权限无法衔接。对于新业态的行业监管，除电子竞技等难以寻找与之对应的传统行业业态外，政府对数字经济下传统行业新发展并没有采取重设监管的路径，而是选择对传统行业监管进行扩容，例如中国饭店协会下设外卖专业委员会，对接新兴的网上送餐业。网约家政OTO等诸多传统行业互联网化而形成的新就业形态，更是行业协会完备。这就为工会借助行业协会的力量，在新就业形态中完成组织增建创造了条件。

二、行业工会与行业协会的互动

行业工会在中国工会组织体系中隶属基层组织,是以地域为单位,以产业分工和行业性质为组织原则,不分职业、工种、职务、技术工人与熟练工人、体力劳动者与脑力劳动者,由同一行业或性质相近行业的企事业单位工会,按照联合制、代表制的原则组织起来的一级工会。这种形式产生于市场经济建设初期。1987 年,江苏常州、山东潍坊等城市在经济体制改革中,按行业建立工会联合会,由各成员企业的工会主席担任委员,并民主选举联合会主席,形成了依靠全体委员决策、主席与秘书长办公会议协商执行的运行机制。1988 年全国总工会肯定了这种联合制、代表制的工会组织体制,将其写入《中国工会章程》。

(一)中国行业工会的历史演进

工会的早期形态是在熟练工人和半熟练工人中发展起来的,以职业等劳动身份为纽带的"共同体"。这个时期的工会颇像中世纪的同业互助会,在功能上试图按照自己的意愿去规范赖以谋生的职业。与现代经济社会发展同步,简单的社会分工和个体劳动逐步被高度分工和社会化大生产所替代。以职业等劳动身份为纽带的联合暴露出一些弊端:仅青睐技术工人;同一个企业的劳动者因职业差异被分别组织到不同的工会,容易引发工会之间的竞争;一些行当太小或者在一些产业中难以厘清职业差别。一部分职业工会被迫与其他一个或多个工会联合,成为被扩大的同业工会,在这个过程中以职业等劳动身份的组织原则不断被突破,转为在一定的地域范围内"按生产部门把工人组织起来"的产业工会。

工会的组织形态在美国的变迁很好地印证了这一过程。美国职业工会形成于 19 世纪工业化初期。1935 年美国出现在产业基础上组建的产业工会委员会，产业工会逐步成为主流形态。20 世纪六七十年代，美国政府部门和服务业开始成立产业工会并快速增长。从全球工会运动来看，职业工会虽然仍有一定数量存世，但是美国等世界发达经济体普遍采用产业原则组织工会，产业工会成为现代工会最常见、最基本的组织形式。产业的概念在进入后工业社会后也发生了扩充，行业或者产业不再限指工业产业，而是指劳动者挣取生活收入的方式，涵盖公共部门及服务业。

行业工会与产业工会的关系在中国同样如此。一个产业可以分为若干行业，由于行业和产业之间的隶属关系，行业工会在中国实际上是产业工会的一种组织形式。[①] 新中国成立前的工人运动时期，曾经出现过按照职业原则组织行业工会。除此之外，中国的行业工会本质上都属于产业工会。在 1925 年之前，中国工人阶级为了自身利益和革命斗争需要，曾经按照职业和行业原则组织工会，建立了火车司机工会、搬运工人工会、建筑工人工会等。在新中国成立之初，中国工会组织体制是按照产业原则组织并进行联合，在同一国民经济部门或性质相近的几个国民经济部门建立产业工会。1953 年中国工会第七次全国代表大会修改通过了新中国成立后的首部工会章程，一改之前的团体会员制，确立了中国的一元工会体制。到 1957 年中国工会第八次全国代表大会之前，中国工会仍按产业原则但在民主集中制基础上组织起来，建立起了从中央到地方再到企事业单位的层级管理组织体系，地方工会是由产业工会联合组成的，名称为地方工会联合会。其间，不乏基层组织冠以行业工会之名。考虑到我国各地工业基础和发展水平很不平衡，同时也为了与

---

① 李玉赋主编：《产业工会工作概论》，中国工人出版社 2018 年版，第 6 页。

党和国家领导体制相一致[①]，1957年中国工会八大修订《中国工会章程》，将"中国工会是按照产业原则在民主集中制基础上组织起来的"，修改为"中国工会是按照产业和地区相结合的原则在民主集中制基础上组织起来的"。中国工会九大、十大对这一组织原则进行了修改和完善。之后，产业工会建设日渐消减。

在中国工会现行组织体系中，产业工会条线即全国产业工会、地方产业工会及行业（性）工会联合会。行业（性）工会联合会与新中国成立初期冠以行业之名的产业工会不尽相同，其雏形产生于市场经济建设初期。行业（性）工会联合会是以产业分工和行业性质为组织原则，不分职业、工种、职务、技术工人与熟练工人、体力劳动者与脑力劳动者，由同一行业或性质相近行业的企事业单位工会，按照联合制、代表制的原则组织起来的一级工会，具有行业性集体协商、职工技能培训、劳动争议调解等功能。

（二）行业工会与行业协会的互补

行业工会建设无法脱离行业系统来讨论，行业协会是在该系统中无法回避的主体之一。在中国工会组织体系内，地方工会是与国家政权体系相统一的。中国工会在建立之初，强调按照产业原则建立工会组织，考虑到我国各地工业基础和发展水平很不平衡，同时也为了与党和国家领导体制相一致，之后修改为实行产业和地方相结合的组织领导原则。在地方，产业工会接受地方总工会的领导，在组织形式上分为两种：驻会（地方总工会）产业工会和依托行政主管部门或骨干企业集团等设立产业工会。根据产业集聚情况，区县及以下行政区域建立行业工会联合会，接受相近产业工会的工作指导。产业工会条线即全

---

① 李玉赋主编：《产业工会工作概论》，中国工人出版社2018年版，第415页。

国、地方产业工会及区域行业工会联合会，与地方总工会不同，原则上不承担组织发展职能。

在计划经济时期，产业工会与政府工业管理部门同属办公，市场经济下产业工会与准政府组织的行业协会关系密切。在中国，行业协会伴随着经济体制改革和国有企业改革而产生。在市场经济条件下，市场机制在资源配置中起决定性作用，政府逐步退出对市场的直接干预，市场经济体制强调政企职责分开，行业协会由撤销政府行政性公司或者由政府直接组建成立，承接政府转移的职能。政府不再直接经营管理企业，而是通过行业协会进行间接管理。贾西津等人将其分为政府自上而下地组建的大量行业协会、直接推动产生的中间型行业协会和“市场内生”的行业协会①三种类型，部分协会延续了部门管理职权，或回归市场开始介入市场治理，成为政府部门管理的变形和延伸。虽然随着市场经济的发展，应协调市场和政府关系的需要又成立了一批行业协会，但这也是为了政府不再直接管理的企业经济活动，通过各种行业协会贯彻政府的意图，企业的呼声也可以通过行业协会向政府反映。

行业协会产生于国家逐步退出对市场直接控制的过程中，旧有部门管理体制通过各种途径得到相当程度的延续，以提供公共服务的形式转移原有管制权和分流人员，使部分部门特权得以保留。产业工会在国家直接管理企业经济活动时期，内嵌于政府行政性公司、产业管理局，而行业协会与国家政权之间又有着千丝万缕的联系，其结果是在市场经济时期产业（行业）工会在地方与行业协会的行动同场域。网约家政 OTO 等诸多传统行业互联网化而形成的新就业形态依然在行业协会的监管之

① 贾西津，沈恒超，胡文安：《转型时期的行业协会——角色、功能与管理体制》，社会科学文献出版社 2004 年版，第 102 页。

下,工会可以行业协会为权力中介,实现对其组织化的目的。

三、新就业形态下的行业协会嵌入

行业是一个复杂的政治系统,外部环境涉及一国政治体制、经济体制以及国际因素,内部主体因素除本书探讨的行业工会外,还包括行业主管部门即政府、行业龙头与业内诸多企业,以及基于政府职能转变、政企分开的需要而产生[①]的行业协会,在党建完善的行业系统还需囊括行业基层党组织。从行业工会建设实践来看,行业工会一贯采用“多元合作”的模式。行业工会传统的运作方式,通常借助行业协会或者行业骨干企业的力量。新就业形态行业工会建设中并没有跳出这一组织逻辑,在新就业形态行业不成熟的情况下,在没有行业雇主联盟的情况下推动构建一个雇主联盟,以期通过建立或者培育一个行业协会或者龙头企业来实现与企业制度的捆绑。2021 年全国总工会提出“开展新业态就业群体入会集中行动”,该行动强调与相关行业主管部门、行业协会等联合开展工作。

行业协会嵌于国家机构内部,处于国家政权与市场之间地带,并且承接政府转移的经济管理职能。无论自上而下的行业协会,还是“市场内生”模式的行业协会,它们都共同组织成现代行业管理体制的主体之一,在行业中代表国家行使权力。在新就业形态增建行动的设计上,上海工会在前期摸底的基础上,依托政府主管部门,联合行业协会、商会组织和市属国有企业集团公司,按照分区分类的原则在全市范围内开展集中行动,并且根据不同区(县)的行业集中度以及工会可整合资源丰厚度,在代表性区(县)快速组建一个区级行业工会。此次建会行动针对新

① 董亚炜:《政府职能、国家权力与社会发育——当代中国国家行业协会的政治学研究》,博士论文,2005 年。

就业形态建立的行业特色联合工会，延续了产业和地方相结合的组织原则。行业工会日常接受街道（镇）级总工会领导，区（县）行业工会联合会作为区（县）级总工会的下级而组织接入中国工会体制，在省（市）层面则不设立行业工会。

在新就业形态行业工会具体建设过程中，增建工作展现了以下特征：按照“门类相近、行业相同”进行归类企业；区（县）行业工会联合会遵循联合制、代表制原则，按照街道（镇）联合工会会员规模分配代表人数，会员代表人员包括重点街镇行业联合工会、行业龙头企业工会，包含行业劳模（先进）、经营管理、科技人员等；自下而上民主推选工会精英，工会主席从龙头企业中产生，行业协会或者对行业有行政管理职能的政府部门会选派人员在联合会中任职，协助行业工会联合会运作。虽然全国总工会限定行业协会（商会）会长、副会长等不得担任区域性、行业性工会联合会主席或副主席，但是行业工会与政府行业主管部门有着千丝万缕的联系，或是嵌入在政府行业办公室，或是吸纳政府人员担当工会职务。行业协会在行业工会组建过程中发挥很强的协同、配合作用。

地方总工会借助行业主管单位的资源优势服务行业工会，行业工会覆盖范围在区县及以下地域。行业工会在域内具有行业性集体协商、职工技能培训、劳动争议调解等功能。但是囿于组织结构，新就业形态行业工会在功能上又有以下特征：一是根据本地区实际需要建立，不同地域之间行业工会差异很大，这与地方工会的组织机构“上下贯通”“左右对齐”的特征不同；二是强调对行业劳动者的有效代表，在联合制、代表制之下行业工会尽可能多地吸纳业内劳动者而非全覆盖，故对行业劳工的代表性存疑；三是以工会联合会的形态存在，行业工会由企业工会、联合工会等基层工会为成员单位组成，通常不负担会员和组织发展功能；四是行业工会与成员工会之间是工作指导而非领导关系,“行业工会建在地区上”,其成员工会的组织领导关系、经费收缴渠道执行属地原则。传统业态历经市场变革、适配多国政体,其结果是行业体系成熟、主体功能健全。然而,直播销售、网络文学、游戏竞技等新业态的行业力量尚不成熟,在行业工会建设中,行业协会或者行业龙头企业因自身力量不足而常常缺位,以行业协会作为权力中介的路径在全新业态中难以成形。平台企业等数字技术的承载实体,在新业态中占有举足轻重的地位,在传统行业工会建设的分析框架中不曾出现,成为在新业态行业工会建设分析中必然考虑的一隅。2020 年 7 月国务院办公厅下发《关于支持多渠道灵活就业的意见》,研究制定平台就业劳动保障政策,明确互联网平台企业在劳动者权益保护方面的责任,引导互联网平台企业、关联企业与劳动者协商确定劳动报酬、休息休假、职业安全保障等事项,引导产业(行业、地方)工会与行业协会或行业企业代表协商制定行业劳动定额标准、工时标准、奖惩办法等行业规范。该意见意图将平台公司定位为行业龙头企业,而平台企业的行业属性归属科技公司,与具体提供的服务分属不同行业,行业协会难以约束平台企业,这也使以行业协会作为权利中介而成立工会在功能发挥上受限。

第三节　工会资源输出:激励相容的路径

国家政权在“中心-外围”分层控制结构中,越远离中心其控制能力越小。同时,工会组织增建可以依赖的资源也逐步减少,采取的建设策略不尽相同。对于与体制内经济体、社会体在产业链上有交集的业态,体制内工会需承担组织化责任;对于传统行业数字化转型产生的新业态,则以行业协会为中介;对于完全裸露于工会体制之外的新就业形态,工会则采取更加市场化的激励机制。

一、软约束:政治安排与国家顺从

体制外的非公有制经济快速发展,政府不断出台调控市场关系的政策措施,除具有强制力的法律法规、行政措施外,还出台了一些不具有强制性的政策约束,称之为软约束。作为政府对企业的一种调控手段,软约束在“中心-外围”分层控制结构形成之初就已有之。游正林在《地方政府对劳资关系的软性调控》一书中称之为“软性调控”,即相对于劳动法律和行政措施的硬性调控而言的,党和政府通过出台各种行政指导性文件,以积极引导、正面激励为主的方式调整劳动关系[①]。针对非公有制企业实施的软约束,较为常见的措施有:推动企业建立党组织,社会治安综合治理网络进入企业,给予企业主政治安排,以及开展各种企业评比奖励活动等。企业以企业主政治身份、自身的党工团建设等要素体现对国家政权的顺从。

政治安排的目的就是通过给予各阶层精英人士以政治上的荣誉,甚至公共职位的方式,达到团结扩大更多同盟者的目的[②]。将政治安排作为软约束用于推进工会的基础组织建设,在上海约有10年时间。2011年上海市委就下发了《关于加强和改进工会、共青团、妇联等人民团体工作,做好新形势下党的群众工作的意见》,2012年以奉贤区为代表的上海各区县纷纷出台了《关于促进有政治身份的企业经营者带头重视工会工作的指导意见》。上述文件把履行社会责任、重视支持工会工作列入重点考察内容,作为对企业经营者政治安排的前置条件。这

① 游正林:《地方政府对劳资关系的软性调控》,社会科学文献出版社2014年版,第4—5页。
② 陈家喜:《改革时期中国民营企业家的政治影响》,重庆出版社2007年版,第66页。

里的政治安排具体是指全国、市和区党代表、人大代表、政协委员、工商联执委、企联理事、青联委员和科协委员等七种对象。有“政治身份”的企业经营者带头重视工会工作,切实履行社会责任。习近平、王兆国等领导人对上海市奉贤区的做法做出过重要批示,要求“发挥工会优势,与有关部门联合对有‘政治身份’企业提出要求,促其带头重视工会工作”。《解放日报》《工人日报》《劳动报》等上海党政媒体和工会媒体对此进行过专题报道。作为地方经验,以企业主的政治安排作为软约束推进工会组织增建,在上海各区纷纷以制度文件的方式固定下来。企业主、企业高级管理者等若想获得上海市区两级党代表、人大代表、政协委员等政治安排,其经营的企业必须做到“四个建立健全”,即建立健全工会组织、集体协商机制、民主管理制度、和谐劳动关系。

在新就业形态的增建行动中,地方政府较早就给予了平台公司精英一定的政治安排。普陀区对于政府重点扶植的非公有制企业,要求其党工团组织齐备。普陀区总工会之所以选择网约送餐员这一新就业形态,主要是考虑区内的资源基础。从以往基层增建经验来看,普陀区总工会作为两大网上外卖平台公司之一的实际运营地的地区总工会,具有得天独厚的资源优势:一是该平台公司作为地方重点扶持企业在情感上更“亲政府”;二是依照工会法,普陀区总工会有权要求平台公司建立工会并使之成为自己的下级组织;三是网约送餐员依靠平台“接单”,“平台+个人”的用工模式虽然相较标准劳动关系松散,但从业者对平台仍存在很强的经济依附性,工会动员可以借助企业内部的权力。2018 年饿了么平台公司创始人张旭豪在普陀区当选为政协上海市第十三届委员会委员,获选前提之一就是企业应当建立工会。美团点评公司成立工会被地方工会所关注,也是在其高管入选区级人大代表之际。2020 年 9 月上海市政府宣布与美团点评集团签订战略合作框架协议，同日杨浦区与美团就上海总部基地项目举行签约仪式。美团点评集团与政府之间的合作，加速了其成立工会的进度。

二、经济激励：工会资源与会员特权

在集体行动中，如果不给予成员不同于共同或者集团利益的独立的激励或者强制，他们不会采取行动以增进集体目标。工会为促成集体行动，还会运用一些积极的选择性激励，为参加工会的人提供额外的收益，这是不参加工会的人所得不到的。[①] 这种选择性激励同样在中国工会行动中被运用。中国工会取得的拨缴资金从全国到基层工会分为四级或五级，其中基层工会留成60％、全国总工会留成5％，其余部分由中间各个层级按地方规定留成。依据工会法规定，建立工会组织的用人单位应按每月全部职工工资总额的百分之二向工会拨缴费用。这笔资金是基层工会资金的主要来源，也成为体制外经济体、社会体拒绝成立工会的主要原因之一。为了激励“外围”建立工会，中国工会从内部开始松绑基层工会的资金管控，鼓励“有条件的上级工会以项目化补贴形式回拨工会经费”；已建工会的企业可以申报地方教育附加的返还；注意收集企业在发展方向、政策扶持、税收优惠、职工教育、生活服务等方面的需求信息，并且尽可能提供服务。这些经济激励针对的主体是企业，因此在传统的“企业体制”下较为奏效。数字经济下新就业形态呈现去雇主化、平台化等特征，需要组织劳工个体加入工会，特别是在区域性、行业性工会联合会成为新就业形态工会的主要形式后，工会在原有激励措施的基础上要针对劳工个体的内容进行延展。

---

① [美]曼瑟尔·奥尔森：《集体行动的逻辑》，陈郁，郭宇峰，李崇译，格致出版社2014年版，第85—87页。

(一) 新就业形态会员的资金补贴

2016 年工会争取到政府财政支持,上海市总工会与上海市财政局联合发文向“两非一无”人员提供活动资金支持①,制定下发《关于加强小三级工会经费补助的通知》,明确企业建会启动资金、企业体制外入会等经费来源由镇级工会负责落实并承担一定的指标。劳工只需承诺愿意加入工会并进行实名登记即可享受相关福利。街道(镇)总工会将此作为特殊“福利”,在行政辖区内未入会人员中广泛推广,并对辖区内非正规就业特别是在新产业、新业态、新商业模式领域进行排摸,逐级上报情况以获取更多资源。新就业形态在行业划分上多属于生活服务业,上海市总工会以生活服务业关系民生、与城市安全稳定息息相关为由,获得上海市政府支持。2018 年 11 月上海市总工会与上海市财政局联合发文下发《关于服务灵活就业群体工会会员项目经费使用管理办法》,使得之前“两非一无”财政补贴得以延续。资金补贴在一定程度上消除了“体制外”组织特别是中小微企业关于“建工会要缴经费”的抵触心理,地区工会在对新就业形态建工会的工作交流中,表示“项目经费”对建工会的促进作用显著②。

上海工会系统为新就业形态会员提供的资金,用于提供权益维护、素质提升、帮困送温暖、劳动保护、会员活动等服务,积极推进新就业形态从业者入会和服务工作,还尽可能加大项目化定向补助,对针对灵活就业等八大人群新建立的区级行业工会给予经费补贴。此外,上海工会还要求吸纳新就业形态的区

① 上海市总工会:《关于服务非正规就业、非标准劳动关系和无单独建会工会会员项目经费使用管理办法(试行)》,调研提供。

② 金山区吕巷镇总工会借力灵活就业群体项目经费,推动新组建了 2 家灵活就业群体聚集的企业工会,分别是保安群体集中的上海吕峰物业管理有限公司工会和货运驾驶员较为集中的上海大有物流有限公司工会。

域工会和行业工会融入区域化党建，依托行业主管部门、骨干企业等资源优势，统筹各级工会资源，以事权确定经费配置，使增建行动中新成立的行业工会有地方办公、有人员办事、有经费保障。

（二）新就业形态的会员专享保险

社会保障为确保与工业化大生产相联系的人们的生存安全而生，是劳动力扩大再生产的一种需要。西方早期的社会保障制度采取以社会保险为重点和社会救助为补充的模式，初期社会保险对象限于工业劳动者，之后逐步全民化[①]。虽然中国现代社会保障的目标是“全面皆保障”，但目前灵活就业群体的共同特点是参加社保比例比较低，其结果是新就业形态劳工所享受的现代保障还极其有限或根本没有。现行社会保障建立在存在法律意义的劳动关系基础上，而后才有社会保障关系。新就业形态从业者有的是通过完成网络平台派发的服务任务获得报酬，但与平台之间没有订立标准劳动关系，如网约送餐员、网约车司机、快递物流人员等；有的是参与平台资源聚合获取经济收入，但是没有用工单位，如网络主播、民宿房东、电竞顾问。

灵活就业群体以个人缴费方式参与养老、医疗等社会保险，虽然有制度化通道，但保险体系并不完备。尤其需要指出的是，新就业形态劳动者的工伤保险问题十分突出。工伤保险是劳动者在工作中或在规定的特殊情况下，遭受意外伤害或患职业病，导致暂时或永久丧失劳动能力以及死亡时，劳动者或其遗属从国家和社会获得物质帮助的一种社会保险制度。按理说，劳动者只要是在“劳动过程中”遭受意外伤害或患职业病而导致丧失劳动能力或死亡，都应获得相应的物质帮助。但当前的瓶颈问

---

① 李迎生：《社会转型与社会保障——工业化国家现代社会保障制度演变的启示》，《学海》2004 年第 2 期。

题在于,我国法律对于实施工伤保险的前提是要确立劳动关系。相当多的新就业形态劳动者是自雇型或平台合作型,这样就不能享受工伤保险,现实中已发生外卖送餐员在送外卖途中出了车祸但不能获得工伤赔偿的案例,这对广大的新业态劳动者的权益保护是个极大的问题。2020 年 7 月国务院办公厅《关于支持多渠道灵活就业的意见》提出研究制定平台就业劳动保障政策,但以工伤保险作为先行探索并非指向全面的社会保险体系。

新就业形态从业者对于劳动生产所需的社会保障政策特别是工伤、医疗保险,有较为强力的参保意愿。针对新就业形态从业者劳动权益保障缺失的情况,上海工会利用地方财政和工会的统筹资金为会员提供专享保险,即 2019 年上海市职工保障互助会推出了《新型就业会员保障计划》,提供住院天数补助金、特种重病补助金、意外伤害重残保障、意外伤害专享基本保障和疾病身故保障等五方面保障待遇,并推出送保障、送体检、送清凉、送温暖、送安全等"五送"正面服务清单。新就业形态行业工会组织和动员其工会会员参加专享基本保障,前提是参保者必须是新就业形态从业者中的工会会员①。2019 年上海工会"组织 10 万名灵活就业群体工会会员参加专享基本保障",2020 年进一步扩大对灵活就业群体的保障覆盖面,与"独立日"等线上平台公司合作,制作扫码一键式入会领保障页面。截至 2020 年底,新就业形态的参保人员已达 20.51 万人。

党的二十大报告明确指出,完善劳动者权益保障制度,加强灵活就业和新就业形态劳动者权益保障。2021 年 12 月人社部出台了《关于灵活就业人员参加企业职工基本养老保险有关问题的通知》,明确灵活就业人员可通过社保公共服务平台便捷参

① 新就业形态中工会会员身份的确认是以履行会员义务,按向工会缴纳 120 元年度会费为依据,每年确认一次。

保，允许跨省流动就业人员灵活选择参保地。该文件为新就业形态从业者以灵活就业人员身份参加城镇职工基本养老保险畅通了路径。2021 年 9 月全国启动职业伤害保障试点，覆盖 7 省市，探索由平台承担费用的新型保障模式，以新职险替代传统的工伤保险，突破劳动关系限制。尽管社会保障制度日趋完善，新就业形态的会员专享保险并没有停止，一直作为重要的会员入会激励措施，已在全国普遍推广。

（三）大量针对性活动和免费的服务供给

为了吸引新就业形态从业者加入工会并形成组织黏性，工会对会员和非会员实行差异化服务供给，通过针对性活动和免费服务增强自身吸引力。新就业形态的会员所缴纳的会费以发放提货凭证、实物等形式进行返还；通过办理会员服务卡，开展富有特色的服务活动和服务项目，在新业态中实施职工技能晋级、发明创造、高师带徒等奖励，以及疗休养和体检补贴等会员服务实事项目；与政府相关部门和服务行业合作，建设“户外职工爱心接力站”，2018 年启动至今已建立 1 175 家，为环卫工人、快递员、送餐员等户外职工提供饮水供给、避暑取暖、手机充电、盥洗休息等服务，并被列入上海市政府实事项目。此外，在 2017 年和 2018 年对基层工会工作进行选树典型、表彰先进中，偏爱创客空间、创客小镇、网约平台公司等新产业新业态新商业模式建立工会的基层实践。2023 年中国工会十八大召开，全国总工会十八届执委会中首次出现了外卖配送员、网约车司机等新就业形态劳动者的身影。

三、人力资源激励：精英供给与领袖培育

《中华人民共和国工会法》第十条规定：企业、事业单位、机关和社会组织有会员二十五人以上的，应当建立基层工会委员

会。正规就业者与用人单位之间存在标准劳动关系,用人单位在依法成立工会方面难以逃脱责任。21 世纪初期,中国工会在家乐福等世界 500 强企业推进建会,以地方工会为代表多次采用法治途径,迫使企业允许和配合成立工会组织。数字经济时代新就业形态劳动用工呈现去雇主化、平台化等特征,对于数字经济激发的新就业形态,工会无法依据"劳动关系"选择法治途径,而是被动选择企业主体参与较少的"民主建会"。

工会即使在遭到其所代表的部分工人反对的情况下,其领袖仍然可以行使其权利,因此工会精英影响工会行动效果。"民主建会"对工会精英的要求更高。中国工会在基层的组织结构与新就业形态不契合所导致的功能受限,使得"找到人"成为工会增建行动须首要解决的问题,从会员中找到"合适"的工会精英更加困难,人才供给就存在很大的困境。因此,在新就业形态的工会中,中国工会将精英作为一种人力资源由上级向基层配备。所选择的工会精英大致可以分为两类,即社会化工会工作者和草根劳工领袖。

(一) 社会化工会工作者供给

《中华人民共和国工会法》第四十二条规定:"用人单位工会委员会的专职工作人员的工资、奖励、补贴,由所在单位支付。社会保险和其他福利待遇等,享受本单位职工同等待遇。"虽然法律仅规定专职工会工作人员的人力成本由企业负担,但是体制内工会无论专职干部还是兼职干部,其人力成本均由用人单位承担。为了规避人力成本,中国工会在体制外经济体、社会体建立基层组织鲜有"专职"工作人员。在增建行动所建立的新就业形态工会中,社会化工会工作者成为其运作运转的主体人员力量。

1988 年中国工会十六届六次执委会提出联合制、代表制的组织原则,之后写入《中国工会章程》。按照规定,"全国产业工会、各级地方产业工会、乡镇工会和城市街道工会的委员会，可以按照联合制、代表制原则"组建，目的是解决企事业单位因规模较小、会员人数少，不具备建立独立的工会委员会以及工会领导机关难以召开代表大会的问题。区域性、行业性工会联合会是新就业形态工会的主要形式，这一原则理所应当适用于新就业形态的工会，有利于其高效率组织化。为了获取更多的资源支持，工会依照联合制、代表制原则，由地方总工会和对行业有行政管理职能的政府部门甄选人员在其中任职，协助行业工会联合会运作。这种精英的构成有利于调动更多的资源和快速搭建组织网络，但是区域性、行业性工会联合会的日常运行工作则是由地方总工会派驻的社会化工会工作者承担。自 2013 年开始，上海工会在浦东、杨浦等 9 个区县开始工会社工队伍建设的探索实践，利用工会资金和争取地方财政支持，通过成立专业性社工服务机构、采取购买服务的方式，组织形成了一支社会化工会工作者队伍。这些社工服务机构根据工作需要，面向社会招聘工作人员。在增建行动开启后，上海工会要求 80%的社会化工会工作者派驻在街镇级以下层级工会开展工作，直接对接会员。新就业形态工会落实社会化工会工作者责任制，明确社会化工会工作者作为工会的联络人和第一责任人，做好日常联系和服务工作。

(二) 草根劳工领袖培育

哈耶克认为，工会通过完全彻底地将劳工组织起来而获得垄断权利[①]。在工会制度上，政府履行的首要任务是防止一些工人对另一些工人的胁迫，防范垄断[②]。选拔出的工会精英人

---

① [英]弗雷德里希·奥古斯特·哈耶克：《自由宪章》，中国社会科学出版社 1999 年版，第 414—417 页。

② F. A. Hayek. Unions, Inflation, and Profits: The Public Stake in Union Power, 1959, pp. 45 - 47.

员本质上应该是劳工群体中的一员,比如中华全国总工会的《企业工会工作条例》中对工会精英的任资资格有明确的要求,企业行政负责人、合伙人及其近亲属不得作为本企业工会委员会成员的人选,就是为了划清“劳”与“资”的界限,防范哈耶克所意指的“胁迫”。

已建的新就业形态工会除地方工会派一名工作人员负责日常事务外,都由在群体中选树的工会精英来开展工作。地方工会将劳工领军人物培育成为工会精英,并且成为当地新就业形态工会建设的推动者。这种做法改变了卷入新就业形态工会的原精英的身份,消除正面危及工会及其权力中心的风险,使其成为中国工会认可并被“官方”支持的基层组织。在新就业形态工会建设中,地方工会乃至成立后的行业工会都是以“政府单位”身份与劳工群体接触。普陀区外卖送餐行业工会联合会发挥自身组织优势,培育选树首位获得“全国五一劳动奖章”的网约送餐员。新虹街道网约送餐员联合工会的负责人,曾任职于饿了么平台和美团配送两大网约送餐平台,在外卖送餐行业时间久、外卖骑手中公信力高,用其对自身的定位“算是一名高级外卖小哥”。新就业形态从业者中的领军人物转化为工会精英,在后续开展工作时同样认为自己是在为国家工作,有助于其将党政的关怀带给新就业形态从业者。

第六章
结论与讨论:工会建设有效性及其未来

第一节　中国故事与传统工会建设理论的再检讨

新就业形态在全球范围的兴起以及对劳工群体的改变,再一次激发工会运动的流变性,其从业者组织和加入工会在中国已然成为劳动领域不可回避的话题。工会作为一种社会组织形式,本身就具备第三条道路理论、市民社会理论和治理理论等背景,活动场域涉及政治、经济、社会等,其建设研究涉及跨学科若干议题。中国工会伴随中国社会工业化进程而生,与他国工会虽然在本质属性上无太大差异,但在特定的国家结构和政体类型下发生使命漂移与功能拓展。按照社会主义利益关系要求,工会要在实现根本利益要求的基础上实现劳工群体特定的利益,并协调二者之间的关系,使得它又具有国家政权体系组成部分的身份。中国工会根植于中国特色社会主义制度,有其独特性,难以简单套用工业公民权等传统工会建设理论,相关理论并不完善,还需进一步研究探讨。

一、传统工会建设理论再检讨

(一) 传统理论以西方制度体制为基础

传统的工会建设研究秉持西方工业公民权的理论传统,回应劳工迫切结社需求。T. H. 马歇尔和安东尼·吉登斯在《公民身份与社会阶级》一书中提出作为一种制度的公民权。工人阶级在 19 世纪中期创造了政治公民权的次级系统——工业公民权,工人阶级通过组建自己的工会来集体行使该权利。[①] 劳动者基于结社自由,只要获得国家法律背书的工业公民身份即可组织和参加工会。

尽管中、西方关于工会概念的含义相近,但是中国与西方国家在工会制度上的差异性不容忽略,中国工会建设不具有工业公民权理论的制度基础。包括中国在内的社会主义国家的工会体制深受列宁工会学说的影响,列宁形象地将社会主义国家工会比作国家政权的“蓄水池”[②]。《中国工会章程》开篇就明确了中国工会的性质、定位,指出工会是党联系职工群众的桥梁和纽带,是国家政权的重要社会支柱。党的十九届四中全会提出推进国家治理体系和治理能力现代化,中央出台的一系列重要政策文件表明,中国工会在国家治理制度体系中扮演着重要角色[③]。党的二十大报告明确提出,深化工会、共青团、妇联等群团组织改革和建设,有效发挥桥梁纽带作用。社会主义国家工会与国家政权有着密切联系,依照制度安排直接进入政治过程。

---

① T. H. 马歇尔,安东尼·吉登斯:《公民身份与社会阶级》,江苏人民出版社 2008 年版,第 197 页。

② 冯同庆主编:《马克思主义工会思想史》,中国工人出版社 1993 年版,第 174 页。

③ 陶志勇:《国家治理体系和治理能力现代化视角下的工会角色》,《工会理论研究(上海工会管理职业学院学报)》2019 第 6 期,第 6 页。

换言之,工会的双重身份使得它并不是完全独立于国家政权体系之外的,而是国家治理的准主体:它具有政治管理的特定权力,贯彻和执行政府的政策、法令,同时它还以特定的方式处理本团体内部成员之间的矛盾和本团体成员与他团体成员之间的矛盾。这就使得政治团体与政府的联系大大地加强和紧密。[①]

中国工会与国家政权之间的紧密关系又与国家法团不同。法团是国家与个人之间的政治中介组织。法团主义与社会主义存在一些实质性差异,在政党的支配地位以及对组织化利益的控制程度上,法团主义体制都要远弱于社会主义体制,但二者有很大的亲和性却本质不同。同时,法团主义依然将国家政权与劳工力量放在对立的两面,其存在于一种特殊的权力均衡基础之上,内部时刻存在着张力,因而具有较高程度的不稳定性,这与中国的现实并不相符。

(二) 不契合高有效性的治理偏好

从传统理论来看,劳工群体工会化通常具有两个发生条件:一是待组织化的劳工领域存在对政治参与的"渠道"需求,希望被纳入一国工会体制;二是该领域的劳工群体基于业缘已形成一种或几种社会力量,例如已萌现利益共同体,希望被国家体制所接纳。而这两种情况对新就业形态劳工群体而言,都不是十分切合。新就业形态劳工群体中虽然有出现类似共同体萌芽,但从现实观察来看言之尚早。

中国"强国家"的治理模式在历次体制和功能的调整中得到延续,并在解决国内经济社会发展中的问题等方面发挥着重要作用[②]。国家的制度供给能力对现代化发展的决定作用,不仅

---

① 王浦劬:《政治学基础》,北京大学出版社 2005 年版,第 216—217 页。

② 徐湘林:《转型危机与国家治理:中国的经验》,《经济社会体制比较》2010 年第 5 期。

因为现代化本身就是一个制度建设并且不断实现全面制度化的过程,而且因为现代化的发展首先需要一个新的稳定秩序体系,以整合现代化过程中的社会分化,平衡经济与社会变迁中的多元失衡,保证变迁与发展基础秩序的存在[①]。中国的政治体制改革实际上是围绕创造有效的经济与社会发展展开的,当这种发展需要政治体制做出深刻性变革的时候,政治体制改革即使是在缺乏系统性规划的条件下也会努力前行。中国工会的组织功能不仅是工人阶级结合起来维护自身权利和利益的社会团体,而且也是国家政权的部件[②]。为了保证政治对经济和社会发展的有效作用,中国工会也会顺势而动,积极推进国家建设和发展,对社会领域进行积极建构。

(三)基于改革实践的经验判断

新就业形态大有替代正规就业成为主流就业的趋势,这一新增领域自然成为国家与社会的争夺之地。新就业形态下的中国工会建设,与工业化过程中劳动组织后知后觉不同,在新就业形态劳动者组织化意识并不成熟之时,就较早地启动增建行动。中国的劳动者经历过从国家雇员变成自由劳动者的过程,从群众变成公民的过程。[③] 中国工会对新就业形态展开行动的主动性显示,该行动在本质上是国家对社会的主动介入,即具有国家政权建设过程的属性。

中国改革多具有渐进性特点,可以使改革实施者有时间不断调整改革的策略。依托中国工会,国家在劳工领域建立起“中

---

① 林尚立:《在有效性中累积合法性:中国政治发展的路径选择》,《复旦学报(社会科学版)》2009 年第 2 期。

② 汪仕凯:《中国劳工治理体制的转型与困境》,《领导科学论坛》2017 年第 21 期,第 34—48 页。

③ 汪仕凯:《“新群众”和“老传统”:新时代中国共产党治国理政中的群众路线》,《探索》2020 年第 2 期。

心-外围"的治理结构。在劳动领域,国家期待通过工会增建行动提高其劳工治理水平,实现对新就业形态中社会权力组织化的防范,缓解政权与新就业形态劳工群体之间的冲突。

中国工会的基层建设动因不仅有"自下而上"劳动者的团结权需求,更为重要地是"自上而下"国家政权建设的需要。杜赞奇在《文化、权力与国家:1900—1942 年的华北农村》一书中,以国家权力对社会领域控制能力作为成功的现代国家政权建设评判标准。于建嵘认为,国家政权建设的目的是建立一个合理化的、能对社会与全体民众进行有效动员与监控的政府或政权体系①。中国工会作为国家政权的一部分,其基层组织建设是将"体制外"劳动者尽可能多地纳入工会的组织体系之中,在"体制外"劳动者建立有效的国家动员体系。正如林尚立所言:中国经济与社会的深刻变化给工会提出的最尖锐的问题,不是工会制度本身如何完善,也不是工会组织活动空间如何拓展以及工会的服务功能如何增强,而是如何保证党领导的工会在后单位时代,能够适应工人队伍的组成结构、就业结构和利益结构的变化,更好地发挥工会维权、服务、参与和保障的作用,以便在协调劳动关系中,促进经济与社会发展;在团结广大工人群众中,巩固党的领导和执政的阶级基础与社会基础。

二、劳动场域的国家政权建设:分化与整合

(一) 国家政权建设的总体性理解

国家政权建设回应现实需求而产生,从概念产生历程和学术应用场境来看,属于较为本土化的理论,究其概念发展又与查尔斯·蒂利等西方学者从西欧近代民族国家的演进过程中提炼

① 于建嵘:《国家政权建设与基层治理方式变迁》,《文史博览(理论)》2011 年第 1 期,第 33—39 页。

出来的重要分析框架——国家建设（State Building）关联密切。“国家建设”在理论早期主要用以分析20世纪60年代战后非殖民化相伴的民族国家现代化问题，着重体现现代国家的形成过程。1975年查尔斯·蒂利在《西欧民族国家的形成》一书中最早提出国家建构的概念并将其置于一个较高的研究地位，认为国家建构是对当时常见的用诸如“现代化”“政治发展”之类的观点，用目的论的方式解释国家变迁的倾向的反击[①]。莱因哈德·本迪克斯在其名著《国家建构和公民身份》中考察国家和社会如何相互作用，以形成一个新的政治共同体，从而聚集于国家建设过程中个人与国家之间所建立的关系。[②] 20世纪90年代，发轫于第二次世界大战之后的国家建设理论在不断总结现代国家建设的经验和教训中，研究重心开始从传统国家现代化转型问题转向国家能力建设。由于国家建设的理论大多是围绕国家权力与社会权利两个维度展开的，而后学界开始使用“国家建设”这一分析框架描述国家与社会的更大程度的整合。这两方面的转变深刻影响“国家政权建设”在中国问题研究中的出现和学术运用。

学界普遍认可，中国的现代国家建设是以政权建设作为实践上和逻辑上的起点的，较早涉猎这一领域的国内研究学者王绍光、李强、于建嵘等，或是探究国家能力[③]，并且指出该理论为理解中国目前的政治改革提供了一个十分有意义的视角[④]，或是作为学术术语解释国家政权对社会权力的汲取与渗透，将其

① 查尔斯·蒂利：《强制、资本和欧洲国家（公元990—1992年）》，魏洪钟译，上海世纪出版集团2007年版，第1页。

② Reinhard Bendix. Nation Building and Citizenship. Berkerley: University of California Press, 1977, P2.

③ 王绍光，胡鞍钢：《中国国家能力报告》，辽宁人民出版社1993版。

④ 李强：《后全能体制下现代国家的构建》，《战略与管理》2001年第6期。

定义为“在现代化过程中以国家为中心的制度与文化整合措施、活动及过程”[①]。张静较早地明确使用“国家政权建设”概念,认为它起源于近代中国的“士绅研究”,其规范性内涵可以扩展用来观察中国社会的变动。[②]

从民族国家的形成来看,工业化和现代化摧毁了传统的政治单位而整合为一个新的政治共同体(国家)。[③] 在国家与公民之间存在各种基于地缘、亲缘、业缘等关系而凝聚的“小共同体”,这些“小共同体”在常态下能够与国家“大共同体”保持一致性,但对国家也具有天然疏离性,它们同时具有挑战性与服务性双重属性[④]。“小共同体”使得国家与社会之间的关系在基层紧张。为了规避治理失败的风险,国家需要不断调整国家机器,使之适应现代经济和社会生活,以更有效地实现国家目标,并使自身得以存续和发展[⑤]。国家消除社会中截留、吞没、侵蚀、消解着国家权力的“小共同体”,建立一个合理化的、能对社会与全体民众进行有效动员与监控的政府或政权体系[⑥],这就是政权建设的过程,“回归国家”学派褒扬政权建设过程可以带来和平并促进经济发展,在防止战争和贫困方面具有积极作用。

现代社会与传统社会的一项重要不同,是社会成员的同质

---

① 于建嵘:《国家政权建设与基层治理方式变迁》,《文史博览(理论)》2011 年第 1 期。

② 张静:《国家政权建设与乡村自治单位——问题与回顾》,《开放时代》2001 第 9 期。

③ E. Gellner. Thought and Change, London: Weidenfeld and Nicolson, 1964; Nations and Nationalism, Oxford: Blackwell, 1983; 转引自 Tom Bottomore. Political Socioloy. London: Pluto Press, 1979, pp78 - 79.

④ 康晓光,韩恒,卢宪英:《行政吸纳社会:当代中国大陆国家与社会关系研究》,八方文化创作室 2010 年版第 261 页。

⑤ 储建国:《大部制改革与现代国家构建》,《学习与实践》2008 年第 7 期。

⑥ 于建嵘:《国家政权建设与基层治理方式变迁》,《文史博览(理论)》2011 年第 1 期。

性降低,这意味着社会类别的多样性增加,国家需要扩大社会整合,重构良好社会秩序。张静将国家政权建设概况为,以国家权威为中心的动员体系、权利界定体系、组织体系、法律责任和整合地位的现代"建设"。① 在国家对社会嵌入中,必然发生国家权力与社会权利之间的互动、消长。在20世纪末社会主义市场经济体制初步建立之时,社会体制转型经过一轮加速,大规模发生国家政权建设。当前,数字经济发展对就业的促进作用,引发劳工结构变迁,新增就业领域应然地归属于国家政权建设对象。

(二)劳工分化与国家整合

中国的现代国家建设是通过对工人阶级进行政治化和制度化实现的②,国家与劳工之间关系的政策导向不是分化而是整合。通常在劳工维权事件中,国家表现出极力维持现状、模糊利益冲突,郑广怀称之为"安抚型国家"。过去对于劳工群体的类别划分,学界惯用"阶级"为标尺,这在中国"有一定的合理性,但并不完全符合中国的现实"。以阶级为标尺的分析难以超越阶级斗争分析和阶层等级划分,不适合解释以整合目的的现代国家的劳工治理。

阶级分析有一个前提假定:经济地位决定利益和价值信念③。中国的劳工群体分化与其获取制度资源的难易度更为密切,经济指标对群体分化有其合理性但不显著,也可以说阶级不是当代中国社会利益的组织化方式。农民工、下岗工人,国企工人之间的利益诉求之别,高于劳工群体作为整体和其他阶层的差异。④ 在重大的利益纷争和社会冲突事件中,阶级、民族和家

---

① 张静:《基层政权:乡村制度诸问题》,上海人民出版社2007年版,第5页。

② 汪仕凯:《工人政治的逻辑及其变革:职工代表大会制度研究》,复旦大学博士论文,2011年。

③ 张静:《社会治理——组织、观念与方法》,商务印书馆2019年版,第208页。

④ 李培林:《中国新时期阶级阶层报告》,辽宁人民出版社1995年版,第8—10页。

族会发挥作用的痕迹，相反，基于行政单位边界的组织化利益争夺成为常态。[①]

新中国成立后长达近50年的单位社会的制度遗产对劳工群体分化产生了显著影响。单位在组织上是官僚体制的一部分，作为国家政权的基础细胞而存在，但又不局限于单一阶级、宗族和民族关系。单位与单位之间登记分明、管辖区分包，广泛的社会代表性由大量单位作为中介机构来承担。个体与国家在单位制下存在一种特有的关联：人们成为单位的成员，就在公共体制中获得了位置，并得到相应的使用、分配或占有公共资源的资格。[②] 社会利益主要依靠组织体系来传递或获取救济，人们对制度环境的偏好与阶级地位的关联较弱，但与其工作单位、职业的所有制性质关联较强[③]。学者常用"体制内""体制外"来描述这一差异，即资源分配的市场体系和行政再分配体系。体制外劳动者需要依靠发展非正式人脉及个人奋斗，体制内的身份可以获得很多公共制度资源，个人地位获得存在组织依赖和地位继承的继承机制[④]。体制内与体制外劳动者的地位获得模式不同，这型构着他们不同的社会态度和价值体系，二者同质性很低。在市场经济转型之后，二者虽有部分融合，但整体上两个体系的资源分割仍属常态。一个人的利益诉求和满足，与其所属单位的相关度，远高于与其所属阶层群体的相关度。

还有，就是与经济发展同步加剧的社会分工。劳动关系作为一种社会经济关系[⑤]，无法脱离其栖生的经济体制来评议。

---

① 张静：《社会冲突的结构性来源》，社科文献出版社2012年版，第120—128页。

② 张静：《通道变迁：个体与公共组织的关联》，《学海》2015年第1期。

③ 张静：《转型中国的公正观：初步发现报告》，载梁治平主编：《转型期的社会公正》，上海世纪出版集团2010年版。

④ 李路路，边燕杰主编：《制度转型与社会分层》，中国人民大学出版社2008年版，第2—4页。

⑤ 常凯主编：《劳动关系学》，中国劳动社会保障出版社2005年版，第9页。

过去四十多年中国的社会分工发生了很大变化,工人阶级的职业构成和经济指标也发生了变化。第二次世界大战后,各国加速了工业化进程,快速发展的经济和高新科技改变了职业结构和劳动力构成,20 世纪 70 年代发达国家工人阶级的职业构成出现“白领化”趋势,经济对于群体利益和价值信念的决定性影响被削弱。安德瑞·高兹在《告别工人阶级》一书中称之为“新工人阶级”,并指出他们在体力和智力工作中是被排挤或者部分雇佣的,具有工人阶级特征,但劳动的片段性、随机性和间断性使他们缺乏阶级意识。中国新社会阶层的兴起和白领工人的出现,在时间上略微滞后发达国家,但同样经历了这一历程。此外,在市场经济体制下,劳动力按照市场经济逻辑配置,人力资源随着市场需求和就业机会而流动,劳工群体碎片化趋势凸显。不少人从定居职业变化为频繁流动人员,各种新型职场从业者出现,原有社会中很少甚至不存在的行业领域,正在吸纳越来越多的城镇工作人口:自雇业主及合伙创业者、电商和独立零售户、房地产开发及租赁组织、市场经纪人、物流业主及雇工(换种职业说法),他们广泛分布于非公有制企业和现代服务业。

传统产业的劳工群体尤其是国有企业的工人们,拥有社会主义文化传统及共同的集体记忆,他们能够策略性地运用历史上形成的关于工人阶级的意识状态话语与政治符号,来作为集体行动的文化资源与解释框架;他们能够借助那个时代的文化传统,为其群体利益的实现寻找合法性和可能性。市场经济改革后成长起来的农民工群体已有 30 余年的成长经历并且形成了以公民权利为基础的集体认同。从价值层面来看,政治共同体是建立在集体认同基础之上的。汤普森在《英国工人阶级的形成》中同样指出,工人阶级的形成是“一个动态的过程”,结构性力量和主体的能动性同时造就了这个过程。中国经济体制经历过市场化转型,在劳工集体中认同产生差异,分化成为必然。

国家政权建设的挑战根本是“政-民”关系，在劳动领域表现为“党政-劳动者”关系，其中包含劳动领域的党群关系。国家政权建设蕴含一个政治权力自下而上集中和自上而下渗透的双向过程，在此过程中国家须以新的治理原则为基础在社会中建立政权组织。不同层级的国家机构构成的政权组织体系则是实现权利汲取和渗透的必要条件，组织关联决定了诉求传递的制度通道，能满足社会成员对“机会渠道”的需求①。如果个人及群体缺乏组织关联，多元利益诉求无法以制度化的渠道正常表达，那么只能诉诸体制外的方式，增加利益表达的成本与秩序风险。

三、工会建设路径的国家逻辑

（一）国家治理体系中的工会

国家政权建设的关键是建立公民与国家之间的政治联系，其成功体现在自上而下的权威和社会集中上，以完成国家现代化的目标要求，国家与社会的一体化或强大的社会动员能力是实现目标的必要条件，国家权力于是扩大到基层经济和社会的所有公共领域之中。党和政府将中华全国总工会确立为“准政府机构”，同时从法律上确立中华全国总工会在代表工人利益方面的唯一合法地位，即中华全国总工会是代表工人利益的群众性组织。②《中国工会章程》总则规定：“中国工会坚持自觉接受中国共产党的领导，承担团结引导职工群众听党话、跟党走的政治责任，巩固和扩大党执政的阶级基础和群众基础。”中国工会第十七次全国代表大会提出“完善社会治理体制与提高社会治理水平中发挥工会的优势和作用”，并将自身明确定位为治理协

---

① 张静：《社会治理为何失效》，载陈明明主编《复旦政治学评论（第十六辑）：劳工政治》，复旦大学出版社 2016 年版，第 254—255 页。

② 汪仕凯：《国家发展战略下的新工人：集体行动与权利意识》，《广东社会科学》2017 年第 2 期。

同主体。与中国社会主义市场经济同步的劳动关系市场化转型,使得中国工会从劳动治理体制的“幕后”走到“台前”①。应该将中国工会建设放在国家政权建设的历史进程中考察,将工会建设的诸多问题归结为现代国家延伸其权力的触角以实现其治理目标中出现的问题。②

《中国工会章程》开篇就明确了中国工会的性质、定位,是党联系职工群众的桥梁和纽带,是国家政权的重要社会支柱。党的十九届四中全会提出推进国家治理体系和治理能力现代化,中央出台的一系列重要政策文件表明,中国工会在国家治理制度体系中扮演着重要角色③。在考察中国工会与国家的关系中,人们经常采用国家法团主义的观点,中国工会为“准政府机构”而存在的国家法团。中国工会的组织功能不仅是工人阶级结合起来维护自身权利和利益的社会团体,而且也是国家政权的部件④。这就决定了中国工会的基层建设动因不仅有“自下而上”的劳动者的团结权需求,更为重要地是“自上而下”国家政权建设的需要。

(二)治理能力现代化下的工会增建

以弗朗西斯·福山为代表的研究者提出国家建构的另一种范式,即从失败国家向有效国家的转型。福山认为,失败国家已经成为当今世界许多严重问题的根源,解决之道在于加强国家功能范围内的能力建设。他将国家建构表述为通过建立法治秩

① 吴建平:《转型时期中国工会研究:以国家治理参与为视角》,光明日报出版社2012年版,第2页。

② 黄冬娅:《多管齐下的治理策略:国家建设与基层治理变迁的历史图景》,《公共行政评论》2010年第4期。

③ 陶志勇:《国家治理体系和治理能力现代化视角下的工会角色》,《工会理论研究(上海工会管理职业学院学报)》2019年第6期,第6页。

④ 汪仕凯:《中国劳工治理体制的转型与困境》,《领导科学论坛》2017年第21期,第34—48页。

序、建立合法的政府和其他有效的社会制度，以及发行可靠的货币、实行运作良好的市场经济等进行国家能力建设的过程。[①] 而国家能力则是国家的建制性权力，即通过渗透市民社会在其统治的领域内有效贯彻政治决策的能力[②]。从国家治理能力的视角来看，中国工会的增建行为是对政权空白区域的填补，对社会中"小共同体"实现替代作用。斯考切波[③]和米格代尔[④]等虽然对国家能力受制因素存在分歧，但都赞同以对社会的有效渗透并成功抵御来自社会的渗透为标准评判"国家建设"，"控制色彩"仅是国家对社会做到以前做不到的事情。

中国工会对于自身组织建设，在劳工领域的"中心"与"外围"采用截然不同的建设逻辑。在体制内，由于"单位制"在第一层级的"中心"仍然有效，工会仍延续与"用人单位"同生共灭，因此不存在工会建设问题。进入市场经济体制以来，中国工会对于"外围"沿用"抓大放小"的增建原则。企业法人特别是劳工人数过百的企业是工会增建的重点，正如《中华人民共和国工会法》第十一条所规定的：用人单位有会员二十五人以上的，应当建立基层工会委员会；不足二十五人的，可以单独建立基层工会委员会，也可以由两个以上单位的会员联合建立基层工会委员会，也可以选举组织员一人，组织会员开展活动。大卫·文克认为，私营企业与国家政权之间在中国是一种"共存庇护主义"

① 福山，黄胜强，许铭原：《国家建构：21世纪的国家治理与世界格局》，学林出版社2017年版，第107—112页。

② MANN M. The Autonomous Power of the State: Its Origins, Mechanisms and Results. European Journal of Sociology, 1984,25(2):185 - 213.

③ 西达·斯考切波：《国家与社会革命：对法国、俄国和中国的比较分析》，何俊志，王学东译，上海世纪出版集团2007年版，第4—6页。

④ 乔尔·S·米格代尔：《强社会与弱国家：第三世界的国家社会关系及国家能力》，张长东等译，江苏人民出版社2009年版，第5—9页。

(Clientialism)关系。社会文化固有的对企业的期待造成了企业承担社会福利的责任,企业通过成立党工团表示对政权的服从和依赖,并且“类单位制”的形成或者说单位制在“体制外”的再生,这在某种程度上又帮助工会延续了与企业捆绑成立基层组织的逻辑。

新兴的市场组织与传统的单位相差甚远,对于“外围”的次级劳动力市场,从经济权利“脱嵌”而来的资本权力,新兴市场组织在承担“政府代理义务”上缺乏动机,除了付给劳动报酬,在其他方面不再是劳动者身边的应责和代表组织。“共存庇护主义”理论在新就业形态领域解释乏力,退而求其次,使得区域性、行业性工会联合会成为新就业形态从业者加入工会的主要形态。

第二节　中国工会增建行动的有效性

在国家制度设计上,工会等群团组织是作为党和政府与各自所联系的社会个体以及各类社会组织之间的桥梁纽带而设置的,是国家行为体的一部分,是对“国家-社会”范式下法团身份的证伪。在数字经济下新生的劳动社会领域,工会对新就业形态的增建行动在路径选择上具有国家政权建设的特征。如若对中国工会进行政治社会学分析,观察其对于新就业形态的整合与组织化成功与否,所关注的核心问题不应是工会组织的成本与效率,即能否低成本、高效率地完成基层建设,而是其代表性及劳工治理主体相匹配的功能的实现。中国工会对新就业形态自上而下的渗透,实现在新就业形态中基层工会架构搭建和工会资源的输入,仅仅完成了“建起来”的目标,但“建起来”的行动在不同层次吸纳了不同的甚至冲突性的利益主体,权力集中和社会动员的效果并不令人满意。因此,从结构主义视角来评判,新就业形态工会建设并非完全成功的。

从功能实现度来看,联合体组织逻辑无法回应集体利益使命的建设期待,只有在公共领域发挥更大的作用即有效关联国家治理,使成员利益得到补偿,才能反过来增强成员的信心。

一、有效代表集体利益使命

工会的形成即劳工组织化需具备两个条件:一是工会运动必须实现对工人利益代表的包容;二是因工会运动所组成的联合必须具有较成熟的共同决策的能力。[①] 工会在形成集体行动的过程中必须实现对全体成员利益的包容,故而工会所追求的成员集体利益是多元加总的结果。国外工会在新就业形态中成立组织,更多采用工联主义路径,即通过工会与工会之间的联合来实现建设。新就业形态劳动者在一国具有代表性的工会支持和呼吁下,取得该国法律赋予的团结权并且组织所属业态的工会,进而与原有的工会形成联合,这是一种"确权-联合"模式,其前提假设是新就业形态群体的集体利益已经形成。

中国工会在增建中采取国家政权建设路径,这与自下而上凝结的集体利益使命之间存在张力,但并非削弱建设有效性的根本原因。过去劳工组织化主要运用阶级或阶层分析其核心主题,这说明劳工群体内部分层对其能否有效组织化有很大影响。组织因行动而存在,否则仅是一种社会关系[②]。马克思和恩格斯最先提出"结构-意识-行动"的阶级分析逻辑,其内在逻辑强调阶级行动源自阶级意识。汤普森认为阶级意识的形成是工人阶级内发的,既不是工业革命等外部力量的推动,也不是劳动用

---

① Mancur Olson. The Rise and Decline of Nations. New Haven: Yale University Press, 1982, esp. pp. 47 - 53.

② 马克斯·韦伯:《经济与社会(第一卷)》,上海世纪出版社 2010 年版,第 141—142 页。

工体制自然演生,而是其以文化的方式处理自身的阶级经历的结果。卡茨尼尔森认为,工人阶级形成需具有社会结构、生活方式、意识倾向以及集体行动等四个方面的内容。从二人对工人斗争的考察来看,早期斗争以日常化为主,社区生活比工厂生活更多作用于工人政治意识的塑造。“理想类型”的工人政治实应“工厂建构”与“社区建构”交互影响,才能呈现出“统一的战斗性” 。

劳工个体对所属阶级的认同感或者阶级意识,除了需要具备一定条件才能形成外,还会因行业和部门的区别被分化[1]。李普塞特等人提出,如果说现时代社会发展存在一种趋势的话,那就是“分层的碎片化”。[2] 新就业形态的出现是基于数字技术的再一次社会分工细化,其自身作为一个庞大的异质群体不断分化,面对因灵活化、分散化、去雇主化等因素而造成的群体分裂,依靠移动互联技术的作业模式,这种行业和部门的割裂感更为强劲。碎片化分层的结果就是挫败了集体认同的建构,也就是通常所说其从业者表现为原子化状态,在底层难以形成具备集体利益的共同体。新就业形态从业者虽然在集体认同方面很薄弱,但不是没有形成集体利益的机会。技术进步带来了这样一种可能:规模较小且自足的社会单位彼此紧密地联系起来,这等于重构了社会成员的利益组织化团体。平台劳动基于虚拟的互联网技术,但线下具体劳动中,网约送餐员为了避免超时或者差评,彼此之间往往会采取带单、转单等方式相互帮助,专送骑手更是具有团队性。因此,只能说新就业形态劳动者的集体利益形成尚处在萌生、分散的初期。

---

① 赵鼎新:《社会与政治运动讲义(第二版)》,社会科学文献出版社 2012 年版,第 144 页。

② Clark, Tery Nichols and Seymour Martin Lipset. Are Social Classes Dying? International Sociology, 1991,6(4):397 - 410.

工会的集体利益使命与公共利益使命存在内在紧张,这种紧张是影响工会建设有效性的一个来源。建起来的基层组织并不具备稳定结构关系,中国工会的国家建设逻辑偏好组织目标的实现,更是在强化这种分离。如果工会无法有效代表目标群体的集体利益,以其为中心的劳工群体整合就会变得越来越困难。从国家工会运动形式来看,工会振兴模式包括社会伙伴增值模式、组织模式、动员模式、社会运动工会主义、社区工会主义、互助模式、工人中心模式、开放资源工会主义等。这些模式中有一个共同之处,就是突出对集体利益使命的偏好。

新就业形态工会建设有效性有限,与在基层的组织结构与新就业形态劳动用工不契合有关,但更重要的是已建组织所发挥的功能不是新就业形态所需要的,即难以完成集体利益使命。工会应培育新就业形态的集体利益并且使其凝结,让基层组织在代表和维护劳工利益方面具有更多的灵活性和自主权,强化新就业形态工会的集体利益使命,便可能找到数字经济时代工会建设的出路。

二、有效关联国家治理

如果单纯从成本与效率的逻辑来看,这样一个现实和通常的预计相反:为什么工会基层组织建起来了,但针对新就业形态的社会动员反而更难了?这说明,虽然国家政权建设可以解释工会快速增建的行为,但“建起来”的工会尚不能完全满足新就业形态从业者群体性迭升的需求。

各国工会在使命担当上都是双目标的,即已有会员的集体利益和发展对象群体的公共利益,突出工会的集体劳权代言人地位,坚持在非会员中开展一定工作,不断扩大工会在群体中的影响力。对于工会的集体利益和公共利益使命,不能简单地从单一立场来认识,而是浑融一体形成的秩序形态。虽然对于大多数劳工来说,他们更关切的是眼前、有限的物质利益,而不是遥远、抽象的宏大公共利益目标,甚至他们难以理解这种目标,但工会对眼前利益的关注必然引发工会之间的部门主义竞争,进而导致工人的组织化分割,反而致使各个工会势单力薄,从而在正常的环境下,不能实现其经济目标,所以又得回过头来重申公共利益的诉求。因此,对工会建设的有效性而言,公共利益使命与集体利益使命二者不可偏废。

劳工权益的实现与劳工的谈判力量成正相关。根据赖特对劳工谈判力量的类型划分,工会和政党均属于劳工集体组织的形成而产生的各种形式的结社力量,另外一种是结构力量,是由劳工在经济系统中所处的位置所产生的市场谈判力量和工作场所谈判力量①。新就业形态下现代服务业不是劳资双方或三方的概念,而是更为多元化。包括算法在内,是一种基于算法的利益分配的抗争,即要求平台公开算法规则,禁止利用算法实施不合理的考核。新就业形态不存在偷懒、磨洋工、捣毁机器,因为其个人对算法是无能为力的。与工业化过程中农民工在不断成长中逐渐展示出其结构力量不同,技术替代后简单的工作技能(会骑电动车就可以做网约送餐员)和对承接第二产业溢出的劳动力,新就业形态在数字经济系统中的"结构力量"羸弱,反衬结社力量对其权益实现更为重要。新就业形态劳工群体为了提升结社力量,其公共利益需求也是希望与政权建立正式关联以减少体制内外组织资源的不公平性,这是新就业形态工会所应追求的公共利益使命。

工业化社会的政治深深刻上工人参与的烙印。现代产业工人阶级的兴起、资本的积累与扩张以及民族国家制度的建构处

① 奥林·赖特:《工人阶级的力量、资产阶级的利益和阶级妥协》,载李友梅,孙立平,沈原主编:《当代中国社会分层:理论与实证(转型与发展第Ⅰ辑)》,社会科学文献出版社 2006 年版,第 114 页。

在一个持续交织的过程中,三方都是在这个过程中逐渐成形[①]。劳工群体制度化参与公共事务的渠道是民族国家制度建构的一部分。从国家政权建设视角来看,实现多元社会类别的聚集与合作的政策基调不是分而是合,在中国的政治体制下,体制外劳动者关联国家政权的合法渠道由以工会为代表的群团组织担任。在公共利益使命的驱使下,新就业形态工会应承载该领域劳工整合和组织化责任,并且成为关联国家政权的有效渠道,这与国家政权建设的逻辑相吻合。

地方工会在推进新就业形态工会建设的实践中,与组织农民工群体入工会时的做法雷同,以主动联结、下沉资源来实现。与严格规范的企业制和标准劳动关系相比,新就业形态工会在权力集中和渗透方面仍然有一定限度。尽管工会试图将分散的非正规就业与企业工厂中的正规就业一样加以高度整合,但是面对高度分散的非正规就业社会,工会的整合能力毕竟有限。新就业形态工会没有完全覆盖“三新”经济全业态,即加入工会组织没有成为关联国家政权的主要渠道。此外,新就业形态工会建设难以突破习惯,依然存有依靠企业组织建立基层工会的传统。上海工会对劳动者个体进行了一定程度的“企业外单体入会”探索,但目前仅靠劳动者个人联合起来组建基层工会,基本上是受理无门的。[②]

劳工对政权组织的认同,需使其具体意识到这一政权是属于自己的,这是摧毁了非正式权力网络的根基,有效实现国家政权建设功能的表现。但因劳动领域立法不健全、社会保障和劳动权利缺少法治保障,新就业形态从业者与国家之间缺乏这样

① [英]迈克尔・曼:《社会权力的来源(第二卷)》,上海人民出版社 2007 版,第 149—152 页。

② 杨鹏飞:《职工企业体制外单体入会的制度创新及其深化》,《工会理论研究》2017 年第 2 期。

的信赖。中国当前的工会体制更多是与正规就业和标准用工相适应的,固然能够有效团结和带领以传统产业工人为主体的职工队伍,但对于平台从业人员的职工身份界定以及在吸纳他们参加和组建工会组织的方式上则显得手段匮乏。在吸纳农民工群体加入工会时,中国工会采取的强势代表和“父爱主义”维权等方式,成功地完成了对群体的组织介入,但对新就业形态而言,这种建设路径目前是行不通的,还需积极推动维护新就业形态劳动者劳动保障权益的立法完善。

三、有效衔接“内外”两个资源

中国工会对新就业形态的关注已有多年时间并开展了一系列建会行动,探索吸纳从业者加入工会。从政策导向和地方实践来看,区域性、行业性工会联合会是新就业形态从业者入会权实现的主要路径。2017 年《中国工会章程(修正案)》在第二十五条增加“从实际出发,建立区域性、行业性工会联合会,推进新经济组织、新社会组织工会组织建设”的内容。2018 年全国总工会下发《推进货车司机等群体入会工作方案》,将行业工会建设作为入会方式和工会组建形式上的主要探索举措。从地方工会实践来看,由于新就业形态的工作场所、工作时间的非确定性及工作方式的弹性化,以成立行业工会来实现新就业形态劳动者团结权,成为一个常见的路径选择。2021 年 9 月全国总工会出台《关于推进新就业形态劳动者入会工作的若干意见(试行)》,并指出加强以覆盖新就业形态劳动者为主的行业工会联合会建设,作为吸收新就业形态劳动者入会和管理服务的重要载体。这为劳动关系不明确、没有固定雇主的新就业形态从业者参加和组建工会提供了一种制度依据。

劳动者个人在依法参加和组建工会时,只能进入工会的基层组织。依据《中国工会章程》,工会的基层组织是指在企业、事业单位、机关和其他社会组织等基层单位中依法成立的工会，以及社区和行政村建立的工会。这里所列举的工会基层组织并不包括区域性、行业性工会联合会。2020 年全国总工会出台的《关于加强和规范区域性、行业性工会联合会建设的意见》明确了区域性、行业性工会联合会的基层工会组织地位，并且指出建立区域性、行业性工会联合会的，应采取有效措施，逐步实现对区域、行业内的基层工会以及不具备单独建会条件的小微企业和零散就业人员全覆盖。“区域性、行业性工会联合会是基层工会的一种组织形式，是由若干个单位在各自成立基层工会组织（基层工会委员会、联合基层工会委员会或基层工会联合会）的基础上，在一定的区域或行业范围内，按照联合制、代表制原则建立的区域性、行业性的基层工会的联合体。”[①]综上，新就业形态劳动者如若成为工会会员，应纳入区域性、行业性工会联合会下的企业工会或者社区综合工会。企业工会、社区综合工会等工会基层组织在纵向上依照属地化原则接受所在地方工会的领导，在横向上依照联合制、代表制原则组成产业（行业）工会。因此，新就业形态工会成为产（行）业工会与地方工会关系新的交叉点。

产（行）业工会与地方工会的衔接问题一直是组织建设中需要回答的问题。中国工会对区域性、行业性工会限定为县级以下的基层组织，行业工会与成员工会之间是工作指导而非领导关系，也就是“行业工会建在地区上”的组织原则。依据《中国工会章程》，“同一企业、事业单位、机关和其他社会组织中的会员，组织在一个工会基层组织中”，基层委员会承担“会员的发展、接收、教育和会籍管理”的任务。产（行）业工会成立后，覆盖的企

① 中华全国总工会：《关于加强和规范区域性、行业性工会联合会建设的意见》，https://www.acftu.org/wjzl/wjzlzcwj/qzwj/202101/t20210119_774022.html?7OkeOa4k=qArQracV2x1V2x1V2qlpKkLoejQ.jtNw1pcQHLTqvsgqqJezVUxZqAqq2q，2021 年 1 月 19 日访问。

事业单位工会组织领导关系、经费收缴渠道保持不变。新就业形态的灵活化用工模式与中国工会组织体制契合度较低,上海工会在新就业形态工会建设中对基层工会架构进行了创新,但没有突破现有的产地衔接关系。新就业形态从业者在工作中通常为基于业务的松散的人员联系,很难匹配工会科层制的框架体系。除顺丰、京东等电商物流为直营模式外,国内主要快递公司为了降低成本,依然采取加盟形式在其非主营地区寻找合作商代理业务,多为转包、分包、委托、承包、承揽等业务形式。此次建会行动多以行业划分新就业形态,没有以"建立劳动关系"作为组织基层工会的依据,而是以相同或类似的行业作为组建依据,以加盟店、网点、门店为基本单位建构工会小组,规避新就业形态用工关系的争议。在街道(镇)的行政区域内,地方总工会推动建立具备行业特色的联合工会或者综合性工会;由这些联合工会或者综合性工会组合成立区(县)范围的行业工会联合会。

在新就业形态中成立行业工会将从业者吸纳进来,而非创新性探索职业工会在中国的可行性,强调对行业从业者的有效代表,联合制、代表制之下行业工会尽可能多地吸纳业内劳动者而非全覆盖,主要是为了继续现有的中国工会组织制度可以充分利用地区工会资源。新就业形态工会应起到地方工会与劳工群体的连接器作用,在实践中采用的路径措施已经成功接入现行工会体系,但是还存在权责不清的问题,制约调动中国工会组织资源的能力。

第三节　工会建设展望:新就业形态行业工会

新就业形态对传统就业的侵蚀也预示着对工会作用的挑战。雇主的消失在使工会失去对手的同时,进一步削弱了工会的力量和地位。在当前关于未来工作的辩论中,工会也被批评为 20 世纪的工具,仅适应传统的雇佣关系。在 21 世纪不断变化的工作世界,特别是在数字经济中保护工人的能力方面工会已经过时。如何突破这一当代工会发展瓶颈,是从工业文明成长起来的当代工会走向未来必须面对和思考的问题。组织功能的发挥拘囿于其制度性结构,从前述存在于新就业形态行业工会的各类问题来看,其组织架构与新就业形态的不契合,在很大程度上制约其具体职能的发挥,因此创新工会组织模式势在必行。新就业形态工会建设应从“数量竞赛”“速度竞赛”“时间竞赛”,转向内部创新、资源优化与模式改善等,“提质”工会建设以警惕空壳化的风险。

中国工会在基层的组织结构与新就业形态不契合导致其功能受限,或者说现有组织模式所发挥的功能不是新就业形态所需要的。为保障新就业形态劳动者组建和加入工会组织的权利,中国工会在原有的以企业工会为主的基层工会组织形态的基础上,探索以行业性工会为突破口的新型基层工会组织形态,力求最大限度地把全体劳动者吸纳到工会组织中来,并且注重新就业形态工会自治主体性的培育,让工会基层组织在代表和维护劳工利益方面拥有更多的灵活性和自主权,强化其集体利益使命,从而找到数字经济时代工会建设的出路。

一、行业工会内部建设原则

(一) 妥善处理会员的纯洁性与广泛性关系

民主化对工会很重要,合作社可以为生产民主化进程提供一个前进的途径[①]。但是工会的合作社属性存在“窄”与“宽”的

① DG Office, “The Architecture of Digital Labour Platforms: Policy Recommendations on Platform Design for Worker Well-being”. ILO Future of Work Research Paper Series, 2018, p. 8.

差异,也就是会员纯洁性与广泛性的关系。这对于具有双重使命的工会而言,是其组织建设需要妥善处理的关系。会员范围过"宽"难以形成集体利益,会员范围过"窄"就会削弱组织的社会影响力。19 世纪 80 年代美国历史上最大的工会组织——劳工骑士团消亡,这对当代其他工会而言是一个重要的反面教训。劳工骑士团采用大统一的工会(one big union)方法,除了职业赌徒、股票经纪人、律师、银行家和靠生产或出售烈性酒获得全部或部分生活来源的人以外,鼓励各种职业的人加入其组织。劳工骑士团最基本的单位是地方大会(local assembly),由来自多个行业的雇主和雇员组成。但是劳工骑士团错误地设想技术进步能够被阻止并可能倒退,而且劳工骑士团过高地估计了雇主和雇员分享共同利益的程度。① 1958 年下半年,"大跃进"和人民公社化运动时期,在工会运动领域出现以"取消县工会"为主要内容的"工会消亡风"。在人民公社运动背景下,中共中央提出过改变工会性质的观点,把工会改为妇联会的性质,不搞基本会员,采取代表会的形式。这显示了会员纯洁性与广泛性之间的关系,直接关系工会的性质问题。②

在这个问题上,各国工会积累的经验是在纯洁性的基础上追求广泛性。国际劳工组织在对全球劳动力市场状况进行描述时,将劳动力人口分为雇主、工薪阶层、自营职业者和家庭贡献型工人。而在对非正规就业进行统计时,自营职业者并不等同于非正规就业。新就业形态亦是如此,从业者并不都是工会会员的范围。美国劳联的组织结构建立在两项原则上:排他管辖(exclusive union jurisdiction)和分权(decentralized authority),

① 小威廉·H. 霍利,肯尼思·M. 詹宁斯,罗杰·S. 沃尔特斯:《劳动关系(第 10 版)》,中国人民大学出版社,第 35—37 页。

② 李玉赋:《新编中国工人运动史(修订版)》,中国工人出版社 2020 年版,第 418 页。

每个行业都有其独特的工作条件和工作利益，将不同行业的成员集合到一个组织中会彼此损害某些利益并造成不必要的分歧。因此，以行业为基础将新就业形态划分到不同的部门是一个行之有效的做法。新就业形态行业工会建设要妥善处理会员范围的“窄”与“宽”，坚持在非会员中开展一定工作，拓展工会在不同类别劳动者中的影响力。

（二）培育新行业工会的集体协商功能

在卡茨尼尔森等人关于阶级形成的比较研究框架中，工人阶级的形成可以从四个层面开展分析，即经济结构、社会生活方式、文化意识倾向以及集体行动。新就业形态的劳工群体在经济结构、社会生活方式以及文化意识倾向方面存在趋同的特征，但是互联网技术的发展与应用，导致同一平台下的劳动者不见面也能合作，其劳动过程分散、工作弹性大、流动性强，彼此之间缺乏沟通与交流。因此，新就业形态的正式或非正式的集体行动虽有出现，但在具体抗争中有着明显的离散性、个体性和偶发性。

企业利益与劳动者保护不是非此即彼的关系，既不能通过全盘否定非正规就业、阻碍其就业趋势发展进行权益维护，也不能以提供就业之名来牺牲新就业形态劳动者权益。工会在过去成功地争取了就业平等，相信今天和将来还会这样做，仍然代表着工人们最重要的声音。各国工会尽管处于全球工会式微的环境，但已经开始组织全球价值链中的工人、自营职业者以及在数字经济工作的工人。工会力量的削弱会对工人以及整个社会产生负面的经济、社会和政治后果。在全球不平等现象加剧和新的工作形式的情况下，必须在劳工和雇主之间建立一个民主的对话进程，以调解对生产收益的控制。

完善劳动立法以明确市场效率与社会保护的边界与标准，工会通过劳资博弈的集体协商提升新就业形态劳动者的结构力量,即在经济系统中的市场谈判力量和工作场所谈判力量,以应对关键生产要素和资本控制劳动的方式发生变化,实现最终结果的劳资两利,推动新就业形态走上健康有序的发展轨道。数字经济下的新就业形态在一定程度上重新定义了工作和就业,这只是劳动的自然形式和交换形式发生变化,劳动交换的本质并没有改变。工会代表新就业形态的劳工群体,与数字经济下的资本之间建立对话沟通机制和矛盾纠纷调处机制,努力破解新型劳动用工群体权益维护与经济发展难题。

(三)创新工会精英的选拔和孵化机制

科层制作为工会传统的组织模式,领袖精英对工会的影响不言而喻。精英的选择会影响工会行动,工会即使在遭到其所代表的部分工人反对的情况下,其领袖仍然可以行使其权利。新就业形态工会虽然建立了,但是缺乏劳工群体中成长出来的工会精英对其进行运作管理。网约送餐作为新就业形态的代表性职业,具备灵活化、去雇主化、平台化等特征,一直以来人员流动率居高不下,高频流动抑制了工会精英的培育。

工会精英在社会分类属性上必然是该群体中的一员,比如在中华全国总工会《企业工会工作条例》中对工会精英的任资资格有明确的要求,企业行政负责人、合伙人及其近亲属不得作为本企业工会委员会成员的人选,就是为了划清“劳”与“资”的界限。新就业形态行业工会的主要组织形式是基于联合制、代表制而建立的工会联合会,工会精英由下级会员单位提名,这些人员通常来自新就业形态。2020年全国总工会《关于加强和规范区域性、行业性工会联合会建设的意见》提出,区域性、行业性工会联合会委员会因工作需要,“可吸收政府有关部门代表参加”。因此,行业工会委员会成员还包括上级工会代表、政府监管部门代表,并且是行业工会运作运转主力。与上级工会代表、政府监管部门代表相比,来自新就业形态的工会精英的履职能力却微弱很多。因此,工会精英的选拔和孵化对于没有工会“经历”的新就业形态来说显得尤为重要。为了培育出更多契合的人才,工会精英的选拔和孵化机制亟待创新。

(四)探索多元的行业工会经费筹措机制

新就业形态的工会建设是一项长期性、系统性工程,需要充足稳定的经费以确保职工权益的落地。因此,对于新就业形态工会的建设应坚持“共建共享共赢”的理念,发挥工会枢纽型社会组织作用,注重政府、企业、新就业形态人员共同参与,积极探索多元经费筹措模式。一是建议政府部门在对新就业形态人员情况进行科学评估后制定相应的补贴政策,确保新就业形态劳工群体在入会后的会员管理和工会服务的有效性和可持续性;二是对于收取新就业形态人员管理费的平台,如类似中介机构的家政服务公司,要求其从履行社会责任的角度出发,由平台公司交纳工会经费;三是对于类似“自雇”形式的新就业形态人员,应强化其工会会员身份意识,强调会员义务的履行,相应提高工会会员会费,促进工会服务的提升。同时,区、街镇两级工会每年安排一定的项目经费作为补充,确保新就业形态的会员活动的经费保障,让他们真正感受到加入工会的好处和实惠。各级工会共同探索建立地方财政资金、地方工会经费、企业总部工会经费、代理商工会经费多元筹措机制,保障工会会员利益。

二、行业工会建设资源优化

米格代尔认为国家是一个权力场域,国家与社会在场域中对资源的支配能力决定其在场域中的地位[①]。作为国民经济体

① [美]乔尔·S. 米格代尔:《社会中的国家:国家与社会如何相互改变与相互构成》,李杨等译,江苏人民出版社 2013 年版,第 16 页。

系的组成部门,行业(产业)场域十分复杂:外部环境涉及一国政治体制、经济体制以及国际因素,内部主体因素除本书探讨的行业工会外,还包含行业主管部门即政府、行业龙头,以及业内诸多企业、基于政府职能转变、政企分开的需要而产生[①]的行业协会,在党建完善的行业还需囊括基层党组织。从资源依赖的视角来看,一个组织通过合并、联合、游说或治理等方法改变外在环境,使之适洽自身发展。本书认为,在以市场为主导、国家权威的动员体系不完备的新就业形态,中国工会的建设动因更多来自国家政权建设的需要,而基层工会建设在国家支配资源能力强即政权资源禀赋充足的行业内更容易实现,可从政府行政资源、行业协会资源、地方工会资源等方面进行探讨。

(一) 政府行政资源

行业工会的传统建设逻辑主要依托政府行政资源。在计划经济时期,政府直接管理企业,下设若干负责产业的工业管理部门,产业工会与政府工业部门之间有着千丝万缕的联系,人员机构之间存在大量的交叉和同构。在市场经济体制改革过程中,政府的工业管理权或是放开或是退居"守夜人"角色,相应的产业部门几经削减、合并。产业工会要求契合国家经济的产业结构调整变化,门类设置科学合理[②],而非面面俱到。在改革后,产业行业条线上的工会机构之间并非"上下贯通""左右对齐",但纺织、石油、化工等传统产业工会依然保留下来,在地方上存在两种组织形式:驻会(地方总工会)产业工会和依托行政主管

---

① 董亚炜:《政府职能、国家权力与社会发育——当代中国国家行业协会的政治学研究》,博士论文,2005年。

② 全国总工会:《关于深入推进产业工会工作创新发展的意见》,https://www.acftu.org/wjzl/wjzlzcwj/qzwj/202105/t20210525_780901.html?7OkeOa4k=qAq3rAqCJO3CJO3CJOA5PgbWPYHdlZiRgkdwKVyFPdlqqcm-dRlT4qAqqJG,访问日期:2021年5月25日。

部门或骨干企业集团等设立产业工会。驻会制和依托行政主管部门而设立的产业工会，将其机构设立在政府行业主管部门驻地，或吸纳政府官员担当工会的领导职务；依托骨干企业集团设立的产业工会，其所依托的企业集团均为国资或国资控股，大多由政府工业管理部门转制为企业。因此，这类历史悠久的产业工会，在组织建设上延续对政府行政的资源依赖，其下属的区县及以下行政区域内的行业工会与之情况近似，仍然保持较为完整的组织结构和良好的功能机制。

（二）行业协会资源

进入市场经济体制后，中国工会在不同地区建立的行业工会门类差异很大，这与当地行业发展状况息息相关。对于经济体制改革后发展起来的行业，业内主要受市场机制影响，市场化程度较高，政府的监管更为间接，相对而言国家政权建设不充分。这些行业是工会建设更为重要的空间，但与计划经济时期就成长起来的产业相比，行业内的直接政府行政资源较少，这与在经济体制转型过程中，政府逐步退出对市场的直接干预有关。在国家让渡的社会空间中，行业协会逐渐成长起来，贾西津等人将其分为政府自上而下地组建的大量行业协会、直接推动产生的中间型行业协会和“市场内生”行业协会[①]三种类型，部分协会延续了部门管理职权，或回归市场开始介入市场治理，成为政府部门管理的变形和延伸。从行业协会的产生原因和功能来看，行业协会资源当属政权资源之列。在市场化程度较高的行业，在基层增建行动中，行业协会成为中国工会“借力”的又一选择。近几年，行业工会建设屡现“协会＋工会”“商会＋工会”等与行业资源紧密“捆绑”的实践探索，2019 年淮安市清江浦区组

---

① 贾西津，沈恒超，胡文安：《转型时期的行业协会——角色、功能与管理体制》，社会科学文献出版社 2004 年版，第 102 页。

建行业工会试行“支部+协会+行业工会”的运作方式①,很好地印证了工会建设对行业资源的青睐。

(三)地区工会资源

中国工会作为国家政权的一部分,工会自身资源也是行业内国家政权资源的重要组成。在中国工会实行产业和地方相结合的组织领导原则之后,除铁路、民航、金融三个行业实行垂直领导外,其他地方产业工会接受地方总工会的领导。从工会的基层组织建设责任而言,地方工会除担负企业工会建设外,还承担推进区域性、行业性工会联合会建设的责任。地方工会的资源禀赋影响其推动当地行业工会建设的能力。此外,作为产业工会在基层的组织形态,行业工会以联合会形式存在,“从实际出发”②在区县及以下行政区域建立,企业工会、联合工会等基层工会为其成员单位。从组织构成来看,企业工会、联合工会是行业工会建设的基础。如果同行业的企业较多地成立了工会,行业工会建设就会水到渠成。

三、行业工会组织建设模式改善

从新就业形态行业工会的各类问题来看,传统的建设模式与新就业形态的不契合,在很大程度上制约着新就业形态行业工会的功能发挥,因此创新行业工会建设路径势在必行。新就业形态的政权资源禀赋深刻影响行业工会建设的效率和效果,本书从资源优化的角度提出三点对策建议。

---

① 杨忠,毕正州:《淮安市清江浦区组建行业工会试行“支部+协会+行业工会”运作方式》,《工会信息》2019年第21期,第60页。

② 全国总工会:《关于加强和规范区域性、行业性工会联合会建设的意见》,https://www.acftu.org/wjzl/wjzlzcwj/qzwj/202101/t20210119_774022.html?7OkeOa4k=qArNrAkEnWOEnWOEnqlpKJ1lgm.UymHr4y0syG0dq-PQqqDxYvD24qAqqnq,访问日期:2021年1月19日。

(一) 建设资源由单维依赖向双维转变

工会是职工自愿结合的工人阶级的群众组织,在不同国家政体下工会功能有一定差异,但工会作为劳动者集体权利的代言人地位不会改变。行业工会建设要抓住劳资结合的实质,改变传统业态行业工会单维依靠政权资源的建设逻辑,向依靠政权资源和劳工力量双维转变。

中国工会在最基层的组织实行会员制,地方组织不是作为组织的团体会员加入总体组织,而是作为地方的一级组织存在。会员会籍按照全国总工会的解释是指工会会员资格,是否办理入会手续是建立会籍的评判依据。行业工会的建立使该行业的新业态从业者开始知晓中国工会,很多劳动者愿意接受工会服务并响应工会工作,但对建立会籍较为抵制。新就业形态用工高度灵活化,从业的“短期”与建立会籍的“长期”出现紧张,表现为不愿意交纳会费、拒绝办理入会手续,有的劳动者入会手续没有完成就已离开该行业。这说明劳工群体对行业工会的认可度不高,不足以成为工会建设可以利用的资源力量。新就业形态的用工模式难以组织化,但同时也有建立共同体的新的机会。行业工会建设应强化做实“依靠职工建会”,实现工会建设资源禀赋由单维向双维转变。

(二) 建设技术对接新基建、面向智慧化

各国工会都开始有将工会建到网上的探索,这种网上虚拟工会更多是一种社区而非严格的组织。FairCrowdWork. org是由 IG Metall 于 2015 年推出的,与奥地利工会(Arbeiterkammer)和瑞典白领工会联盟(Unionen)合作运营,是一个从工会角度提供众筹平台信息的网站。除了关于众包工人的权利和法律义务以及工会资源的信息外,它还提供众包工人各种知名平台的详细工作流程描述和评分。这些“平台简介”是基于对

平台就业者的详细调查以“桌面研究”的方式收集的,内容包括工作任务、工作流程、客户、员工人数、平台运营公司(如员工人数、位置、管理)的信息,以及薪资、沟通、工作评估、任务和技术的数字评级(以“星级”显示)。FairCrowdWork. org 通过调查询问劳动者在平台上的工作时间、收入、操作技术与客户和平台运营商打交道的经历,基于 Turkopticon 的早期模型将网站上的记录自动转换成评分。

为适应互联网时代特点,中国工会提出“智慧工会”建设,通过运用互联网、大数据、云计算、人工智能等先进信息技术构建工会智能化服务职工体系。在新就业形态工会建设上,智慧工会应与实体工会结合,契合新就业形态运营模式。共享劳务成为一种共享经济的新潮流,也是新就业形态的主流用工模式。建立相应的劳务资源数据平台可以有效应对大规模灵活用工对劳务监管带来的挑战。上海等多个城市已启动以信息基础设施、融合基础设施和创新基础设施为主要内容的城市“新基建”,智慧工会建设应思考与城市“新基建”互嵌,将以平台公司为代表的新就业形态数据资源接过来,遏制数据垄断。此外,智慧工会还应实现数字经济时代劳动者权益维护功能,借助高端智力资源对“智能调度系统”进行算法审查,从算法上维护新就业形态劳动者权益。

(三)持续推进有赖法律保障体系形成

政府顺应市场变化和科技发展,对新就业形态发展普遍持鼓励和支持的态度,在立法监管方面强调“包容审慎”。政府对“三新”经济市场的规制起步不久,较为谨慎地出台了一些制度文件,但是在企业用工、劳动者就业灵活自由和安全风险共生并存的新就业形态,劳动规制正处于研究试验时期。优化社会保障体系的覆盖能力、解绑改革工伤保险与劳动关系、完善网约工劳动风险分散和基本权益保障制度等,与新就业形态相匹配的劳动规制建设尚无定论,特别是平台公司在现行法律制度下对依托平台就业者的责任归属于社会责任而非雇主责任,这些都制约着行业工会维权功能的实现。

行业工会在新就业形态中要实现维护就业者合法权益、推动构建和谐劳动关系,引导劳动者依法理性有序表达合理利益诉求,仍需依托健全的法律保障体系。2020 年 5 月习近平总书记在全国政协经济界联组会上指出,新就业形态领域当前最突出的就是新就业形态劳动者法律保障问题等。2021 年 7 月人力资源和社会保障部等部门联合出台《关于维护新就业形态劳动者劳动保障权益的指导意见》。此时正是中国工会发挥制度优势,源头参与新就业形态劳动规制构建的最好时机,应破除标准劳动关系与社会保险的捆绑,推动加快修订《工伤保险条例》等专项法律,为新就业形态劳动者提供必要的社会保障制度,为进一步推进行业工会建设营造良好的制度环境。

参考文献

一、中文文献

（一）专著与编著

[1] 曹沛霖：《制度的逻辑》，上海人民出版社 2019 年版。

[2] 竺乾威：《公共行政的改革、创新与现代化》，复旦大学出版社 2018 年版。

[3] 田凯：《组织理论：公共的视角》，北京大学出版社 2020 年版。

[4] 黄越钦：《劳动法新论》，中国政法大学出版社 2002 年版。

[5] 冯喜良，张建国，詹婧，谢丽霞：《灵活用工：人才为我所有到为我所用》，中国人民大学出版社 2018 年版。

[6] 郑桥，佘云霞：《世界工会概况》，中国经济出版社 1999 年版。

[7] 李宝元：《中国劳动关系简史》，企业管理出版社 2016 年版。

[8] 常凯：《劳动关系·劳动者·劳权》，中国劳动出版社 1995 年版。

[9] 吴宏洛：《劳资关系新论》，社会科学出版社 2011 年版。

[10] 张暎硕：《当代中国劳动制度变化与工会功能的转变》，河北大学出版社 2004 年版。

[11] 王向民：《准官僚组织的自主性：义务工会研究》，上海人民出版社 2014 年版。

[12] 王思斌：《社团的管理与能力建设》，中国社会出版社 2003 年版。

[13] 张成刚：《就业变革：数字商业与中国就业新形态》，中国工人出版社 2019 年版。

[14] 马化腾：《互联网＋：国家战略行动路线图》，中信出版社 2015 年版。

[15] 熊培云:《重新发现社会》,新星出版社 2011 年版。

[16] 李强:《社会分层十讲》,社会科学文献出版社 2011 年版。

[17] 冯同庆:《工会的起源与性质研究》,辽宁人民出版社 1990 年。

[18] 赵鼎新:《社会与政治运动讲义(第二版)》,社会科学文献出版社 2012 年版。

[19] 陈骥:《改革中的工会和工会的改革》,中国工人出版社 1999 年版。

[20] 冯同庆:《马克思主义工会思想史》,中国工人出版社 1993 年版。

[21] 张静:《社会治理——组织、观念与方法》,商务印书馆 2019 年版。

[22] 张静:《基层政权:乡村制度诸问题 》,上海人民出版社 2007 年版。

[23] 中华全国总工会,中共中央文献研究室:《毛泽东邓小平江泽民论工人阶级和工会工作》,中央文献出版社 2002 年版。

[24] [美]裴宜理:《上海罢工:中国工人政治研究》,商务印书馆 2018 年版。

[25] [德]马克斯・韦伯:《经济与社会(第一卷)》,上海世纪出版社 2010 年版。

[26] [英]韦伯夫妇:《英国工会运动史》,陈建民译,商务印书馆 1959 年版。

[27] [美]塞缪尔・P. 亨廷顿:《变化社会中的政治秩序》,王冠华,刘为等译,上海人民出版社 2008 年版。

[28] [美]丹尼尔奎因・米尔斯:《劳动关系》,李立林,李俊霞译,机械工业出版社 2000 年版。

[29] [美]大卫・霍顿・史密斯,罗伯特・A. 斯特宾斯,迈克尔・A. 多弗:《非营利管理辞典:术语与概念》,吴新叶译,北京大学出版社 2018 年版。

[30] [法]埃米尔・涂尔干:《社会分工论》,渠东译,三联书店 2000 年版。

[32] [美]彼得・埃文斯,迪特里希・鲁施迈耶,西达・斯考克波:《找回国家》,方力维等译,三联书店 2009 年版。

[33] [美]罗伯特・D. 帕特南:《独自打保龄》,刘波等译,中国政法大学出版社 2018 年版。

[34] [美]玛丽・E. 加拉格尔:《全球化与中国劳工政治》,郁建兴,肖扬东译,浙江人民出版社 2010 年版。

[35] [美]米格代尔:《社会中的国家》,江苏人民出版社 2013 年版。

[36] [美]戴安娜・马尔卡希:《零工经济》,中信出版社 2017 年版。

[37] [英]约翰·厄里,斯科特·拉什:《组织化资本主义的终结》,征更圣,袁志田等译,江苏人民出版社 2001 年版。

[38] [法]伊莎贝尔·道格林,[比]克里斯多夫·德格里斯,[比]菲利普·波:《平台经济与劳动立法国际趋势》,中国工人出版社 2020 年版。

[39] [法]托马斯·皮凯蒂:《21 世纪资本论》,中信出版社 2014 年版。

[40] [奥]维克托·迈尔·舍恩伯格,[德]托马斯·拉姆什:《数据资本时代》,中信出版集团 2018 年版。

[41] [美]C. 莱特·米尔斯:《白领:美国的中产阶级》,周晓虹译,南京大学出版社 2016 年版。

[42] [美]温特:《企业的性质起源、演变与发展》,商务印书馆 2010 年版。

[43] [英]弗雷德里希·奥古斯特·哈耶克:《自由宪章》,中国社会科学出版社 1999 年版。

[44] [美]理查德·B. 弗里曼,詹姆斯·L. 梅多夫:《工会是做什么的? 美国的经验》,北京大学出版社 2011 年版。

[45] [美]彼得·M. 布劳:《社会生活中的交换与权力》,商务印书馆 2012 年版。

[47] [美]C. 莱特·米尔斯:《白领:美国的中产阶级》,周晓虹译,南京大学出版社 2016 年版。

[48] [英]理查德·海曼:《解析欧洲工会运动——在市场、阶级和社会之间》,吴建平译,中国工人出版社 2015 年版。

[49] [美]詹姆斯·C. 斯科特:《国家的视角》,王晓毅译,社会科学文献出版社 2004 年版。

[50] [美]贝弗里·J. 西尔弗:《劳工的力量:1870 年以来的工人运动与全球化》,社会科学文献出版社 2016 年版。

[51] [美]约翰·W. 巴德:《劳动关系:寻求平衡(第 4 版)》,于桂兰等译,中国工人出版社 2018 年版。

[52] [美]希勒:《数字资本主义》,杨立平译,江西人民出版社 2001 年版。

[53] [美]小威廉·H. 霍利、肯尼思·M. 詹宁斯:《劳动关系(第 10 版)》,程延园,侯锦慎译,中国人民大学出版社 2020 年版。

[54] [英]卡尔·波兰尼:《大转型:我们时代的政治与经济起源》,冯刚,刘

阳译,浙江人民出版社 2007 年版。

[55] [美]罗伯特·B·登哈特:《公共组织理论(第 5 版)》,竺乾威译,中国人民大学出版社 2011 年版。

[56] [美]詹姆斯·G. 马奇,约翰·P. 奥尔森:《重新发现制度:政治的组织基础》,生活·读书·新知三联书店 2011 年版。

[57] [美]罗伯特·B. 登哈特:《新公共服务:服务,而不是掌舵》,中国人民大学出版社 2010 年版。

[58] [英]克里斯托弗·胡德:《国家的艺术:文化、修辞与公共管理》,上海人民出版社 2009 年版。

[59] [美]本尼迪克特·安德森:《想象的共同体》,上海人民出版社 2005 年版。

[60] [美]詹姆斯·Q. 威尔逊:《官僚机构:政府机构的作为及其原因》,生活.读书.新知三联书店 2006 年版。

[61] [美]塔尔科特·帕森斯:《社会行动的结构》,译林出版社 2012 年版。

(二) 期刊论文

[1] 常凯:《中国特色劳动关系的阶段、特点和趋势——基于国际比较劳动关系研究的视野》,《武汉大学学报》2017 年第 4 期。

[2] 常凯,郑小静:《雇佣关系还是合作关系?互联网经济中用工关系性质辨析》,《中国人民大学学报》2019 年第 2 期。

[3] 王全兴,王茜:《我国“网约工”的劳动关系认定及权益保护》,《法学》2018 年第 4 期。

[4] 刘建洲:《传统产业工人阶级的“消解”与“再形成”》,《人文杂志》2009 年第 6 期。

[5] 孙立平:《关注 90 年代中期以来中国社会的新变化》,社会科学论坛 2004 年第 1 期。

[6] 汪建华:《互联网动员与代工厂工人集体抗争》,《开放时代》2011 年第 11 期。

[7] 张静:《“法团主义”模式下的工会角色》,《工会理论与实践(中国工运学院学报)》2001 年第 1 期。

[8] 安戈,陈佩华:《中国、组合主义及东亚模式》,《战略与管理》2001 年第

1 期。
[9] 王向民:《中国工会的意识状况和行动能力》,《探索与争鸣》2008 年第 1 期。
[10] 刘诚:《发达国家工会代表权立法及其借鉴》,《学术界》2006 年第 5 期。
[11] 冯同庆:《国有企业职工参与的国家规范的变化——从利益规范到权利规范的案例研究》,《工会理论与实践(中国工运学院学报)》2003 年第 5 期。
[12] 冯同庆:《中国改革开放以来劳动关系理论研究的回顾》,《中国劳动关系学院学报》2009 年第 1 期。
[13] 吴新叶:《党建引领社会治理的中国叙事——兼论国家-社会范式的局限及其超越》,《人文杂志》2020 年第 1 期。
[14] 吴建平:《中国工会研究 40 年——对国内工会研究基本脉络与特点的评述》,《中国劳动关系学院学报》2018 年第 5 期。
[15] 汪仕凯:《中国劳工治理体制的转型与困境》,《国家治理评论》2017 年第 21 期。
[16] 汪仕凯:《全球劳工治理:议题、机制与挑战》,《世界经济与政治》2015 年第 8 期。
[17] 游正林:《60 年来中国工会的三次大改革》,《社会学研究》2010 年第 4 期。
[18] 游正林:《私营企业"类单位化":党和政府软性调控劳资关系的一种综合性后果》,《学海》2015 年第 1 期。
[19] 林嘉:《新就业形态,要补什么法律短板》,《人民论坛》2020 年第 22 期。
[20] 彭希哲:《厘清非正规就业概念,推动非正规就业发展》,《社会科学》2004 年第 7 期。
[21] 汪仕凯:《国家发展战略下的新工人:集体行动与权利意识》,《广东社会科学》2017 年第 2 期。
[22] 汪仕凯:《"新群众"和"老传统":新时代中国共产党治国理政中的群众路线》,《探索》2020 年第 2 期。
[23] 沈原:《社会转型与工人阶级的再形成》,《社会学研究》,2006 年第 2 期。

[24] 吴建平:《理解法团主义——兼论其在中国国家与社会关系研究中的适用性》,《社会学研究》2012 年第 1 期。

[25] 张静:《通道变迁:个体与公共组织的关联》,《学海》2015 年第 1 期。

[26] 张明军,朱玉梅:《新时代社会主要矛盾新论断的依据、内涵及价值》,《湘潭大学学报(哲学社会科学版)》,2019 年第 6 期。

二、英文文献

(一) 专著与编著

[1] Otto Newman, The Challenge of Corporatism, London: Macmillan, 1981.

[2] Harry D, The Condition of Postmodernity, Oxford:Blackwell, 1990.

[3] Rudra N, Globalization and the Race to the Bottom in Developing Countries: Who Really Gets Hurt?, Cambridge, UK;New York:Cambridge University Press, 2008.

[4] Mancur Olson, The Rise and Decline of Nations, New Haven: Yale University Press, 1982.

[5] Andre Gorz, Farewell to the Working Class: An Essay on Post-Industrial Socialism,Pluto Press,1982.

[6] Christian Fuchsia, Digital labour and Karl Marx, New York: Routledge, 2014.

[7] Vincent Mosco, Catherine Mckercher, The Laboring of Communication: Will Knowledge Workers of the World Unite, MD: Lexington Books, 2009.

[8] David Hesmondhalgh, The Cultural Industries, London: Sage, 2013.

[9] Chia-Jui Cheng ed., Clive M. Schmittoff's Select Essays on International Trade law, Kluwer, 1998.

(二) 期刊论文

[1] Anita Chan, "Trade Union Reform in One-Party States: China and Vietnam Compared," Made in China, 2017, vol. 2, No. 3, 2017.

[2] Southworth C, Crowley S, Ost D, "Workers after Workers' States:

Labor and Politics in Postcommunist Eastern Europe", Contemporary Sociology, May 2003.

[3] Chen Feng, "Between the State and Labor: The Conflict of Chinese Trade Unions' Double Identity Market Reform", The China Quarterly, Vol. 176, December 2003.

[4] Gordon White, "Chinese Trade Unions in the Transition from Socialism: Toward Corporation or Civil Society" British Journal of Industrial Relation, September 1996.

[5] Jude Howell, "The Impact of China's Open Policy on Labour", Labour, Capital and Society, November 1990.

[6] Yunqiu Zhang, "An intermediary: the Chinese perception of trade unions since the 1980s", Journal of contemporary China, June 1997.

[7] Anita Chan, "Revolution or Corporatism? Workers and Trade Union in post-Mao China", Australian Journal of Chinese Affairs, January 1993.

[8] Leo Panitch, "The Development of Corporatism in Liberal Democracies, "Comparative Political Studies, vol. 10, no. 1, 1977.

[9] OECD, "New Forms of Work in the Digital Economy", OECD Digital Economy Papers, No. 260, OECD Publishing, 2016.

[10] Eurofound, "New forms of employment, Publications Office of the European Union", Luxembourg, 2015.

[11] Brishen Rogers, "Employment Rights in the Platform Economy: Getting Back to Basics", Harvard Law & Policy Review, October 2016.

[12] DG Office, "The Architecture of Digital Labour Platforms: Policy Recommendations on Platform Design for Worker Well-being", ILO Future of Work Research Paper Series, 2018.

[13] Adam Arvidsson, Brands: A Critical Perspective. Journal of Consumer Culture, May 2005.

[14] Christian Fuchs, With or Without Marx? With or Without Capitalism? A Rejoinder to Adam Arvidsson and Eleanor Colleoni. Triple C, October 2012.

[15] Jakob Rigi, Robert Prey, Value, Rent, and the Political Economy of Social Media. The Information Society, 2015, vol. 31, no. 5.

[16] Alersandr V. Buzgalin, Andrey I. Kolganov, The Anatomy of Twenty-First Century Exploitation: From Traditional Extraction of Surplus Value to Exploitation of Creative Activity, Science and Society, 2013, vol. 77, no. 4.

[17] Richard Maxwell, The Image is Gold: Value, the Audience Commodity, and Fetishism, Journal of Film and Video, 1991, vol. 43, no. 1.

[18] Adam Arvidsson, Ethics and Value in Customer Co-production, Marketing Theory, November 2011.